TRIBUTAÇÃO DOS DIVIDENDOS E POLÍTICA FISCAL

TRIBUTAÇÃO DOS DIVIDENDOS E POLÍTICA FISCAL

2023

Filipe Zimmermann Perazzo

ALMEDINA

TRIBUTAÇÃO DE DIVIDENDOS E POLÍTICA FISCAL

AUTOR: Filipe Zimmermann Perazzo

DIRETOR ALMEDINA BRASIL: Rodrigo Mentz
EDITORA JURÍDICA: Manuella Santos de Castro
EDITOR DE DESENVOLVIMENTO: Aurélio Cesar Nogueira
ASSISTENTES EDITORIAIS: Larissa Nogueira e Rafael Fulanetti
ESTAGIÁRIA DE PRODUÇÃO: Laura Roberti

DIAGRAMAÇÃO: Almedina
DESIGN DE CAPA: Roberta Bassanetto
ISBN: 9786556278469
Junho, 2023

Dados Internacionais de Catalogação na Publicação (CIP)
(Câmara Brasileira do Livro, SP, Brasil)

Perazzo, Filipe Zimmermann
Tributação de Dividendos e Política Fiscal /
Filipe Zimmermann Perazzo. -- 1. ed. -- São Paulo :
Almedina, 2023.

ISBN 978-65-5627-846-9

1. Direito tributário 2. Tributos 3. Política
fiscal I. Título.

23-148587 CDU-34:336.2(81)

Índices para catálogo sistemático:

1. Brasil : Tributos : Direito tributário
34:336.2(81)
Eliane de Freitas Leite - Bibliotecária - CRB 8/8415

Este livro segue as regras do novo Acordo Ortográfico da Língua Portuguesa (1990).

EDITORA: Almedina Brasil
Rua José Maria Lisboa, 860, Conj.131 e 132, Jardim Paulista | 01423-001 São Paulo | Brasil
www.almedina.com.br

Dedicado à Silvia.

AGRADECIMENTOS

A conclusão deste trabalho não seria possível sem a orientação diligente do meu orientador Prof. Dr. Cleucio Santos Nunes, quem muito me inspira, como professor dedicado e apaixonado pelo ensino, mas acima de tudo, como ser humano.

Meus agradecimentos também são direcionados a todos os mestres que participaram da minha formação acadêmica, oportunizando, direta ou indiretamente, a conclusão deste trabalho.

PREFÁCIO

É com imensa satisfação que prefacio a presente obra, de autoria de Filipe Zimmermann Perazzo. O autor foi meu orientando no Programa de Mestrado em Direito da Universidade Católica de Brasília e me honra com a distinção de me escolher para, de alguma forma, apresentar ao público, o seu primeiro livro.

Antes de falar da obra, peço licença para escrever breves palavras a respeito do seu autor. Filipe é uma grande promessa de jurista. Trata-se de um jovem estudioso, daqueles que, de forma admirável, não se limitam a confiar unicamente na opinião de seus professores ou a ler o que lhe é recomendado.

Conheci Filipe quando estava no meio do curso de Direito, ocasião em que foi meu aluno em pelo menos duas disciplinas e, posteriormente, honrou-me, escolhendo-me para ser orientador do seu Trabalho de Conclusão de Curso. Já nessa época demonstrou interesse e empenho raros nos estudos. Comparecia a todos os encontros revelando sempre especial atenção a tudo que era dito ou sugerido por mim como orientador. No encontro seguinte, praticamente havia fichado as obras sugeridas para leitura e ainda contestava argumentos, criticando certos pontos de vista com muita responsabilidade.

Em um primeiro momento, nossas visões de mundo, especialmente sobre os fins da tributação, não se afinavam. Isso, entretanto, não foi empecilho para que eu o acolhesse como meu orientando, pois, na vida acadêmica, devemos ter o faro de descobrir novos talentos, ainda que estes não pensem como nós pensamos. Essa habilidade, de fato, é muito boa, porque nos retira da zona de conforto e somos obrigados e examinar outros pontos de vista e, com isso, quem sabe, aprimorarmos nossos argumentos.

No entanto, essa experiência só é possível quando temos a sorte de orientar pesquisadores estudiosos, comprometidos e muito bem qualificados, como é o caso do Filipe.

Exatamente por isso, seu espírito inquieto e curioso, obriga-o a procurar fontes pouco exploradas no campo das disciplinas relacionadas ao objeto de sua pesquisa. Seu instinto de pesquisador o permite chegar a deduções rápidas e intuitivas, sem deixar de ser profundo, conseguindo transitar entre diversos ramos do conhecimento, como economia, finanças públicas, mundo corporativo e o direito. A extensão ampla e variada das obras pesquisadas, revela um autor maduro, talhado para o difícil ofício de escrever textos técnicos, nem sempre facilmente compreensíveis e um primeiro momento, mas que, no caso de Filipe, essa impressão inicial vai sendo diluída nas primeiras páginas, diante de uma redação ágil e ritmada.

Essas características já estavam presentes em seu Trabalho de Conclusão de Curso, que pela qualidade da pesquisa, foi escolhido para fazer parte de obra coletiva coordenada por mim e intitulada *Tributação, Justiça e Processo*, publicada em meio digital.

Sua admissão no Programa de Mestrado da Universidade Católica de Brasília, seria, com certeza, um fluxo evolutivo natural, pois, no programa, uma das linhas de pesquisa oferecidas, levanta como questão teórica fundamental as implicações e desdobramentos do tema: *Direito, Estado, Tributação e Desenvolvimento*. Assim, não tardou para que o autor da obra que ora apresento fosse selecionado para iniciar seus estudos no nível de mestrado.

Filipe ingressou em um período muito difícil para as atividades acadêmicas, qual seja, durante a pandemia de Covid 19. Apesar dessa notória dificuldade, para todos, professores e estudantes, isso não foi óbice para que mantivesse o conhecido empenho e dedicação. Suas intervenções durante os seminários, sempre pertinentes e lúcidas, eram uma espécie de anunciação do que estava por vir em sua dissertação.

Embora não seja propriamente uma surpresa, considerando as qualidades do autor já destacadas, o trabalho que se segue a esse prefácio, trata-se de uma obra praticamente completa sobre o tema dos dividendos e seus reflexos tributários, em especial, a isenção de Imposto de Renda sobre a sua distribuição aos acionistas das sociedades por ações no Brasil e em vários países.

O texto, resultado de sua pesquisa de mestrado, transformou-se neste livro alentado, denso e profundo, fruto de análises de diversas teorias sobre os dividendos, em que o autor examina literatura nacional e estrangeira referentes ao tema. Com base no que encontrou e estudou, compara com o caso brasileiro, demonstrando as escolhas feitas pelo legislador pátrio e as virtudes e fragilidades do nosso modelo.

Além de discorrer com profundidade sobre as teorias econômicas em torno dos dividendos, estudou como poucos os fundamentos da tributação da renda e seus reflexos no mundo dos negócios corporativos, confrontando as opções e estratégias da legislação tributária com as teorias econômicas, por meio das quais as empresas são também estudadas.

O resultado é um trabalho que, para além do exame aprofundado dos dividendos como modalidade de investimento do capitalismo contemporâneo, o leitor ganha de brinde um estudo sobre tributação da renda, recheado com muita pesquisa histórica e legislativa.

Como é possível perceber da simples observação do sumário, trata-se de uma obra muito bem organizada, estruturada em três partes que se subdividem em capítulos e subseções que vão se conectando, conforme os temas vão avançando e o leitor tem a oportunidade de assimilar os pressupostos necessários para os assuntos seguintes.

O livro aborda o tema da distribuição dos dividendos de forma profunda, sem, porém abandonar os aspectos práticos, o que é raro em trabalhos acadêmicos derivados de pesquisas de pós-graduação. Por isso, candidata-se, com muita chance de assim ser reconhecida, como uma obra influente e necessária a todos que queiram qualificar os seus argumentos sobre o polêmico assunto da tributação incidente no pagamento de dividendos.

Como se sabe, desde a chegada da Lei nº 9.249, de 1995, os lucros ou dividendos calculados com base nos resultados apurados, pagos ou creditados pelas pessoas jurídicas tributadas com base no lucro real, presumido ou arbitrado, ficaram livres da incidência do Imposto de Renda na fonte. Além disso, deixaram de integrar a base de cálculo do Imposto de Renda do beneficiário, pessoa física ou jurídica, domiciliado no país ou no exterior.

Há muito tempo, essa previsão, na forma de incentivo fiscal, vem sendo debatida e até contestada perante o meio jurídico, político, acadêmico e na opinião pública. Isso porque, quando se compara essa isenção, que beneficia uma casta pequena de investidores com alta capacidade contributiva, com a incidência do referido imposto sobre a renda do trabalhador, especialmente os mais pobres, que arcam com os tributos do consumo e os de classe média, que pagam também imposto de renda na fonte, fica a dúvida se a lei brasileira não estaria aplicando dois pesos e duas medidas, resultando em mais concentração de renda em poder de poucos.

Na época em que tal isenção foi prevista, ou seja, logo depois do controle da inflação pelo Plano Real, em 1994, uma das justificativas para tal benefício era que o país precisa atrair investimentos, especialmente de rentistas internacionais, num período em que, para controlar a inflação, foi necessário o remédio amargo dos juros altos, dificultando o crédito. Assim, as empresas, para não se endividarem no mercado financeiro com um custo muito alto, precisavam de saídas, como uma política tributária que incentivasse a compra de ações das companhias. Uma das medidas mais atraentes seria retirar a tributação sobre o pagamento dos dividendos.

Ocorre que, com a consolidação do Plano Real ao longo de duas décadas e a verificação de que uma parte da elite empresarial e econômica era quem mais se beneficiava de tal política tributária, o tema da tributação dos dividendos adquiriu muita força e paira obrigatoriamente sobre qualquer debate a respeito de reforma tributária no Brasil. Some-se a isso o fato notório de que, para a classe trabalhadora, as oportunidades de isenção de Imposto de Renda são muito escassas, aplicando-se de forma irrestrita os princípios da universalidade e generalidade, informadores da tributação pelo imposto. Tais critérios são excluídos quando se trata de aliviar a carga tributária sobre o tipo de investimento em apreço.

Se o Imposto de Renda, por si só, desperta discussões acaloradas sobre a sua função de redistribuir a riqueza privada no capitalismo, imagine-se quando o que está em questão é eventual afronta à isonomia tributária entre acionistas privados e trabalhadores. Trata-se de ambiente natural para o debate ideológico, tão presente hoje nas rodas de conversas e nas redes sociais, lamentavelmente descambando, em muitos casos, para o discurso superficial, de senso comum e agressivo.

Embora recheado de polêmicas, o presente livro consegue apresentar o assunto e demandar reflexões, livre de componentes ideológicos ou de preconceitos de qualquer parte, fugindo da tentação de se imiscuir na atmosfera política da luta de classes. É o resultado de uma pesquisa teórica séria e altamente profunda sobre o tema, que oferece ao seu leitor a oportunidade de conhecer o assunto a fundo e, a partir daí, construir suas próprias conclusões.

Por tudo o que foi dito, eu, como orientador do Filipe, sinto-me orgulhoso e feliz por ver seu trabalho publicado pelo selo Almedina que, sem dúvida nenhuma, trata-se de uma das melhores editoras em atividade no país. Aos que se debruçarem sobre esta obra, com certeza, irão encontrar um texto claro, didático, extenso, profundo e inteligente, capaz de desvendar um tema tão difícil e polêmico com a habilidade de um grande autor que se inicia nas letras jurídicas.

Brasília, 02 de abril de 2023.
Cleucio Santos Nunes

LISTA DE ILUSTRAÇÕES

LISTA DE SIGLAS

B3 – Brasil, Bolsa, Balcão (Bolsa de Valores do Brasil)
CC – Código Civil
CCP – *Capital Contribution Principle*
CDIT – *Corporate dual Income tax*
CGI – *Corporate Governance Index*
CIT – *Corporate Income tax*
CSLL – Contribuição sobre o Lucro Líquido
CTN – Código tributário Nacional
CVM – Comissão de Valores Mobiliários
EGTRRA – *Economic Growth and Tax Relief Reconciliation Act*
EPP – Estrutura de Propriedade Piramidal
IFS – *Intitute for Fiscal Studies*
IPTU – Imposto Predial e Territorial Urbana
IR – Imposto de Renda
IRPF – Imposto de Renda Pessoa Física
IRPJ – Imposto de Renda Pessoa Jurídica
JGTRRA – *Jobs and Growth Tax Relief Reconciliation Act*
JSCP – Juros sobre Capital Próprio
M-M – Miller e Modigliani
NASDAQ – *National Association of Securities Dealers Automated Quotations*
NYSE – *New York Stock Exchange*
OCDE/OECD – Organização para a Cooperação e Desenvolvimento Econômico
PI – *Protective interest*
RIR/18 – Regulamento do Imposto de Renda (Decreto nº 9.580/18)
S&P500 – *Standard and Poor's 500*
TJLP – Taxa de Juros de Longo Prazo

SUMÁRIO

INTRODUÇÃO

Na última década, os trabalhos acadêmicos têm voltado suas atenções ao problema da justiça fiscal e como o Estado pode arrecadar mais para concretizar seus objetivos Constitucionais, especialmente no que tange à erradicação da pobreza e a redução das desigualdades sociais e regionais.

No centro dos debates concernentes à tributação das rendas, exsurge a desconfiança sobre a política fiscal hodierna adotada para os beneficiários de dividendos, desde a promulgação da Lei n. 9.249/95, contra os quais não-incide Imposto de Renda. A desconfiança e suspeita com a política fiscal em vigor, transpôs o campo acadêmico para ser inserido no campo político que, a partir de então, tem se mobilizado com o fim de reformar a Lei n. 9.249/95 e alterar o estado de coisas vigente.

As pesquisas encabeçadas no ramo de concentração do Direito e do Direito Tributário, tem se ocupado de problematizar a temática da tributação dos dividendos com base na dicotomia: tratamento tributário favorecido aos dividendos *versus* justiça fiscal (igualdade). Explorar o tema sob os auspícios da justiça e da igualdade é salutar para a discussão da matriz tributária brasileira, contudo, entendemos que se trata de um enunciado auto evidente, em vistas de que há tratamento tributário desigual entre contribuintes e rendas quando atendem a algum critério de discriminação Constitucional, tal discriminação é tanto aceitável como desejável.

Considerando que os critérios de desigualdade constitucionalmente aceitos são múltiplos, podemos questionar se os "remédios" prescritos para a desigualdade de tratamento dos beneficiários dos dividendos são suficientes para a adoção de um tratamento diferido, com potencial atingimento de metas e objetivos Constitucionais. Contudo, nos abstemos de enunciar o problema de pesquisa sobre bases dicotômicas tão abstratas, a saber: justiça fiscal (igualdade) e tributação dos dividendos.

A "questão dos dividendos", quando observada sob o prisma excludente do Direito, sem o amparo de outras áreas do conhecimento, autoriza a formulação do problema com base naquela relação dicotômica, contudo, as respostas fornecidas são insuficientes para compreender o papel e as repercussão da imposição tributária sobre essa espécie de rendimentos do capital. O estudo da tributação dos dividendos, quando separado das ciências econômicas, das finanças, da contabilidade e da administração, é incapaz de desvendar todas as nuances ali presentes.

O enigma dos dividendos não é bem compreendido quando o problema de pesquisa estatuído pelo jurista está adstrito à dicotomia entre justiça (igualdade) *versus* tributação mais favorável. Tendo isso em vistas, notamos, na literatura jurídica, uma lacuna teórica sobre as causas e fundamentos, explícitos e implícitos, para a desequiparação de determinados contribuintes e rendimentos em relação ao imposto de renda ordinário, especialmente da remuneração provenientes de fontes do capital. Incluímos nesse rol de rendimentos apartados do imposto de renda ordinário, os dividendos.

Nossa inquietação se estende às raízes que conduzem o formulador da política fiscal a adotar instrumentos tributários mais favoráveis aos beneficiários de dividendos, a fim de projetar quais os caminhos a serem percorridos adiante, bem como se o tratamento favorecido é guarnecido pelo ordenamento jurídico.

Não buscamos com essa introdução defender o instituto da não-incidência e a política fiscal corrente, apenas que discorremos ao relento da problematização dicotômica tradicionalmente estabelecida pelos trabalhos acadêmicos concentrados no ramo do Direito Tributário. O trabalho a ser desenvolvido nas páginas seguintes, porquanto, investiga as causas, motivações, desafios e propõe siglas contribuições para uma virtual reforma tributária.

Considerando, pois, que o movimento político de ambos os espectros ideológicos, tem apontado para a reforma do sistema tributário vigente, inclusive para extinguir o instituto da não-indecência do imposto de renda, as ponderações delineadas pelo trabalho são todas fundadas na premissa de que a reforma, mais cedo ou mais tarde, reinstituirá o imposto de renda sobre os beneficiários de dividendos.

Por isso, não nos compete aqui fazermos uma defesa prévia quanto ao instituto adotado da não-incidência, ou se este modelo deve ser mantido ou revogado com a reforma tributária, o trabalho está alicerçado na certeza da mudança do estado de coisas para essa espécie de rendimentos.

Por isso estabelecemos como problema geral da pesquisa: os dividendos são rendimentos que merecem tratamento tributário favorecido e o tratamento tributário favorecido está guarnecido pelo ordenamento jurídico? A partir da resposta para a primeira questão, passaremos a investigar qual o tratamento mais adequado para essa espécie de rendimentos e quais são os desafios a serem superados pelo legislador na formulação da norma tributária.

Resta então sabermos, se os rendimentos objeto de estudo, estão habilitados para conferir tratamento tributário diferido aos seus beneficiários, face a reforma tributária iminente, culminando no afastamento da norma geral voltada ao imposto de renda (generalidade, neutralidade com o consequente tratamento progressivo), e, adoção de medidas de "desigualação" para os aqueles contribuintes.

Intentamos resgatar, para juristas, as funções da distribuição dos dividendos; o que preconizam as teorias econômicas e financeiras e como o imposto interfere na dinâmica da distribuição de dividendos, sob uma perspectiva pouco explorada pelo ramo do Direito Tributário. Para tanto, selecionamos as principais teorias econômicas que buscam apurar as razões pelas quais as empresas distribuem dividendos e quais as consequências ao não fazê-lo, ou seja, de reter os lucros excedentes. Objetivamos desvendar se os beneficiários desses rendimentos, merecem receber tratamento tributário favorecido, através de algum fator de *discrimen* constitucionalmente aceito, diferente daquele estatuído pelo § 1° do art. 145 e do inciso II do art. 150 da Constituição Federal, ou se favorecimento tributário para esses rendimentos são meros privilégios odiosos.

Assim, as fontes de pesquisa adotadas, estão, majoritariamente, concentrados em artigos científicos publicados em periódicos nas áreas do conhecimento em economia, finanças, contabilidade e administração. As fontes primárias acerca dos assuntos aqui tratados, foram privilegiadas em relação à outras fontes. Quando não era possível acessar às fontes primárias ou quando a fonte primária era pouco compreensível, fontes secundárias foram consultadas. Utilizamos como critério para seleção das fontes de pesquisa, a recorrência com que os textos são citados por outros trabalhos acadêmicos relevantes e a titulação dos autores, dando preferência aos artigos nos quais algum dos autores possui título de doutor.

Observamos, ao longo da pesquisa, que a política de dividendos é uma das escolhas societárias mais importantes. Os dividendos compõem o desfecho de um ciclo de políticas corporativas, qual seja: financiamento-investimento-dividendo, este último, correspondendo à contraprestação pela aquisição de capital de terceiros. A política de dividendos também pode ter relação direta com "boas" práticas de governança corporativa, funcionando como um óbice ao desperdício dos recursos comuns e a expropriação do capital dos acionistas minoritários e sem direito de voto.

Parte da literatura especializada, assume que a tributação dos dividendos mais gravosa, obsta essa dinâmica de distribuição contínua, criando barreiras tributárias para "expelir" (*disgorge*, nas palavras de Jensen) o excesso de caixa livre. Para os seus proponentes, a tributação dos dividendos, não implica diretamente em ineficiências quanto ao investimento corporativo, como outras teorias sugestionam, mas, ao invés disso, a imposição tributária agrava problemas internos em corporações com fracos instrumentos de governança corporativa e conflitos entre agentes. A tributação que penaliza a distribuição dos excessos, estimulando a poupança forçada através da retenção dos lucros, passa a lidar com os problemas relativos à retenção inapropriada dos lucros, tais como: o risco moral dos agentes internos e acionistas controladores; agravam as chances de desperdício, superinvestimento ou subinvestimento; expropriação do capital minoritário; entrincheiramento dos agentes e; estorvam o monitoramento interno e externo pelos agentes de mercado.

As reformas tributárias materializadas nas duas últimas décadas em jurisdições fiscais alienígenas, enriqueceram a literatura sobre os efeitos da tributação, ao testar as previsões em períodos de transição entre regimes fiscais. Apresentaremos o caso paradigmático da JGTRRA de 2003, que operou uma das maiores desonerações fiscais em favor de beneficiários de dividendos, largamente estudada desde então.

A literatura não é uníssona quanto aos resultados obtidos a partir das mutações legais ou as previsões teóricas, contudo, em alguns aspectos, há convergência. O enigma dos dividendos, apesar de toda a produção bibliográfica especializada, ainda é um assunto mal resolvido e espinhoso, sem que, até o momento, haja alguma resposta definitiva para todas as indagações suscitadas pelo enigma.

As políticas corporativas afetas aos dividendos, ou que guardam em dada medida, alguma relação indireta com os dividendos (política de financiamento, investimento e política de dividendos), não são uniformes para todas as empresas, nem sequer são motivadas pelos mesmos fundamentos. Em alguns casos, as estratégias corporativas se darão conforme as previsões da nova visão, em outros tantos, as estratégias e políticas corporativas, seguirão as previsões da visão tradicional. A política de dividendos pode estar fundada na mitigação dos conflitos de agência, no combate aos instrumentos fracos de governança corporativa, mas as repercussões são distintas quando comparadas com outras empresas com outros problemas de agência.

Dentro da própria teoria da agência, os conflitos internos e externos são distintos, dependendo do país, da estrutura de propriedade, da participação no fluxo de caixa dos acionistas, do grau de controle ou pulverização, enfim, todas as teorias possuem hipóteses que são confirmadas, outras descartadas, a depender das características e especificidades da sociedade empresária.

Porém, menos divergente do que o enigma dos dividendos, a experiência internacional com as reformas tributárias dos dividendos, tem demonstrado que a técnica da progressividade, produz efeitos diretos sobre o comportamento dos personagens com poder decisório, pois, a progressividade estabelece classes de acionistas com interesses tributários antagônicos capazes de recrudescer os problemas de agência e os conflitos internos entre gestores e acionistas ou entre acionistas. Tais preferências tem impacto direto na tomada de decisão, especialmente, quando os acionistas que participarão do processo decisório, estão nas faixas mais altas do IRPF e que intervém nos rumos adotados pelas corporações, sobretudo, em corporações com elevado grau de concentração acionário do direito de voto.

O caso brasileiro apresenta desafios e peculiaridades que não podem ser apreendidas pela experiência internacional. As peculiaridades do contexto brasileiro são de natureza não-tributários, mas também de natureza tributária. Nesse último segmento, destacamos duas: a não-incidência do IR para os dividendos distribuídos e a variante do modelo ACE para os juros de Capital próprios (*interest on equity*) distribuídos aos acionistas, são peculiaridades que dificultam o estudo com base na legislação comparado ao estabelecer vantagens fiscais orientadas pela distribuição dos lucros. Do lado das peculiaridades não-tributárias: a obrigatoriedade de distribuir dividendos em um patamar mínimo; a verificação de estruturas com superconcentração de capital votante entre as empresas brasileiras, e, em casos extremos, a presença de estruturas piramidais, desagregam a experiência nacional das internacionais.

A legislação tributária atualmente, fornece dois métodos *tax-efficient* para distribuir os lucros aos acionistas que influenciam diretamente as sociedades empresariais frente a decisão pela retenção ou distribuição. Essa peculiaridade, acrescida ao fato de as vantagens tributárias da distribuição não serem apreendidas pela experiência internacional, criam novas dificuldades para a previsão dos efeitos do imposto após a reforma.

Entre as corporações brasileiras, observamos que os dividendos cumprem, hoje, as duas funções destacadas por La Porta *et. al.* Os dividendos são "meios" substitutivos das "boas" práticas de governança corporativa, assim como são resultados de uma proteção legal e fiscal em favor do acionista minoritário e sem direito de voto (preferenciais).

Portanto, a fim de encontrarmos alternativas para a tributação dos dividendos, alguns modelos serviram de referencial teórico para estribar as nossas conclusões, com brevíssimos comentários sobre suas vantagens e desvantagens. Em um cenário mais conservador e de curto prazo, o modelo clássico de tributação, com vistas à integração parcial das personalidades e prevendo um tratamento tributário neutro através da técnica da proporcionalidade das alíquotas, parece-nos ser a resposta imediatista mais adequada.

Dito isso, passemos à estruturação do trabalho. A presente dissertação está dividida em duas partes, com três capítulos em cada uma delas. Na Parte I, trataremos a respeito do imposto de renda. No capítulo I, abordaremos as origens do imposto e a história do imposto no Brasil até a sua instituição definitiva; as restrições e limites semânticos do conceito de renda e proventos de qualquer natureza; a vinculação do conceito jurídico ao fenômeno econômico pré-jurídico; os critérios informativos do Imposto de Renda. No capítulo II abordaremos os princípios constitucionais não-específicos, mas que são correlatos ao Imposto de Renda; questões sobre os valores superiores da justiça e da igualdade e as exceções constitucionalmente aceitas para a desigualdade tributária; a capacidade contributiva como fator de *discrimen* para o juízo de desequiparação; o limite inferior e limite superior da capacidade contributiva. No capítulo III, versaremos acerca da progressividade para o Imposto de Renda, sua natureza e o caráter.

Na parte II do trabalho, faremos a problematização da díade imposto de renda e dividendos. O capítulo I é destinado à limitação do objeto de estudo, esclarecimentos gerais quanto à termos e designações utilizadas no trabalho; a seguir, passaremos a conceituar alguns dos objetos apreciados, como o que se entende por mercado de capitais, valores mobiliários e dividendos; por fim, contextualizaremos o leitor acerca do estado de coisas da tributação dos dividendos com o advento da Lei 9.249/95 e suas inovações.

No capítulo II abordaremos de forma ampla as teorias econômicas e financeiras concernentes aos dividendos, como a sua função; o enigma dos dividendos; as duas teorias inaugurais sobre a importância dos dividendos para as sociedades empresariais e sobre sua relevância (ou não) para com as demais políticas corporativas; abordaremos, também, as teorias adjacentes às duas teorias maiores, como a teoria da sinalização, o efeito clientela, a teoria do pássaro na mão; introduziremos, porquanto, as três teorias dominantes sobre a relação dos dividendos e o comportamento das empresas face à imposição tributária e as predições para a distribuição dos dividendos.

No capítulo III, serão cotejadas às predições e hipóteses do capítulo anterior com as experiências das reformas tributárias, dando enfoque na reforma estadunidense JGTRRA de 2003 e suas repercussões, pois são prolíficos os trabalhos tendo como objeto a JGTRRA. Seguidamente, explicitaremos as peculiaridades da legislação tributária, do mercado e das estruturas de propriedade no Brasil. Por fim, referenciamos os modelos adotados no estrangeiro; seguido das nossas conclusões e sugestões para a política fiscal vindoura.

PARTE 1
O IMPOSTO DE RENDA

I'll tax the street
If you try to sit, I'll tax your seat
If you get too cold, cold, I'll tax the heat
If you take a walk, walk, I'll tax your feet (Taxman)

George Harrison, *Taxman*

CAPÍTULO 1

1. Origens e aspectos constitucionais do imposto de renda

A música *taxman* dos Beatles, com estrofe acima transcrita, anuncia a dicotomia sobressalente entre a vontade arrecadatória e o inconformismo da sociedade civil face à exação tributária. Na imposição tributária, duas vontades contrastantes e antagônicas se elevam, a dos contribuintes, que intentam recolher a menor soma possível aos cofres públicos, e, a do fisco que, contrário senso, mira arrecadar quantias cada vez maiores dos primeiros.

A partir do início do Sec. XX, com a ascensão do autoproclamado Estado Social, o tributo passa a encarnar valores sócio-políticos, que são subsequentemente, herdados pelo incipiente Estado Democrático de Direito, momento no qual adquire contornos quase ontológicos, estando o tributo afeto ao dever fundamental de solidariedade[1], o Estado de bem-estar social, a justiça, a igualdade e as liberdades.[2]

Contudo, excluído esse pequeno recorte temporal, o tributo, para as sociedades pré-industriais, feudais e para os antigos, era percebido como marca distintiva, como forma de estratificação social entre grupos e agentes políticos, acentuava a desigualdade entre os estratos sociais e os privilégios das castas.[3]

[1] NABAIS, José Casalta. **O dever Fundamental de Pagar Impostos: contributo para a compreensão Constitucional do Estado Fiscal Contemporâneo.** Editora Almedina, 3° Reimpressão, Dissertação de Doutoramento, Coimbra, 2012.

[2] LEONETTI, Carlos Araújo. **O imposto de renda como instrumento de justiça social no Brasil.** 1° ed., Editora Manole, São Paulo, 2003.

[3] ADAMS, Charles. ***For Good and Evil, the impact of taxes on the course of civilization.*** Editora Madson Books, 2° ed., Oxford, New York, 2001.

Na História da civilização e das sociedades organizadas, o tributo é elemento indissociável daquelas, é, todavia, encarado com receio e apreensão pelos sujeitos passivos. Balthazar narra o sentimento de desprezo, servidão e dependência acarretados por força da obrigação tributária pelos povos da Antiguidade.[4] Ainda nessa esteira, remanesce no imaginário popular, ilustrado pela estrofe da música de George Harrison, a censura pelo afã arrecadatório desenfreado. [5]

Na transição do período feudal ao regime absolutista, passando aos primórdios da modernidade, o Imposto sobre a Renda[6] tinha conotação diametralmente oposta àquela apreendida hodiernamente.

O Imposto sobre a renda, não tinha caráter de imposto permanente ou valores intrínsecos, mas sim, como instrumento temporário e emergencial que se prestava para financiar as despesas advindas das guerras e demais dispêndios extraordinários. [7] À vista disso, o IR fora utilizado como instrumento de custeio da guerra entre Inglaterra e França, durante as guerras napoleônicas, por ambos os Estados.

Segundo Torres[8], William Pitt, então primeiro-ministro da Inglaterra, apresentou proposta aos Comuns para a instituição do *income tax*, com elementos de progressividade, em 1798 através do *Aid and Contributions Act* ou *Triple Assessment*.

O projeto, contudo, não arrecadou a receita almejada, sendo considerada um fiasco, culminando na demissão do primeiro-ministro seis meses após o término da guerra com Napoleão.

As dificuldades administrativas, de monitoramento e fiscalização, foram um dos principais fatores que resultaram na baixa arrecadação do tributo,

[4] BALTHAZAR, Ubaldo Cesar. **História do Tributo no Brasil. Fundação.** Boiteux, Florianópolis, 2005.

[5] ADAMS,*Op. Cit.*, 2001, p. 224. Relata Adam que na França, no Antigo Regime, a sociedade civil formava associações para vigiar os portões das cidades em busca de forasteiros e recém-chegados que aparentassem ser coletores de impostos (*tax collectors*) enviados em nome da coroa. Em caso de suspeita, os forasteiros poderiam ser linchados, espancados, e, por vezes, mortos. As revoltas, tal qual, atingiam proporções de conflitos armados, em dado momento, o Rei Luís XIV teve de contar com mercenários suíços para conter os avanços dos camponeses insurgentes contra as exações tributárias *(revolting peasant)*.

[6] Será tratado neste trabalho, para fins didáticos, como IR, para designar o Imposto de Renda; IRPF para as Pessoas Físicas e; IRPJ para as Pessoas Jurídicas.

[7] TORRES, Ricardo Lobo. **Tratado de Direito Constitucional financeiro e tributário: tributos na Constituição**. Editora Renovar, Vol. IV, São Paulo, 2007.

[8] *Ibid.*, p.114.

porém, o projeto subestimou o "ódio" dos contribuintes pela iniciativa (historiadores se referiam ao imposto como "Monstro horrendo sem precedentes")[9]. Ainda assim, o IR permaneceu em vigor até o final da guerra entre as duas nações.

Leonetti, por outro lado, remonta às tentativas fracassadas, há períodos ainda mais remotos, como quando o Rei Eduardo IV, em 1472 na Inglaterra, tenta implementá-lo, também como imposto extraordinário para financiar Guerra Civil entre duas casas que vindicavam o trono inglês[10] e; os Medicis na Itália, em 1451.[11]

Outrossim, nos Estado Unidos, a guerra de Secessão (1860-1865) inaugura as tentativas de instituir um imposto sobre as rendas, mas ainda em caráter provisório, circunscrita ao período designado e com termo final previamente programado. Em 1894, o Congresso votou e aprovou uma lei[12], posteriormente declarada inconstitucional, que instituía o IR a uma alíquota *flat* de 2%.[13]

No Brasil, adotou-se, tal qual, a mesma abordagem das jurisdições fiscais alienígenas. Com a Guerra do Paraguai (1864-1870), houve a majoração das alíquotas de vários tributos, dentre os quais estava o imposto Proporcional ou imposto pessoal, apontado por Balthazar como o "precursor do Imposto de renda".[14]

Em 1867, durante a Guerra, o Visconde de Jequitinhonha tenta implementar o IR no Brasil de forma definitiva, sem lograr êxito em tal empreitada. O insucesso é endereçado a impopularidade do imposto.

Na ocasião, financistas se reuniram para emitir relatório, cujo parecer se apresentava favorável à proposta de instituir do IR tendo como base de cálculo, inclusive, "juros e dividendos de títulos conhecidos e autorizados pelo governo".[15]

[9] Cf. ADAMS, *"Hideous monster without precedent"*. p. 352.

[10] Os *Yorks* e os *Lancasters*.

[11] Cf. LEONETTI, 2003.

[12] BLUM, Walter J.; KALVEN, Harry Jr. *The uneasy case for progressive taxation.* ***The Chicago Law Review***, vol. 19, n° 3, 1950.

[13] *Ibid.* A lei previa a tributação de 2% da renda (*income*), instituía também uma faixa de isenção de $ 4.000 dólares. A lei foi considerada inconstitucional por ferir a isonomia e a igualdade entre contribuintes que recebiam acima da faixa de isenção (*exemption*) daqueles que percebiam renda abaixo da faixa de isenção, o que poderia causar desarmonia entre contribuintes. O caso paradigmático ficou conhecido como *"the Pollock case"*, redução de *Pollock v. Farmers Loan & Trust CO.*

[14] Cf. BALTHAZAR (nota de rodapé 4), p. 93.

[15] NÓBREGA, Cristóvão Barcelos da. **História do Imposto de Renda no Brasil, um enfoque da pessoa física** (1922-2013). Receita Federal, 2014. p. 26.

Apenas em 1879, o então Ministro da Fazendo, Visconde de Ouro Preto, Celso Afonso, encaminhou proposta à Câmara do Deputados, para a instituição do IR. Contudo, assim como os outros projetos, o texto foi rejeitado. [16]

Em 1883, o Ministro da Fazenda Lafayete, novamente, elabora texto submetido ao Congresso, sugerindo um IR, divido em classes e subdivisões de taxas, cuja alíquota máxima era de 2%, temerosos quanto a complexidade e repercussão do imposto, os congressistas, rejeitaram o projeto.

Mais adiante, quando assumiu o Ministério da Fazenda, Rui Barbosa, em 1891, elabora relatório no qual sugere a instituição de IR sobre rendas provenientes de propriedades imóveis, sobre o exercício da profissão, arte ou ofício, títulos públicos, ações de companhias, juros e dívidas hipotecárias.[17]

Rui Barbosa, propunha uma faixa de isenção do Imposto direto sobre a renda, para aqueles que não conseguiriam contribuir com o encargo tributário sem comprometer sua própria existência, novamente, o projeto foi infrutífero no sentido de instituir o IR no Brasil de forma definitiva.

Em 1920, o deputado Otávio Rocha defende a implementação do IR, com projeto que propunha tributar, com alíquotas que variavam entre 1% e 10%, os contribuintes que percebessem rendimentos líquidos igual ou maiores do que 6:000$000 até 30:000$000, estavam autorizadas as deduções de até 5% por pessoa da família.[18]

Nestes idos, os debates acerca da justiça e aspectos morais sobre os impostos diretos passaram a ser pauta nos debates parlamentares, Homero Batista, Mario Brant e Leopoldo de Bulhões, são alguns exemplos de parlamentares e ministros das finanças que adotavam esta abordagem.

1.1 Instituição definitiva do imposto de renda no Brasil

Em 31 de dezembro de 1922, é promulgada a Lei nº 4.625/1922, que institui em seu artigo 31 o IR[19]. Na oportunidade, o imposto era devido anualmente,

[16] *ibid.* p. 26

[17] NÓBREGA, *Op. Cit.*, p. 27

[18] Cf. NÓBREGA, p. 28

[19] Art. 31. Fica instituido o imposto geral sobre a renda, que será, devido, annualmente, por toda a pessoa physica ou juridica, residente no territorio do paiz, e incidirá, em cada caso, sobre o conjunto liquido dos rendimentos de qualquer origem.

I. As pessoas não residentes no paiz e as sociedades com séde no estrangeiro pagarão o imposto sobre a renda liquida, que lhes fôr apurada dentro do territorio nacional.

II. É isenta do imposto a renda annual inferior a 6:000$ (seis contos de réis), vigorando para a que exceder dessa quantia a tarifa que for annualmente fixada pelo Congresso Nacional.

por toda a pessoa física ou jurídica, residente no Brasil, incidia sobre o conjunto líquido dos rendimentos de qualquer origem.

O inciso II do art. 31, prescrevia a faixa de isenção do IR que, correspondia à 6:000$ contos de reis. Por conseguinte, o inciso III autorizava os contribuintes a fazer deduções dos rendimentos líquidos obtidos no período, sobre Taxas e impostos; juros de dívidas; perdas extraordinárias; despesas ordinárias para conseguir assegurar a renda. A Lei autorizava também a deduções de 2%, para contribuintes com renda entre 6:000$ a 20:000$ contos de reis, por cada pessoa que "tenha a seu cargo", prelúdio das deduções por dependentes.

A redação do art. 31 que conceitua, define e estatui o Fato Gerador e a Base de Cálculo, bem como a faixa de isenção do IR, porquanto, trouxe elementos que integrariam os textos ulteriores sobre a matéria, como: i) anualidade; ii) todas as pessoas, física e jurídica, são contribuintes do Imposto; iii) os residentes e não residentes no território nacional, desde que pratiquem fatos geradores no Brasil, serão contribuintes do IR; iv) o imposto incide sobre o conjunto de rendimentos; v) conjunto líquido de rendimentos, com deduções

III. Será considerado liquido, para o fim do imposto, o conjunto dos sendimentos auferidos de qualquer fonte, feitas as deducções seguintes:
a) imposto e taxas;
b) juros de devidas, por que responda o contribuinte;
c) perdas extraordinarias, provenientes de casos fortuitos ou força maior, como incendio, tempestade, naufragio o accidentes semelhantes a esses, desde que taes perda não sejam compensadas por seguros ou indenizações;
d) as despezas ordinarias realizadas para conseguir e assegurar a renda
IV. Os contribuites de renda entre 6:000$ (seis contos de réis) e 20:000$ (vinte contos de réis) terão deducção de 2 % (dous por cento) sobre o montante do imposto devido por pessoa que tenha a seu cargo, naõ podendo exceder, em caso algum, essa deducção a 50 % (cincoenta por cento) da importancia normal do imposto.
V. O imposto será arrecadado por lançamento, servindo de base a declaração do contribuinte, revista eplo agente do fisco e com recurso para autoridade administrativa superior ou pára arbitramento. Na falta de declaração o lançamento se fará ex-officio. A impugnação por parte do agente do fisico ou o lançamento ex-officio terão de apoir-se em elementos comprobatorios do mantante da renda e da taxa devida.
VI. A cobrança do imposto será feita cada anno sobre a base do lançamento realizado no anno immediatamente anterior.
VII. O poder Executivo providenciará expedindo os precisos regulamentos e instrucções, e executando as medidas necessarias aos lançamentos e instrucções, e executando as medidas necessarias ao lançamento, por fórma que a arrecadação do imposto se torne effectiva em 1924.
VIII. Em o regulamento, que espedir o poder Executivo poserá impor multas até o maximo de 5:000$ (cinco contos de réis).

previstas em lei; vi) renda de qualquer origem; vii) autorizava a dedução com despesas ordinárias realizadas para conseguir a renda obtida;

Em 1923, a Lei nº 4.625/22[20] foi reformada pela Lei nº 4.783/1923[21], para a implementação de um sistema categorizado, onde eram agrupados rendimentos líquidos e categorias de rendimentos, apenas o imposto complementar ficava sujeito à tabela progressiva. O modelo se assemelhava ao estilo francês de tributação das rendas, denominado modelo misto. Enquanto isso, os países anglo-saxões adotavam o modelo unitário, no qual independia a fonte pagadora, ou seja, sem qualquer discriminação entre rendas e fontes, havendo apenas uma única etapa de incidência, com alíquotas progressivas. [22]

Os rendimentos foram distribuídos em quatro categorias: I) comércio e exploração industrial; II) Capitais e Valores Mobiliários; III) Ordenados públicos e Particulares, subsídios, remunerações, emolumentos, gratificações, bonificações, pensões e remunerações a qualquer título e qualquer forma contratual; IV) Exercício de profissões não-comerciais.

Um ano depois, a legislação fora novamente modificada, sendo acrescida outra categoria, dos capitas imobiliários, permanecendo os anteriores inalterados. As categorias ficaram conhecidas como Cédulas, a partir de 1926, divididas em cédulas de "A" a "G". [23]

1.1.1 Os dividendos no Brasil

Salutar notar que antes da promulgação da Lei nº 4.625/22[24] e após esta (que instituía definitivamente o imposto de renda) vários rendimentos compunham a renda dos contribuintes, ainda que não nestes termos, eram tributados

[20] BRASIL. **LEI Nº 4.625**, de 31 de dezembro de 1922. Orça a Receita Geral da Republica dos Estados Unidos do Brasil para o exercicio de 1923. Rio de Janeiro, 1922. http://www.planalto.gov.br/ccivil_03/leis/1901-1929/l4625.htm. Acesso em: 23 abr. 2021.

[21] BRASIL. **LEI Nº 4.783**, de 31 de dezembro de 1923. Orça a Receita Geral da Republica dos Estados Unidos do Brasil para o exercicio de 1924. Rio de Janeiro, 1923. https://www2.camara.leg.br/legin/fed/lei/1920-1929/lei-4783-31-dezembro-1923-564689-publicacaooriginal-88627-pl.html Acesso em: 5 abr. 2021.

[22] SCHOUERI, Luís Eduardo. Imposto sobre a renda das Pessoas Físicas. In: JARDIM, Eduardo Marcial Ferreira; PASIN, João Bosco Coelho (Coords.). **Tributos em espécie: fundamentos e elementos**. Editora Elsevier, Rio de Janeiro, 2010.

[23] SCHOUERI, *et. seq.*, 2010.

[24] BRASIL. **Lei nº 4.625**, de 31 de dezembro de 1922. Orça a Receita Geral da Republica dos Estados Unidos do Brasil para o exercicio de 1923. Rio de Janeiro, 1922. Disponível em: http://www.planalto.gov.br/ccivil_03/leis/1901-1929/l4625.htm. Acesso em: 23 abr. 2021.

em apartado, como, a exemplo disso, em 1843 foi instituído (ainda que timidamente e de forma temporária, apenas dois anos depois) o Imposto sobre Dividendos. [25]

No projeto do então ministro da Fazenda, Lafayete, de 1883, uma das classes de rendimentos ali previstos era "pensões, anuidades, dividendos e rendas sobre títulos públicos". O imposto sobre dividendos seria "reinstituído" em 1892 (Lei n° 25/91), após o golpe Republicano, quando não mais deixaria de integrar o orçamento federal.[26]

Apenas em 1964, com uma série de medidas para beneficiar o investimento estrangeiro, foi autorizado aos contribuintes abater das rendas brutas os tributos incidentes sobre o Capital por um valor corrigido e estipulado anualmente, como: os dividendos, bonificações e outros interesses distribuídos por sociedades anônimas de capital aberto.

Seguidamente, poderia o contribuinte, pessoa física, abater tributos com valores aplicados na aquisição de certificado de compra de ações. [27]

Até 1988, com a Lei n° 7.713/88[28], os dividendos permaneceram sendo tributados na forma cedular, correspondia à Cédula F (lucros e Dividendos), com alíquota de 15%. Por opção do contribuinte, poderia ser tributado exclusivamente na fonte ou na declaração, no último caso, era válida a compensação com outros encargos fiscais.

A partir de 1988, o imposto sobre a remuneração dos acionistas, passou a ser desonerada, justamente com o intento de atrair investimento estrangeiro. O processo de renúncia culminou na edição e promulgação da Lei n° 9.249/95[29], na qual se unificava a exação, exclusivamente na Pessoa Jurídica, sob o pretexto de contornar a bitributação da mesma base econômica.

[25] Cf. NÓBREGA (nota de rodapé 15), 2014, p. 31.

[26] Cf. NÓBREGA (nota de rodapé 15), 2014, p. 34

[27] *Ibid.*, p. 75

[28] BRASIL. **Lei Nº 7.713**, de 22 De Dezembro de 1988. Altera a legislação do imposto de renda e dá outras providências. Brasília, 1988. http://www.planalto.gov.br/ccivil_03/leis/l7713.htm. Acesso em: 3 abr. 2021.

[29] BRASIL. **Lei nº 9.249**, de 26 de dezembro de 1995. Altera a legislação do imposto de renda das pessoas jurídicas, bem como da contribuição social sobre o lucro líquido, e dá outras providências. Brasília, 1995. http://www.planalto.gov.br/ccivil_03/leis/l9249.htm Acesso em: 3 abr. 2021.

1.2 Limites constitucionais: a terminologia "renda e proventos de qualquer natureza" na constituição

A constitucionalização do IR, foi um processo gradual, isto porque, a Constituição de 1891 não previa expressamente "Renda e proventos de qualquer natureza", ainda que mantivesse cláusula aberta quanto a competência residual para instituição.

A expressão só seria introduzida na Constituição de 1934, após esta, o IR sempre esteve expressamente previsto nas cartas Constitucionais. Desde a constitucionalização do IR, a competência, conquanto, esteve sob o domínio da União.

Nesse diapasão, a Constituição Cidadã de 1988[30], outrossim, dispõe sobre o IR no art. 153, inciso III, *in verbis*:

> Art. 153. Compete à União instituir impostos sobre:
> [...]
> III – renda e proventos de qualquer natureza;
> § 2º O imposto previsto no inciso III:
> I – será informado pelos critérios da generalidade, da universalidade e da progressividade, na forma da lei;

A redação do texto Constitucional não fornece qualquer conceito explícito sobre o que é "renda" e "proventos de qualquer natureza", ou, a distinção entre ambos.

Porquanto, o texto deixa em aberto ao Constituinte derivado a incumbência de conceituar, definir, atribuir a extensão e distinção de termos tão abstratos e plurissignificativos.

O Constituinte, segundo Mosquera e Schoueri, "esvaziou os critérios do Imposto de renda" ao incumbir o legislador ordinário de especificar o que é "renda" e "proventos de qualquer natureza", isto porque, o texto constitucional permaneceu silente sobre o núcleo essencial do que é "renda", devendo o intérprete e o jurista se socorrer de conceitos alheios ao texto Constitucional.[31]

[30] BRASIL. **Constituição Federal.** Constituição da República Federativa do Brasil de 1988. Disponível em: http://www.planalto.gov.br/ccivil_03/constituicao/constituicao.htm. Acesso em: 12 abr. 2021.

[31] MOSQUERA, Roberto Quiroga; SCHOUERI, Luís Eduardo. **Manual da Tributação direta da Renda**. Instituto Brasileiro de Direito tributário, São Paulo, 2020.

Apesar de o Constituinte originário delegar ao legislador complementar a tarefa de legislar sobre "renda e proventos de qualquer natureza", parte da doutrina entende que o constituinte impôs limitações implícitas à discricionariedade do legislador na própria escolha pelos termos, senão vejamos.

A Constituição, de acordo com Ricardo Lobo, fornece alguns resquícios, ou melhor, limites gerais para a conceituação de renda e proventos de qualquer natureza, demarcando os poderes do constituinte derivado para legislar sobre a matéria. Segundo o mestre, em razão da própria Constituição ter distribuído as competências tributárias, e, sendo competência da União instituir e legislar sobre o imposto sobre as rendas, os Estados e Municípios que se arvorarem na prerrogativa/competência da União sobre "rendas" e "proventos de qualquer natureza", estarão se imiscuindo na competência da desta.[32]

Nesta esteira, Ricardo Mariz de Oliveira, sustenta que o termo foi utilizado pelo constituinte originário de forma técnica. As Constituições antecessoras também empregavam as mesmas expressões, por isso, o intérprete necessita aquilatar leis e Constituições anteriores à CF/88 para compreender a extensão dos termos ali empregados. Assim, para o autor, a Constituição estabelece uma ordem superior de coerência semântica que limita o legislador ordinário na conceituação do termo "renda e proventos de qualquer natureza", isto porque, o conceito jurídico é subsidiado por situações concretas do mundo real, que afastam qualquer dúvida quanto ao fato econômico "renda". Logo, a Constituição ao adotar o termo "renda" já limita, semanticamente, a adoção de outros fatos que não aqueles que denotam renda, enquanto fatos econômicos.[33]

Aduz o autor que há outro "princípio" implícito na carta constitucional, momento no qual perfilha a expressão "renda". O Imposto sobre a renda está imbricado com o patrimônio, assim, patrimônio é um "quase-princípio" informador do conceito renda, porque sem o primeiro não há como se verificar o segundo, ou seja, renda implica patrimônio, sem que se confundam. Nesse sentido, renda, na Constituição, é um não-patrimônio, mas que depende do patrimônio para compreender o que é renda.[34]

Por seu turno, Amaro argui que o conceito jurídico de renda se sobrepõe aos fornecidos pelas ciências econômicas e das finanças, uma vez que os critérios das ciências das finanças são estranhas aos critérios, métodos e

[32] Cf. TORRES (nota de rodapé 7), 2007. p. 116-117.

[33] OLIVEIRA, Ricardo Mariz de. **Fundamentos do Imposto de renda.** Editora Quartier Latin, 1ª ed., São Paulo, 2008.

[34] *Idem.*, 2008.

princípios jurídicos, carecendo, portanto, de significação jurídica. Embora o imposto tenha correspondência Financeira-econômica, trata-se de uma sinergia pré-jurídica. Quando transpostos ao plano legal normativo, ganham significação jurídica. Entretanto, se o direito tributário olvidar os fenômenos metajurídicos, dentre os quais os fenômenos econômicos, os conceitos se tornam frágeis e suscetíveis de serem incongruente com o mundo real.[35] Assim, há um liame lógico entre os fenômenos com significação legal com os fenômenos do mundo real apreendidos pelas ciências econômicas e das finanças (pré-jurídicos), sem significação legal.

Renda, na Constituição, só pode ser aquilo que denota renda (fenômeno econômico), não deve o legislador, eleger fatos, como hipótese de incidência tributária, sem nenhuma correspondência com o fenômeno econômico renda. Por exemplo, não pode o legislador complementar e ordinário eleger como hipótese de incidência do imposto de renda, ter ou não ter barba, tal hipótese soa absurda, por ausência de correspondência entre ter barba e o fato pré-jurídico "renda", dispor e obter riqueza. Ter barba não remete à aquisição de riqueza (renda), motivo pelo qual deve ser descartado como fato gerador do Imposto de renda, por ausência de correlação lógica entre renda e barba.

Para Baleeiro, a Constituição não deixa margem de discussão sobre o conceito de renda, porque o conceito decorre diretamente da própria carta constitucional e das regras de competência por ela prescritas. Ou seja, renda e capital, renda e patrimônio, renda e receita, faturamento e receita não podem ser confundidos, sob pena de a União, se imiscuir na competência dos Estados e Municípios para instituir e legislar sobre esses fenômenos jurídico-econômicos.[36]

Logo, Renda e proventos de qualquer natureza são decorrências diretas da Constituição Federal, formando, assim, um limite Constitucional implícito aos conceitos empreendidos pelo legislador complementar para designar renda.

Se alinha, também, a esta corrente o mestre Carrazza, segundo o qual, a Constituição traz um conteúdo semântico mínimo do que se compreende por "renda e proventos de qualquer natureza", sendo o segundo, hipótese residual do conceito renda. [37]

[35] AMARO, Luciano. **Direito Tributário Brasileiro**. Editora Saraiva, 20° ed., São Paulo, 2014.

[36] BALEEIRO, Aliomar. **Direito Tributário Brasileiro: CTN Comentado**. Atualizado por Misabel Derzi, Editora Forense, 14° ed., Rio de Janeiro, 2018.

[37] CARRAZZA, Roque Antônio. **Imposto sobre Renda (perfil Constitucional e temas específicos)**. Editora Malheiros, 3° ed., São Paulo, 2009

Para Hugo de Brito Machado, o legislador complementar não está desimpedido de, livremente, conceituar "renda e proventos de qualquer natureza", tendo em vista que a expressão já carrega significação própria no plano pré-jurídico. Compete, conquanto, ao legislador escolher, dentre os significados pré-jurídicos, qual deles se amolda ao Imposto de Renda, nos limites semânticos da Constituição.[38] Assim sendo, por exemplo, o limite semântico da Constituição não autorizaria ao legislador eleger como hipótese de incidência do IR, a mera propriedade de bem imóvel ou de veículo automotor, por que estes não se possuem significado de renda. Além do que, a instituição de IR em razão da propriedade de bem imóvel e móvel, redundaria em conflitos de competências.

No nosso entender, a Constituição carrega um limite semântico mínimo[39], bem como um limite lógico quando se refere à "rendas" e "proventos de qualquer natureza". Deve haver, portanto, liame entre o fato econômico e o conceito legal de renda (jurídico), sob pena de o conceito jurídico não representar o fenômeno econômico. Mormente, porque a Constituição situa "renda" enquanto fato econômico (se assim não fosse, a própria Constituição forneceria o conceito de renda enquanto conceito jurídico), e não, como conceito jurídico desconexo do fato econômico.

1.3 Conceito de "renda" e proventos de qualquer natureza" na legislação infraconstitucional

Para compreendermos o conceito de renda, necessário se faz, portanto, aclarar o conceito disposto na legislação complementar, uma vez que a Constituição permanece silente acerca do conceito jurídico de renda e proventos de qualquer natureza, na qual fornece apenas linhas gerais e limites semânticos à discricionaridade do legislador.

A primeira definição de renda, ou pelo menos a mais conhecida, remonta A Riqueza das Nações de Adam Smith, momento no qual o autor distingue rendas e rendimentos. O segundo, é derivado de uma fonte produtora,

[38] MACHADO, Hugo de Brito. **Curso de Direito Constitucional Tributário.** Editora Malheiros, 2° ed., São Paulo, 2015. p. 317-318.

[39] QUEIROZ, Mary Elbe. **Imposto sobre a renda e proventos de qualquer natureza.** Editora Manole, 1° ed., São Paulo, 2003.

produto do trabalho, capital ou do capital emprestado; por sua vez, o primeiro é, tão somente, proveniente da terra ou do cultivo.[40]

O Código Tributário Nacional (CTN)[41], trata sobre Imposto de Renda e proventos de qualquer natureza no art. 43 seguintes, fornecendo elementos prestimosos para conceituar termos demasiadamente vagos, senão vejamos:

> Art. 43. O imposto, de competência da União, sobre a renda e proventos de qualquer natureza tem como fato gerador a aquisição da disponibilidade econômica ou jurídica:
>
> I – de renda, assim entendido o produto do capital, do trabalho ou da combinação de ambos;
>
> II – de proventos de qualquer natureza, assim entendidos os acréscimos patrimoniais não compreendidos no inciso anterior.
>
> § 1º A incidência do imposto independe da denominação da receita ou do rendimento, da localização, condição jurídica ou nacionalidade da fonte, da origem e da forma de percepção. (Incluído pela Lcp nº 104, de 2001)
>
> § 2º Na hipótese de receita ou de rendimento oriundos do exterior, a lei estabelecerá as condições e o momento em que se dará sua disponibilidade, para fins de incidência do imposto referido neste artigo. (Incluído pela Lcp nº 104, de 2001)

Destacamos cinco elementos, que não estão contidos no texto Constitucional, mas que nos ajudam a formar um conceito jurídico de renda, quais sejam: i) aquisição de disponibilidade econômica ou jurídica é o fato gerador do imposto; ii) renda é o produto do capital, trabalho ou a combinação de ambos; iii) proventos de qualquer natureza é todo o acréscimo patrimonial, hipótese residual do conceito de renda; iv) independente da denominação e fonte.

[40] ZILVETI, Fernando Aurélio. O Princípio da Realização da Renda. In: SCHOUERI, Luis Eduardo (org.). **Direito Tributário, Homenagem a Alcides Jorge Costa**. Editora Quartier Latin, Vol. 1, São Paulo, 2003.

[41] BRASIL. **(Código Tributário Nacional) Lei Nº 5.172, de 25 de outubro de 1966.** Dispõe sobre o Sistema Tributário Nacional e institui normas gerais de direito tributário aplicáveis à União, Estados e Municípios. Brasília, 1966. http://www.planalto.gov.br/ccivil_03/leis/l5172compilado.htm Acesso em: 21 maio 2021.

A partir desses elementos conseguimos formar um conceito jurídico de renda e proventos de qualquer natureza, ainda que com lacunas conceituais que serão preenchidas com o auxílio da doutrina e tomando emprestado os conceitos econômicos do fenômeno. Partamos, primeiro, dos elementos contidos no texto legal.

1.3.1 Aquisição de disponibilidade econômica ou jurídica

O primeiro elemento trazido pelo texto legal, também remonta em termo abstrato não conceituado e não definido, "aquisição de disponibilidade econômica ou jurídica". "Aquisição de disponibilidade jurídica ou econômica", significa dizer que o contribuinte estará desimpedido de usar, gozar e fruir do acréscimo patrimonial obtido, se qualquer estorvo for impingido para que o contribuinte goze do componente novo acrescido ao patrimônio, o Fato Gerador do IR estará prejudicado.

Parece-nos que, assim como compartilha parte da doutrina[42], pouco importa fazer distinção entre a disponibilidade econômica ou jurídica, porque qualquer uma das duas que sobrevier primeiro será suficiente para a imposição do IR.

O legislador, segundo Schoueri, quando enuncia como fato gerador do IR a disponibilidade econômica e jurídica, em verdade, pretendia que a Disponibilidade fosse um mecanismo preambular para identificar a capacidade contributiva do sujeito passivo.[43]

O contribuinte só poderia dispor da renda ou provento quando possuí capacidade contributiva para pagar o Imposto, significando que a disponibilidade econômica ou jurídica está atrelada ao princípio da capacidade contributiva, pois manifestaria signo de riqueza. Nesse caso a disponibilidade, está atrelada à própria ideia de liquidez do contribuinte.

Assim, tanto pode a exação decorrer da efetiva utilização da renda ou provento, como da disposição jurídica, no momento do aumento patrimonial. No primeiro caso, a disponibilidade econômica é autoexplicativa, ocorrerá quando o contribuinte tiver "o domínio" da renda; no segundo caso, quando o contribuinte puder, ainda que sobre direito futuro, mas certo, dispor da sua renda (p.ex.: acionista com direitos futuros ao recebimento dos dividendos, já aprovado em assembleia-geral).

[42] SCHOUERI, Luis Eduardo. Imposto sobre a renda das pessoas físicas. In:. **Tributos em espécie: fundamentos e elementos**. Coord. JARDIM. Eduardo Marcial Ferreira; PASIN. João Bosco Coelho. Editora Elsevier, Rio de Janeiro, 2010.

[43] *Ibid.*, 2010.

Elbe Queiroz, distingue a disponibilidade econômica da jurídica, ponderando que a primeira é a efetiva disponibilidade da renda ou provento, e a segunda diz respeito à aquisição de título jurídico que confere algum direito com valor auferível. [44]

Sobre o conceito de disponibilidade econômica e jurídica, Bifano, discorre que a "disponibilidade" é a qualidade de estar disponível "para" e "quem". Significa dizer que algo está livre, desembaraçado, desimpedido. A disponibilidade econômica é a renda já percebida ou adquirida, ou a renda, por analogia, já colhida e usufruída *(cash basis)*. Por sua vez, a disponibilidade jurídica é aquela produzida, mas não percebida, correspondendo a um crédito exigível *(accrual basis)*. Podemos, nesse último caso, usar a metáfora do fruto maduro, mas não colhido. [45]

A diferenciação da disponibilidade econômica ou jurídica é irrelevante[46], porque qualquer uma das duas obriga o contribuinte ao pagamento do Imposto de renda devido, independentemente de o contribuinte ter direito certo (título jurídico que confere direito ou título cuja validade é incontestável) seja no caso de utilização efetiva da renda ou provento (disponibilidade jurídica).

Nas palavras de Brandão Machado, o fato gerador "disponibilidade econômica" é despiciendo, mas por outros motivos aos aqui dispostos por nós. Para o mestre, não há direito que não seja juridicamente considerado em Direito. No caso, renda é um direito presente ou futuro do contribuinte de dispor do acréscimo patrimonial percebido naquele tempo, não há um direito econômico que, simultaneamente, não seja um direito jurídico. [47]

A celeuma em torno da disponibilidade se, econômica ou jurídica, foi importada pela controvérsia instaurada na doutrina alemã e italiana, na qual, por influência de Enno Becker (na Alemanha), priorizava-se "a substância do negócio" ao invés da sua "forma jurídica". Redundando na ideia de que a disponibilidade da riqueza tributável não se fundava no "direito jurídico"

[44] Cf. QUEIROZ (nota de rodapé 39), 2003.

[45] BIFANO, Elidie Palma. **O Mercado Financeiro e o imposto sobre a renda**. Editora Quartier Latin, 2° ed., São Paulo, 2011.

[46] Problemática suscitada, inclusive, por Micaela Dutra em "Capacidade contributiva: Análise dos direitos Humanos e Fundamentais" e; por Brandão Machado em "Breve exame crítico do art. 43 do CTN".

[47] MACHADO, Brandão. Breve exame crítico do art. 43 do CTN. In: MARTINS, Ives Gandra (Org.). **Estudos sobre o imposto de renda: em memória de Henry Tilbery.** Editora Resenha Tributária, São Paulo, 1994.

de propriedade ou posse; mas que, para a verificação do fato gerador do IR, era a posse da riqueza nova que consubstanciava o fato gerador da obrigação, pouco valia sob qual título jurídico o contribuinte possuía a coisa, ou, a riqueza nova. [48]

Na doutrina alemã a posse da riqueza foi incorporada ao direito positivo como "propriedade econômica". Dino Jarach, que inspirou a elaboração do Código Tributário Nacional, admirador da doutrina alemã, não fazia qualquer diferenciação entre o título jurídico que concedia direito real à renda e a disponibilidade fática da renda, pois o primeiro só se prestava como uma antecipação ou presunção legal de disponibilidade da renda de fato. Significa dizer que mais vale o poder econômico exercido pelo contribuinte sobre a renda do que o título jurídico mediante ao qual exerce tal poder. [49]

O conceito de disponibilidade da renda, para o autor do anteprojeto do CTN, Rubens Gomes de Sousa, que se alinhava às correntes de pensamento alemã e italiana, entendia a disponibilidade econômica como realização do rendimento. Neste sentido, a disponibilidade é a posse da renda, não importa sob qual título (se jurídico ou não).[50]

Nessa esteira, Brandão considera que quando da aprovação do CTN, a prevalência da propriedade econômica da renda foi suprimida para dar lugar ao formalismo jurídico e linguístico. Ao fim e ao cabo, o Código manteve resquícios, no texto legal, daquilo que outrora fora abandonado, disponibilidade econômica. Quando o legislador incutiu nas linhas do art. 43 do CTN, as expressões disponibilidade econômica e jurídica, queria se certificar que nenhuma hipótese ficasse ausente do escopo do artigo e da incidência do imposto.

A controvérsia desagua na imprecisão dos termos ali empregados e da indefinição destes que, para Brandão, põe em dúvida o próprio fato gerador do Imposto de renda. Quando se fala, portanto, em fato gerador do tributo, é imperativo que o fato gerador seja preciso enquanto definição da hipótese. O "fato gerador" presente no art. 43 do CTN, conforme depreende o autor, é um mero "noção-quadro", ou seja, corresponde a uma definição imprecisa que não ilustra o fato gerador do imposto. [51]

Ocorre que, a indefinição quanto ao momento exato da verificação do Fato gerador do imposto de renda, se quando da propriedade econômica

[48] *Ibid.*

[49] MACHADO, *Op. Cit.*,1994.

[50] MACHADO, *passim, 1994.*

[51] CF. MACHADO, Brandão, 1994.

ou do título jurídico, foi introduzido ao Código Tributário, onde foi inserido dois vocábulos imprecisos para remeter às rendas e proventos de qualquer natureza.

1.3.1.1 A disponibilidade e o princípio da realização

Merece breves considerações, nessa parte introdutória da nossa dissertação, o chamado princípio da realização, defendida, à nível Constitucional, por nomes de gabarito como Humberto Ávila[52], Roque Carrazza[53], Zilveti[54], entre outros.

Zilveti apresenta argumentos contundentes nessa esteira, identificando o princípio, quando, antes da imposição tributária, a renda tenha se separado do patrimônio do contribuinte, momento no qual considerar-se-á realizado para fins de tributação da renda. O autor não visualiza a "disponibilidade econômica e jurídica" como eventos capazes de operar a separação entre a renda e o patrimônio, pois a realização está além da mera disponibilidade jurídica de um direito, pois renda, para ele, é um acréscimo jurídico[55].

Se for considerada apenas o acréscimo não realizado para a incidência do imposto, isto é, quando não for destacado do patrimônio, o tributo poderá ser impingido a rendas cujo contribuinte não disponha. O princípio da realização da renda está vinculado, para o autor, ao princípio da capacidade contributiva e, em última instância, ao enunciado da justiça fiscal.

O princípio da realização, garante ao contribuinte, a certeza da riqueza, atesta a liquidez para cumprir com a obrigação tributária. O princípio é, para as pessoas físicas, apurado em regime de caixa, isto é, quando efetivamente recebem os recursos, por sua vez, para as pessoas jurídicas, podem se dar em regime de competência, com base em regras contábeis específicas de apuração e recolhimento.

O princípio da realização da renda tem laços umbilicais com o *caput* do art. 43, pois o mencionado princípio, se consubstancia quando há riqueza

[52] ÁVILA, Humberto. **Teoria da Igualdade tributária**. Malheiros, São Paulo, 2008.

[53] CARRAZZA, Roque Antônio. **Imposto sobre Renda (perfil Constitucional e temas específicos)**. Editora Malheiros, 3° ed., São Paulo, 2009.

[54] ZILVETI, Fernando Aurélio. O Princípio da Realização da Renda. In: SCHOUERI, Luis Eduardo (org.). **Direito Tributário, Homenagem a Alcides Jorge Costa**. Editora Quartier Latin, Vol. 1, São Paulo, 2003.

[55] De acordo com o professor Zilveti, a expressão "disponibilidade econômica", na mesma linha adotada por Brandão, como veremos adiante, foi introduzida no texto legal de forma equivocada, porque não se pode tratar de disponibilidade econômica como alheia ao direito. O próprio fato de obter renda, já deve ser considerado um fato jurídico.

"efetivamente percebida", "renda realizada", isto é, a renda que deixou de ser uma mera potencialidade, mas se tornou concreta, "líquida".

Nesse sentido, Mariz aponta "realização da renda" como "o recebimento do pagamento de algum valor"[56]. Ademais, o próprio conceito de realização da renda se confunde com o da disponibilidade econômica e jurídica.

Segundo Mariz, a realização da renda é inerente à noção Constitucional de Renda, subsistindo com esta como parte inerente, o que torna a realização da renda, um critério informador do imposto não-expresso na Constituição.

Mariz argui que a "disponibilidade jurídica ou econômica" das rendas e proventos, não é o elemento temporal do fato gerador do art. 43 do CTN, mas os fatos que participam da constituição do acréscimo patrimonial, que "indicam as circunstâncias" da ocorrência desses fatos geradores. Assim, o aspecto temporal do imposto de renda, é a própria realização da renda.[57]

Nesta toada, Mariz sustenta que a disponibilidade (fato gerador da obrigação) é o direito de usar, gozar e dispor da renda ou provento obtido, ou seja, corresponde à um direito de propriedade prescrita pelo art. 1.228 do Código de Civil[58], enquanto o aspecto temporal do imposto é a realização da renda, quando o proprietário do direito efetivamente percebe os direitos da coisa. Dentre os diversos verbetes elencados pela legislação para denotar a realização da renda, escolheu, a legislação, o vocábulo "recebimento" (entre outros)[59], que pode ser lido como o recebimento efetivo de bens ou dinheiro.

O princípio da realização, busca viabilizar a condição de materialidade; objetividade da mensuração (condição objetiva) e segurança da concretização, para fins tributários, sobremaneira, quanto ao IR.[60]

O princípio da realização também é aceito em legislações alienígenas, "*realization trigger*", a exemplo do Estados Unidos, Australia, Canadá,

[56] Cf. OLIVEIRA (nota de rodapé 33), p. 370-371.

[57] *Ibid.*, p. 373-374.

[58] BRASIL. (**Código Civil**), **Lei nº 10.406,** de 10 de janeiro de 2002. Institui o Código Civil. Brasília, 2002. http://www.planalto.gov.br/ccivil_03/leis/2002/l10406compilada.htm Acesso em: 1 maio 2021.

[59] O parágrafo único do art. 33; o inciso IV do art. 47; o Caput do art. 48 e art. 49; os §§ 3º e 4º do art. 54; os §§ 4º e 5º do art. 154; o inciso II do art. 155 todas do RIR/18. Citamos apenas alguns dos artigos que se valem do verbete "recebimento" para indicar a condição temporal para a apuração ou recolhimento do IR.

[60] VÉRON, Alberto Víctor. *Estados Contables y Libros de Comercio.Buenos* Aires: Depalma, 1976 *Apud* POLIZELLI, Victor Borges. **O princípio da Realização da Renda e sua aplicação no imposto de renda de pessoas jurídicas**. (Dissertação de mestrado) Universidade de São Paulo-USP, São Paulo, 2009.

Holanda (Países Baixos), Alemanha, França entre outros, onde se estabelece eventos para a realização e, subsequente, incidência do imposto de renda.[61] A Suprema Corte estadunidense, no caso Eisner v. Macomber[62], em 1920, articulou o princípio da realização como uma condição para a tributação (*condition of taxibility*). Na ocasião, a Corte[63] entendeu que a Constituição impunha limitações ao que poderia ser demandado como base tributável do Imposto de renda e o próprio conceito de renda, e, concomitantemente, elegeu como condição (*requirement*) para a tributação das rendas, que estas fossem realizadas. [64]

Na jurisprudência norte-americana, *gross income,* refere-se à acréscimos de riqueza, indiscutivelmente realizados e em domínio do contribuinte.[65]

Passemos, pois, aos conceitos que verdadeiramente nos interessa, nesta parte do trabalho: renda e proventos de qualquer natureza.

1.3.2 Acréscimo patrimonial

No nosso entendimento, o Caput do art. 43 deve ser lido em consonância com o inciso II, que é a hipótese residual e genérica de Renda.

Tendo em mente que o inciso II (elemento "iii") ressalta que serão entendidos "proventos de qualquer natureza" os acréscimos patrimoniais,

[61] AVI-YONHAH, Rueven; SARTORI, Nicola; MARIAN, Omri. ***Global perspectives on Income taxation law.*** Oxford Press, 2011.

[62] A questão se desenrolava em torno da controvérsia se os dividendos retidos pela companhia (*stock dividends*) eram ou não considerados rendas passíveis de tributação quando gerassem ganhos ou aumentassem seu valor durante o período em que estava retido. A corte entendeu que não se tratava de rendas, mas de simples mudança no número de ações que representavam o mesmo interesse, antes da distribuição. A distribuição não enriqueceria o acionista, até que fosse agregado ao conjunto de direitos do contribuinte.

[63] Segundo Ordower, na década de 1980, o congresso examinou diversos projetos que tendiam a tributar rendas não realizadas, mas que nenhum dos projetos foi aprovado. Uma das questões suscitadas, era a pretensão de se tributar os lucros não distribuídos aos acionistas, antes mesmo que fossem realizados, em outras palavras, tributar-se-ia os lucros retidos pela companhia, assumindo que estes lucros (não distribuídos) acresceriam valor nominal em favor do acionista em breve, o que foi prontamente rejeitado por ausência da condição da realização. ORDOWER, Henry. *Revisiting Realization: Accretion Taxation, the Constitution, Macomber, and Mark to Market.* **Va. Tax Rev.**, v. 13, p. 1, 1993.

[64] WHITE, Patricia D. *Realization, Recognition, Reconciliation, Rationality and the Structure of the Federal Income Tax System.* **Michigan Law Review**, vol. 88, no. 7, The Michigan Law Review Association, 1990.

[65] No original: *"[...] accessions to wealth, clearly realized, and over which the taxpayers have complete dominion[...]".* JUSTIA US SUPREME COURT. ***Leading case Commissioner v. Glenshaw Glass Co.***, 348 U.S. 426 (1955). Disponível em: https://supreme.justia.com/cases/federal/us/348/426/. Acesso em: 28 ago. 2021.

subsome-se que, para que haja aquisição de disponibilidade econômica ou jurídica é indispensável o acréscimo patrimonial.

O acréscimo patrimonial, trazido pelo inciso II, é o componente novo[66], o excedente em relação ao patrimônio velho e estável do contribuinte. Em outras palavras, acréscimo patrimonial é o componente novo que se incorpora ao patrimônio do contribuinte, independe da destinação dada a este novo componente.

O patrimônio a que se refere a norma tributária, aqui chamado de patrimônio estável, está definido, ainda que de forma precária, no art. 91 do Código Civil de 2002[67], senão vejamos:

> Art. 91. Constitui universalidade de direito o complexo de relações jurídicas, de uma pessoa, dotadas de valor econômico.

Assim, o patrimônio do contribuinte pode ser descrito como a universalidade de direitos, dotadas de valor econômico ou economicamente aferível.

Pertinente ao estudo do direito tributário, porquanto, é a existência de patrimônio à conta do contribuinte, declarado antes e depois da obtenção do acréscimo patrimonial. Razão pela qual, o Patrimônio é a linha demarcatória entre o patrimônio velho-patrimônio antes da aquisição do acréscimo patrimonial e o patrimônio novo, patrimônio depois da aquisição do acréscimo patrimonial.

Para se constatar a existência de patrimônio estável ou velho, antes se faz necessário a satisfação de uma condição temporal. O acréscimo patrimonial, enunciado pela norma tributária, está circunscrito a um dado momento, um período de tempo preestabelecido pelo legislador.

A averiguação do acréscimo patrimonial não pode se dar *ad aeternum*, isto é, ao longo de toda a existência do contribuinte, caso contrário, não haveria patrimônio velho e acréscimos patrimoniais, os dois conceitos estariam emaranhados em um só.

Se, porventura, "renda" fosse considerada somente após o falecimento do contribuinte, a condição temporal e a utilização do patrimônio como elemento limítrofe, que separa o velho do novo, seriam absolutamente irrelevantes

[66] Roberto Quiroga Mosquera e Carrazza, insistentemente denominam de Riqueza Nova.

[67] BRASIL. (**Código Civil**), **Lei nº 10.406**, de 10 de janeiro de 2002. Institui o Código Civil. Brasília, 2002. Disponível em: <http://www.planalto.gov.br/ccivil_03/leis/2002/l10406compilada.htm>. Acesso em: 1 maio 2021.

no que importa a apuração do IR, eles se jungiriam em um só patrimônio, sem fazer menção ao componente novo acrescido.

Por isso, o conceito e a definição de patrimônio são tão caros ao IR. Para Mariz, patrimônio é a própria essência do imposto, o primeiro é condição necessária para a renda. Porquanto, o autor se refere a um "quase-princípio" do patrimônio, implicitamente Constitucional. [68]

Ainda sobre o conceito de patrimônio na legislação infraconstitucional, a Lei nº 6.404/76[69], ao tratar sobre balanço patrimonial das Sociedades Anônimas (mas que servem, naquilo que couber, a todos os tipos societários), dispõe sobre a classificação dos ativos e passivos em ativos circulantes e não circulantes, passivo circulante e não circulante e patrimônio líquido.

Interessante notar que, tanto na legislação civilista quanto na societária, o patrimônio (ativos e passivos), sempre é referenciado como um conjunto de "direitos", "universalidade de direitos" (art. 91 CC); "direitos Realizáveis" (art. 179, inciso I, Lei 6.404/76); inclusive, registra-se no ativo do balanço patrimonial, os ativos intangíveis, assim entendido os direitos incorpóreos.

Nesta toada, tudo leva à conclusão de que a expressão "patrimônio", enquanto elemento de investigação do direito tributário, consiste em direitos abstratos que representam direitos reais[70] de propriedade ou como direitos universalmente considerados.

Portanto, o patrimônio é o resultado da combinação de todos os direitos abstratos, com valor economicamente aferível em moeda corrente, gozados ou não, que importe em uma soma com resultado positivo de tudo o que o contribuinte possui.

Sobre o saldo positivo, incorporado ao patrimônio do contribuinte, que o acresceu ao patrimônio em um dado período de tempo, designado pela legislação tributária, incidirá o Imposto de Renda.

Nas palavras de Ricardo Mariz:

> O Patrimônio, portanto, é o resultado da soma de tudo o que for positivo com tudo o que for negativo e, contabilmente falando, ele é tudo o que for ativo menos tudo o que for passivo, sendo que o diferencial entre

[68] Cf. OLIVEIRA (nota de rodapé 33), 2008.

[69] BRASIL. **(Lei das Sociedades por Ações). Lei nº 6.404**, de 15 de dezembro de 1976. Disponível em: <http://www.planalto.gov.br/ccivil_03/leis/l6404consol.htm>. Acesso em: 2 abr. 2021.LEI

[70] MOSQUERA, Roberto Quiroga. **Renda e proventos de qualquer natureza: o imposto e o conceito constitucional.** Editora dialética, São Paulo, 1996.

os dois grupos representa exatamente o que a lei denomina de patrimônio líquido.[71]

O Imposto de Renda, como visto, deve ser apurado e recolhido em um dado momento, ultrapassado este período de tempo estabelecido pela norma tributária, o acréscimo patrimonial se incorpora ao patrimônio (velho e estável), transmutando-se. Quando não mais será devido IR sobre aquele acréscimo patrimonial, agora incorporado ao patrimônio estável.

Logo, neste primeiro momento, renda e provento de qualquer natureza, podem ser conceituados de forma negativa, ou seja, o que não é renda e provento de qualquer natureza: Patrimônio velho e estável.

Patrimônio, como dito acima, é a referência para alcançar o conceito de renda e proventos. A renda relevante para o Imposto de Renda é um não-patrimônio, assim entendido a renda transmutada ou incorporada ao patrimônio de forma estável ao conjunto ou a universalidade de direitos do contribuinte com valor economicamente aferível, que já sofreram o encargo do imposto.

1.3.3 Produto do capital ou trabalho

Por sua vez, no elemento "ii", correspondente ao inciso I do Art. 43 do CTN, renda é o produto do capital, trabalho ou a combinação de ambos.

O inciso I, tal qual o inciso II do diploma legal, devem ser lidos em conjunto, razão pela qual, o produto do capital ou do trabalho, também são componentes novos introduzidos ao patrimônio velho (conjunto ou universalidade de direitos do contribuinte com valor economicamente aferível), mas que com esse não se confunde.

O produto do capital ou do trabalho nada mais é do que o resultado positivo da atividade econômica desenvolvida pelo contribuinte em um certo período, conforme designado pelo legislador, o que também é acréscimo patrimonial.

O artigo, contudo, não descreve explicitamente o que é o produto, capital, renda ou trabalho. Cumpre frisar que, assim como o inciso II, renda também é o resultado de um acréscimo ao patrimônio velho, mas que ao invés daquilo prescrito pelo inciso II, o produto do trabalho e do capital, pressupõe uma fonte capaz de produzir renda, podendo essa fonte ser permanente ou periódica.

[71] Cf. OLIVEIRA, 2008. p. 73.

Tendo em vista que não há na norma tributária referência à qualidade da fonte, apenas que deriva dela o produto renda, a fonte é tudo o que vem do capital e do trabalho, considerado de forma global.

O acréscimo patrimonial, para o inciso II do art. 43, pode ser entendido como resultado genérico da obtenção de renda do inciso anterior, por isso, renda e proventos de qualquer natureza são todos acréscimos patrimoniais.

No inciso I, o "produto" é acréscimo patrimonial específico quando da combinação do trabalho ou do capital, enquanto o "acréscimo patrimonial" do inciso II, é todo o restante, que se caracteriza como forma genérica do mesmo fenômeno.

1.4 Renda é um resultado positivo

Para a incidência do Imposto de Renda, portanto, o contribuinte, necessariamente, deve ter percebido valores que se somam ao seu patrimônio velho/estável; se os valores percebidos não se somarem ao patrimônio, mas ao invés disso, reduzir o montante total do patrimônio do contribuinte, não há que se falar em Imposto de renda, por ausência de acréscimo patrimonial e disponibilidade, e por conseguinte, da renda.

O fato gerador do tributo é exprimível quando houver mais diretos do que obrigações. Quando houver menos direitos e mais obrigações o resultado final é prejuízo.

É correto afirmarmos que o IR só incidirá, neste sentido, sobre as rendas líquidas, isto é, sobre a totalidade das rendas e proventos de qualquer natureza, em determinado período, menos as deduções e abatimentos autorizados pela legislação tributária.

As deduções e abatimentos autorizados, representam, *a priori*, as despesas incorridas pelo contribuinte, que dispôs do seu patrimônio, para a obtenção dos acréscimos patrimoniais.

Assim, estão excluídas, do conceito de acréscimo patrimonial e renda, as meras entradas ou os ingressos, porque não integram o patrimônio, uma vez que são consideradas, inclusive, as perdas e os bens utilizados e consumidos na cadeia do processo produtivo, bem como os ativos que se perderam para integrar patrimônio novo.

O conceito de renda também não pode ser confundido com rendimento, tendo em vista que rendimento é o produto de qualquer ganho, e renda é o excesso de riqueza adquirido em um período determinado menos os gastos com a própria mantença e as despesas necessárias à manutenção das atividades que produziram as rendas.[72]

Nesta instância, inferimos que Rendas é o "produto", assim entendido o acréscimo patrimonial específico, resultante do trabalho ou capital, bem como da combinação de ambos, inconfundível com o patrimônio velho, advindo de fonte pagadora permanente ou periódica que se renova ou não.

O imposto, em suma, não deve depreciar a fonte pagadora, mas tão somente, o excedente de riqueza dela oriundo. Nos valemos, novamente, da metáfora da árvore, pois: é pouco inteligente que o agricultor deprecie a árvore que dá frutos (fonte da riqueza). A árvore que dá frutos, portanto, oportuniza uma colheita sustentável no longo prazo. Enquanto isso, o agricultor que subtrai, não o fruto, mas partes vitais da árvore, mais cedo ou mais tarde, acabará matando a fonte que produz os frutos. O mesmo vale para a imposição tributária sobre as rendas, isto porque, é pouco crível pensar que o legislador anuiria com a depreciação das fontes que produzem as rendas.

Por isso, o "produto" do trabalho ou do capital, somente será expresso em resultados positivos, isto é, sem que o patrimônio velho se desgaste no decorrer da atividade econômica desenvolvida pelo contribuinte.

Nas palavras de Baleeiro, a renda é o produto, fluxo ou acréscimo patrimonial, não podendo ser confundido com o patrimônio do qual promana, o patrimônio que gerou renda pode ser Capital, trabalho ou a combinação de ambos. [73] [74]

Caso a renda tributável não expressa pelo resultado positivo do capital ou do trabalho, também chamada de renda líquida (renda bruta menos deduções com despesas), incorrer-se-ia no risco de tributar diretamente o patrimônio estável e velho do contribuinte. Sobremaneira, o imposto poderia vir a recair sobre o prejuízo ou diretamente sobre as fontes produtivas (a árvore), mitigando, porquanto, sua capacidade à médio-longo prazo de produzir novas

[72] Cf. BALEEIRO (nota de rodapé 36), 2018. p. 482.

[73] Cf. BALEEIRO, 2018. p. 483.

[74] A definição do professor Baleeiro, se assemelha àquela fornecida por Edwin Seligman, que define renda como: *"income is, of course, to be distinguinshed from mere receipts or gross revenue. It is more than that which simply comes in from any economic ativicty. By income is always meant net income, as opposed to gross income. In other words, from the receipts in any enterprise we must, in first place, deduct the expenses of enterprise- that is, the outlays incurred in securing the gross product. [...] since the income is a flow of wealth, it must always be estimated for a definite period, so that when we speak of income for porposes of taxation, we really mean annual income."* SELIGMAN, Edwin Robert Anderson. ***The income tax: a study of the history, theory, and practice of income taxation at home and abroad****. The Macmillan Company, Second edition, New York,* 1914. p. 19-20.

rendas. Portanto, para a obtenção da renda, é indispensável que os meios utilizados para tal, sejam mantidos equidistantes da incidência do Imposto.

Tal cláusula, contudo, tem sido ignorada pela legislação, pois, ao invés de autorizar a dedução de todas as despesas, custos e compensações com os prejuízos incorridos em exercícios anteriores pelo contribuinte, no processo de produção de riqueza nova, apenas algumas são permitidas.

O caso mais flagrante diz respeito às compensações de prejuízos autorizados para o IRPJ, que é limitado em até 30% do lucro ajustado do período (art. 261, inciso III, RIR/18)[75]. Sem mencionar que, os prejuízos decorrentes de alienações e direitos do ativo imobilizado, igualmente, só podem ser compensados considerando o limite máximo de trinta por cento e, desde que os valores compensados sejam provenientes de lucros da mesma natureza (art. 580 RIR/18). Para além das compensações de prejuízos, há também flagrante inobservância do conceito de renda como resultado positivo (renda líquida), quanto às despesas incorridas por pessoas físicas para obtenção de renda, tais quais as despesas com transporte até local do trabalho, vestimenta entre outros.

A renda, pertinente ao estudo do IR, é aquela que se torna um acréscimo patrimonial específico, ou seja, o conceito de renda se aperfeiçoa em relação ao conceito de acréscimo patrimonial genérico, quando é o produto do capital ou trabalho. No caso específico das Pessoas Jurídicas, via de regra, a renda se separa do patrimônio estável, pois o que é produzido pelo patrimônio, não desgasta ou extingue este, é considerado renda.

1.5 Teorias sobre o conceito de renda e proventos de qualquer natureza

Durante a elaboração Código Tributário Nacional, diversas teorias econômicas foram consideradas para conceituar renda, capital e trabalho. Três posicionamentos foram observados pelo legislador complementar para redigir o art. 43, a saber: a) renda-produto ou teoria da Fonte; b) teoria do acréscimo patrimonial ou *accretion concept*; c) teoria legalista.

[75] BRASIL. **DECRETO nº 9.580**, de 22 de novembro de 2018. Regulamenta a tributação, a fiscalização, a arrecadação e a administração do Imposto sobre a Renda e Proventos de Qualquer Natureza. Brasília, 2018. http://www.planalto.gov.br/ccivil_03/_ato2015-2018/2018/decreto/D9580.htm Acesso em: 3 abr. 2021.

Na teoria da renda-produto ou teoria da fonte *(Quellentheorie)*, defendida pelo economista Fuisting[76], renda é o produto do capital, trabalho ou da combinação de ambos, que se renova periodicamente, sem prejuízo da fonte permanente que a mantêm. O conceito de renda abraça, tão somente, àquelas que advém de fontes permanentes e são, porquanto, excluídas do conceito de renda, as rendas periódicas ou ocasionais.[77]

Economistas italianos como De Vitti de Marco e Quarta, desenvolveram importantes trabalhos acerca da teoria da fonte ou produto, que vem sendo adotada, em especial, em países de orientação *Civil Law.* [78]

A teoria da renda-acréscimo ou teoria do acréscimo de patrimônio líquido, entende o conceito de renda a partir da comparação entre dois momentos distintos, quando se tem um intervalo entre eles, verifica-se a situação patrimonial do contribuinte no final e no começo dos intervalos.

Nos Estados Unidos foi defendida por Robert M. Haig e Henry C. Simons, renda como acréscimo patrimonial ou teoria do incremento de riqueza (*accretion concept*). Renda é, portanto, todo o ingresso avaliado em moeda corrente, independe de o ingresso ter sido ou não consumido ou reinvestido.

O conceito original de renda adotados pelos economistas estadunidenses, tem no consumo, por sua vez, a peça central para mapear a renda real do contribuinte. Razão pela qual, a renda para os economistas, é um valor monetário decorrente do aumento líquido do poder de consumo do contribuinte, em um dado período, sendo igual ao montante efetivamente consumido, somado os acréscimos patrimoniais líquidos.[79] [80]

Musgrave comenta que, a respeito do conceito amplamente aceito pela literatura, renda equivale ao aumento líquido da riqueza, somado ao consumo durante o período em análise. Assim, todo o aumento da riqueza pessoal do indivíduo deve ser incluído na base tributável, independente da natureza do recurso: se regular, flutuante, permanente, esperado ou inesperado, realizado ou não realizado (teoria pura do acréscimo-patrimonial).[81]

[76] Os critérios adotados por Fuisting e pelos ideólogos dessa teoria levavam em conta os critérios da: Periodicidade, manutenção da fonte e produtividade. Cf. POLIZELLI (nota de rodapé 60), 2009.

[77] TIPKE, Klaus; LANG, Joachim. *Steuerrecht.* Koln: O. Schimidt, 17 ed., 2002. *Apud.* TORRES, Ricardo Lobo. **Tratado de direito Constitucional financeiro e Tributário: Tributos na Constituição.** Editora Renovas, Vol. IV, São Paulo, 2007. p. 119.

[78] *Ibid., et seq.*

[79] NUNES, Cleucio Santos. **Justiça Tributária.** Editora Fórum. Belo Horizonte, 2019.

[80] Cf. BALEEIRO, 2018. p. 488

[81] MUSGRAVE, Richard A.; MUSGRAVE, Peggy B. **Finanças públicas teoria e Prática.** Trad. Carlos Alberto Braga. Editora Campus Universidade de São Paulo, São Paulo, 1980.

As rendas de todas as fontes, independentes de quais sejam estas, devem ser tratados uniformemente e combinadas numa medida global, as quais se aplicam as alíquotas do imposto. Nessa proposição, destaca Musgrave, a progressividade das alíquotas não seria capaz de alcançar a capacidade contributiva, pois, levando em conta que renda está vinculado à consumo, este elemento se mostra suficiente para demonstrar a capacidade contributiva, *per si*.[82]

A teoria do *Accretion*, segundo Avi-Yonah *et. al.*, define renda como os valores percebidos anualmente pelas pessoas físicas, por meio do qual o contribuinte poderia adquirir bens de consumo e ainda assim, manter sua riqueza em crescimento constante. Em síntese, renda corresponde ao consumo atual mais os aumentos da riqueza do indivíduo. A prevalência da teoria do acréscimo patrimonial ou *accretion*, é notada também pelo professor Avi-Yonhah *et. al.*, que, nominalmente, cita o Brasil como país que aceita a teoria do acréscimo patrimonial. [83]

Para Haig e Simons a renda, enquanto acréscimo patrimonial consumível, envolve conceito mais amplo do que aquele adotado pelo CTN, pois abrange heranças, doações, rendimentos psicológicos e imateriais. Dois elementos limitaram a aplicação do conceito puro de renda como acréscimo patrimonial líquido: primeiro, renda está vinculada à consumo, porque o consumo denota a renda real do contribuinte; segundo, renda abrange elementos imateriais.[84]

E, por fim, a Teoria Legalista, introduzida no cenário nacional por Rubens Gomes de Sousa. O autor introduziu as premissas em artigo publicado na Europa por volta da década de 50 e 60 do século passado. O artigo seria republicado no Brasil apenas nos anos 70.

Nesse trabalho, o professor Rubens Gomes de Sousa atribuía à lei a incumbência de definir e conceituar Renda.[85] Rubens Gomes afirma que o Imposto de renda é aquele que incide sobre o que a lei define como tal, o legislador tem plena discricionariedade para definir e conceituar Renda. Todavia, esse não era o posicionamento do professor Rubens Gomes de Souza que, conforme Hugo de Brito,[86] à época, o artigo pelo professor fora mal interpretado, por ocasião da frase que afirmava ser do legislador definir o que é renda.

[82] MUSGRAVE, 1982, p.183-184.

[83] AVI-YONHAH, Rueven; SARTORI, Nicola; MARIAN, Omri. ***Global perspectives on Income taxation law.*** Oxford Press, 2011.

[84] Cf. MUSGRAVE, 1982, p.200-205

[85] Cf. MACHADO (nota de rodapé 38), 2015.

[86] *Ibid.* p. 391.

Uma teoria menos conhecida, diga-se de passagem, defendida por Tipke e Lang na Alemanha, sustentava que as teorias econômicas veiculadas à época eram incompatíveis com os princípios e valores defendidos pelo Direito Tributário e a pelas Constituições Democráticas. Nesta nova abordagem, denominada de Teoria da Renda no mercado, o IR compreendia as entradas obtidas a partir de uma atividade lucrativa em que o agente tivesse a intenção de obter lucro, como a riqueza excedente em relação aos gastos incorridos na atividade desenvolvida. Nota-se, nesse conceito, que é introduzido o elemento subjetivo: intenção.[87]

A Teoria da Renda no Mercado, explica o professor Ricardo Lobo Torres, sintetiza a controvérsia em torno do conceito de renda e as incompatibilidades dos conceitos puramente econômico com os valores fundamentais do direito:

> Em suma, o conceito de renda é fundamentalmente econômico, mas se juridiciza, constitucionalizando-se, no contexto da consideração da justiça (capacidade contributiva) e das condições da liberdade (mínimo existencial).[88]

Caliendo constata que renda, em todas as teorias econômicas, comungam de elementos comuns ou "núcleo comum de conceitos básicos"[89] que são, igualmente, incorporados no texto legal, implícita ou explicitamente, quais sejam: a) renda é riqueza nova; b) pode ter natureza material ou imaterial; c) é atividade humana, a riqueza de atividade fortuita não é renda; d) pode ter realização econômica ou representar crédito líquido (riqueza pendente de realização); e) periodicidade; f) pode ser representada por moeda ou valor monetário, este último é o poder de adquirir produtos ou comprar bens. [90]

Concluímos, pois, que perante a dúvida, entre qual teorias precisaria melhor o conceito de renda, o CTN adota ambas, em partes as proposições da teoria da fonte e, parcialmente, a teoria do acréscimo patrimonial. Entendemos, contudo, que há prevalência da teoria do acréscimo patrimonial sobre a renda-produto, esposada no art. 43 do CTN. Motivo pelo qual, em

[87] TIPKE, Klaus; LANG, Joachim. ***Steuerrecht***. Koln: O. Schimidt, 17 ed., 2002. *Apud*. TORRES, Ricardo Lobo. **Tratado de direito Constitucional financeiro e Tributário: Tributos na Constituição**. Editora Renovas, Vol. IV, São Paulo, 2007. p. 117-120.

[88] TORRES, 2007. p. 121.

[89] CALIENDO, Paulo. **Curso de Direito Tributário**. Editora Saraiva, 2° ed. São Paulo, 2019.

[90] Cf. CALIENDO, p. 1256-1260.

ambos os incisos o acréscimo patrimonial qualifica tanto a renda (produto do trabalho ou do capital) quanto o provento de qualquer natureza. Ainda assim, o conceito resguarda a não afetação do patrimônio velho/estável, senão a renda líquida.

Conquanto, quando o legislador emprega o vocábulo, "[...] acréscimos patrimoniais não compreendidos no inciso anterior", depreende-se que a fonte capital ou trabalho caracteriza a forma específica de aquisição do acréscimo patrimonial. Por outro lado, proventos de qualquer natureza, são todos os acréscimos patrimoniais que não derivam do capital e do trabalho ou da combinação de ambos. Ousamos afirmar, por fim, que renda é o acréscimo patrimonial aperfeiçoado e específico pela fonte que o produziu, enquanto o provento é o acréscimo patrimonial genérico.

1.6 Critérios informativos do imposto de renda

Dando continuidade ao nosso estudo preliminar sobre o IR e os principais aspectos Constitucionais e legais, passemos, pois, aos critérios informativos ou "princípios" Constitucionais específicos do Imposto de Renda, são eles: a generalidade, universalidade e progressividade.

Seguidamente, ao estudo dos critérios Constitucionais específicos, abordaremos os princípios não específicos, mas correlatos ao IR.

Em subseção própria trataremos da progressividade, capacidade contributiva e pessoalidade. Por ora, trataremos apenas da generalidade e da universalidade.

Os critérios informativos do Imposto de Renda estão especificados no inciso II, §2° do art. 153 da Constituição Federal[91], no qual explicita os critérios informativos da generalidade, progressividade e universalidade, todos estes informarão o imposto de renda.

A redação do artigo foi infeliz ao utilizar da expressão "critérios informativos" pois não sinaliza qual a natureza jurídica e o tratamento exegético deve ser dispensado a estes critérios, ou qual a força que estes desempenham sobre o Imposto de Renda. Os critérios informativos podem ser encarados como meros critérios programáticos, assim como sugere o texto constitucional; como princípios ou; como técnica.

[91] BRASIL. **Constituição Federal**. Constituição da República Federativa do Brasil de 1988. Disponível em: <http://www.planalto.gov.br/ccivil_03/constituicao/constituicao.htm>. Acesso em: 12 abr. 2021.

A exemplo disso, Cleucio Nunes entende os critérios informadores como princípios, porque os critérios têm relação remota com a justiça fiscal e a equidade[92] na tributação. Por outro lado, o ilustríssimo professor descarta o critério da progressividade do rol dos princípios, pois a natureza jurídica estaria mais afeta à técnica que instrumentaliza o princípio da capacidade contributiva.[93]

Por sua vez, Bifano considera que os critérios orientadores do Imposto de Renda (contidos no inciso II, § 2° do art. 153) são princípios, inclusive, o critério/princípio da progressividade. Porque os critérios informativos possuem valores abstratos e axiomas intrínsecos que se prestam para estruturar a tributação das rendas.[94]

Mariz, igualmente, argui que se trata de princípios que orientam a tributação sobre as rendas, apesar de reconhecer que há resistência na aceitação quanto a força mandatória dos institutos. Prossegue o autor, ao fazer a distinção entre princípios, normas e regras, conclui que os princípios: i) são valores estruturais do ordenamento jurídico; ii) são valores fundamentais; iii) as normas e regras devem ser confeccionadas e interpretadas abalizadas pelos princípios; iv) os princípios fornecem a coerência necessária ao ordenamento jurídico, servindo de meio termo entre valores e regras; v) estão presentes na fase pré-legislativa e pós-legislativa (elaboração e interpretação das leis, respectivamente); vi) apresentam-se como princípios implícitos e explícitos, bem como específicos e não específicos. Feitos esses apontamentos, Ricardo Mariz enuncia níveis de princípios dos mais abrangentes aos mais específicos, que convergem com o imposto de renda. [95]

No primeiro nível, está o princípio da legalidade; no segundo nível, o princípio da anterioridade, que abarca o subsistema do direito tributário; no terceiro nível estariam os princípios orientadores do imposto de renda: generalidade, universalidade e progressividade e; no quarto nível, o imposto de renda das pessoas jurídicas além de estar subordinado aos princípios dos níveis anteriores, também se constitui de princípios específicos próprios como o princípio do regime de competência ou períodos-base, que não são veiculados explicitamente pelo texto Constitucional.[96]

[92] Cf. NUNES, 2019. p. 175.

[93] *Ibid*. p. 99.

[94] Cf. BIFANO (nota de rodapé 45), 2011. p. 145.

[95] Cf. OLIVEIRA, 2008. p. 234-235.

[96] Cf. OLIVEIRA, 2008. 237-238.

Assim, para os autores, a adoção do vocábulo "critérios" ao invés de princípios, não exclui a natureza jurídica dos princípios orientadores: generalidade, universalidade e progressividade.

Em direção antagônica, Schoueri, sugere que os critérios informativos são meros parâmetros específicos para certas espécies tributárias, dentre os quais aquelas dispostas no inciso II, §2° do art. 153. Os critérios específicos do art. 153 são opções fornecidas pelo constituinte originário para se alcançar o princípio último da Igualdade. A exemplo disso, alguns rendimentos não são afetados pela progressividade, como é o caso das aplicações financeiras. Bem como, apesar de o Imposto de Renda ser informado pela Universalidade, o imposto de renda é separado em diferentes rendimentos, com apuração, recolhimento, alíquota e diferentes momentos de realização, assemelhando-se ao imposto de renda cedular, em razão da quantidade de categorias dispersas.[97]

Ricardo Lobo, por sua vez, no seu Tratado de Direito Financeiro e tributário, mesmo que não afirme de forma assertiva que os critérios informativos do inciso II, § 2° do art. 153 são princípios constitucionais do imposto de renda, o autor aglutina os critérios em tópico destinado aos princípios tributários, dividindo espaço com o princípio da capacidade contributiva, entre outros.[98]

Fernando Aurélio Zilveti, imputa à progressividade a natureza de técnica, enquanto os outros critérios, outrossim, são critérios "orientadores" do IR, pois não se revestem de características éticos ou de valores próprios. Porquanto, são aventados, pelo professor Zilveti, como critérios que orientam o exegeta e o legislador ordinário, mas sem que tais critérios tenham força cogente ou que todas as normas tributárias, referentes ao imposto de renda, sejam estruturados pelos mencionados critérios. [99]

Em defesa da equidade e da justiça Fiscal, Ricardo Lodi suscita a contradição axiológica dos princípios Constitucionais face à legislação infraconstitucional, e ressalta, como exemplo disso, a não observância dos "subprincípios" da generalidade, universalidade e progressividade. Segundo o autor, os subprincípios estão vinculados ao Princípio da Capacidade Contributiva e, este, por seu turno, está atrelado ao sobreprincípio Constitucional da Igualdade. Para Lodi, os subprincípios informadores do IR, instrumentalizam

[97] SCHOUERI, Luís Eduardo. **Direito Tributário**. Editora Saraiva, 9° ed., São Paulo, 2019. p. 657

[98] Cf. TORRES (nota de rodapé 7), 2007. p.155-159.

[99] ZILVETI, Fernando Aurélio. **Princípios de Direito Tributário e a Capacidade Contributiva**. Editora Quartier latin, São Paulo, 2004. p. 168-187.

o sobreprincípio da igualdade, portanto, possuem, um núcleo axiológico que denota um valor Constitucional imanente.[100]

Para Humberto Ávila, a generalidade e a universalidade, compõe a zona de capacidade contributiva, cuja finalidade é alcançar o princípio da igualdade.[101] Quanto à progressividade, o autor afirma tratar-se de princípio do Direito tributário, por sua vez, quanto aos critérios da generalidade e da universalidade, não fica claro o posicionamento do professor Ávila, haurimos que o autor os eleva ao patamar de princípios ou subprincípios.[102]

Destarte, Sacha Calmon adota postura híbrida, considera tanto técnica quanto princípio, pelo menos quanto ao princípio/técnica da progressividade, senão vejamos:

> A progressividade é instrumento técnico e também princípio, na dicção Constitucional, que conduz à elevação das alíquotas à medida que cresce o montante tributável, indicativo da capacidade econômica do contribuinte. No Brasil (art. 153, § 2º, I), a sua adoção é obrigatória.[103]

O autor considera que a sociedade brasileira não policia a eficácia das normas Constitucionais por falta de cidadania, pois o princípio/técnica da progressividade é inafastável, e, condição inseparável para o atingimento da Igualdade. Os critérios informativos da generalidade e da universalidade prestigiam a capacidade contributiva e a igualdade em última instância. Os critérios, são, para o autor, imperativos, mandamentos cogentes que se destinam ao legislador ordinário.[104]

A controvérsia, conforme assinalado, se estende por toda a doutrina, possuindo, para alguns, força cogente e imperativa, porquanto, considerando como princípios ou subprincípios que conduzem à igualdade e justiça tributária. Por seu turno, parte da doutrina, considera os critérios como meras técnicas para a melhor aplicação do imposto de renda, sem qualquer força imperativa ou que constrange o legislador ordinário.

[100] RIBEIRO, Ricardo Lodi. **Temas de Direito Constitucional Tributário.** Editora Lumen Juris, Rio de Janeiro, 2009. p. 284-287.

[101] ÁVILA, Humberto. **Sistema Constitucional Tributário.** Editora Saraiva, 5° ed., São Paulo, 2012. p. 141

[102] *ibid.* p. 441.

[103] COÊLHO, Sacha Calmon Navarro. **Curso de Direito Tributário Brasileiro.** Editora Forense, 15° ed., Rio de Janeiro, 2016. p. 651.

[104] COÊLHO, 2016. p. 438.

1.6.1 Critério da generalidade

O critério informativo da generalidade determina que todas as pessoas, que receberam rendas acima do montante base no qual não-incide o imposto, estão sujeitas ao IR, independente de sexo, cor, raça, emprego, função.

O critério decorre diretamente do art. 150, inciso II da Constituição Federal[105], que estatui o princípio da igualdade em matéria tributária. Para melhor compreensão do critério informativo da generalidade, o segundo trecho do mencionado inciso é o que nos interessa: "[...] proibida qualquer distinção em razão de ocupação profissional ou função por eles exercidas, independente da denominação jurídica dos rendimentos, títulos ou direitos".

No extrato destacado, notamos dois elementos da igualdade, uma de natureza pessoal e outra material. Quanto ao aspecto pessoal, o inciso se refere à indivíduos que desempenham atividades profissionais, ocupação ou qualquer outra forma que lhes assegure renda (a qualquer título). Nesse sentido, o núcleo da norma constitucional é o indivíduo/ contribuinte que percebe renda, ou seja, diz respeito ao aspecto pessoal, associado ao critério da generalidade. Segundo o critério, todos os contribuintes que recebem rendas serão igualmente considerados para a exação das rendas.

O segundo trecho do artigo (aspecto material), diz respeito a origem, destinação, denominação ou atividade que deu azo ao resultado renda. Por ora, nos contentaremos com o aspecto pessoal, razão pela qual, é este aspecto que subsidia o critério da generalidade.

O critério da generalidade nada mais é do que tratar todos os contribuintes que receberam rendas e rendimentos (acréscimos patrimoniais) em dado período, de forma igual, quando estiverem em situação equivalente. Ricardo Lobo Torres, vai além ao acentuar que o critério informativo da generalidade exige que não haja tratamento diferenciado entre rendimentos do Capital e do Trabalho.[106]

Bifano, na mesma direção, considera que o critério da generalidade "implica que todos os cidadãos, que estejam na mesma situação, devem contribuir para o Estado, na proporção da sua capacidade para fazê-lo."[107]

[105] *Vide* o Art. 150. Sem prejuízo de outras garantias asseguradas ao contribuinte, é vedado à União, aos Estados, ao Distrito Federal e aos Municípios: [...] II – instituir tratamento desigual entre contribuintes que se encontrem em situação equivalente, proibida qualquer distinção em razão de ocupação profissional ou função por eles exercida, independentemente da denominação jurídica dos rendimentos, títulos ou direitos;

[106] Cf. TORRES, 2007.p.158-159

[107] Cf. BIFANO, 2011. p. 167.

Caliendo atribui ao critério natureza de princípio, pois nele "[...] todos aqueles que auferirem renda devem ser contribuintes do imposto, com exceção daqueles que estão ao abrigo da imunidade e isenção".[108]

Para Sacha Calmon, o IR é orientado pelo critério da generalidade porque "incide sobre todos os rendimentos" e universal tendo em vista que é "pago por todos".[109] O doutrinador, diverge do restante da doutrina quanto aos critérios que orientam e informam o imposto de renda, razão pela qual no caso da generalidade "incide sobre todos os rendimentos", não seguindo o aspecto pessoal, mas o material e; a universalidade compreende o aspecto pessoal.

Ricardo Mariz sobre a generalidade, reitera:

> Atente-se para que, com isto, o princípio da generalidade se aproxima do princípio da isonomia tributária, na sua especificidade expresso ano inciso II do art. 150, o qual veda o tratamento desigual entre contribuintes que se encontrem em situações equivalente e proíbe qualquer distinção de tratamento em razão da ocupação profissional ou função do contribuinte, ou da denominação jurídica dos rendimentos, dos títulos e dos direitos.[110]

O critério da generalidade, porquanto, conforma o valor da igualdade na aplicação do IR, de modo redundante, reafirma a igualdade na tributação já estabelecida pelo inciso II do art. 150.

A previsão Constitucional redundante da igualdade, no Imposto de renda, adverte a doutrina, advém de contexto histórico autoritário anterior à Constituição de 1988, no qual certas categorias profissionais eram beneficiadas por isenções, imunidades e privilégios odiosos injustificáveis. Categorias como dos magistrados, funcionários públicos, parlamentares, professores, militares entre outros estavam desobrigados de recolher o imposto de renda, muitas das vezes, por razões ideológicas ou em virtude do grupo político que ocupavam os assentos de poder.[111]

Até a Constituição de 1937, os magistrados eram agraciados com imunidade do Imposto de Renda. A jurisprudência justificava a adoção de

[108] Cf. CALIENDO, 2019. p. 1270

[109] Cf. CÔELHO, 2016. p. 438

[110] Cf. OLIVEIRA (nota de rodapé 33), 2008. p. 255.

[111] Sobre os vencimentos dos magistrados, *vide*: Decreto-Lei nº 2.019/1983 e; o inciso III do art. 113 e art. 22 ambos da Constituição de 1967/1969;

tratamento diferenciado dispensada aos magistrados por ocasião da imunidade recíproca dos entes públicos.[112]

Com a Carta Constitucional de 1946, o Supremo retoma a jurisprudência da imunidade sobre os vencimentos dos funcionários público, sob o argumento de que os vencimentos não eram Impostos Gerais. A Constituição de 1946, igualmente, reservou aos jornalistas e professores a imunidade tributária sobre sua remuneração, o texto só viria a ser modificado em 1964, com a Emenda Constitucional nº 9.[113]

Os parlamentares, por seu turno, até 1939, estavam isentos de pagar o Imposto de Renda, quando da instauração do regime militar em 1964, foram novamente agraciados com a isenção do IR. Assim como os militares que, durante a ditadura militar, suas rendas permaneceram isentas do tributo.[114]

1.6.2 Critério da universalidade

Superado, pois, o critério da generalidade e o contexto histórico que permeia a elaboração do texto Constitucional, cumpre adentrarmos ao critério da universalidade. Não parece, na doutrina, haver grandes controvérsias quanto a esses dois temas, exceto aquele relacionado à interpretação e a força mandamental do inciso II, § 2º do art. 153.

O critério informativo da universalidade também encontra guarida no art. 150, II, além do inciso específico que o nomina. Acentuamos os dois aspectos presentes no artigo 150, II, um dos quais o aspecto pessoal da igualdade e noutra esteira o aspecto material do artigo. Identificamos no critério da universalidade, o aspecto material.

Os contribuintes que se encontrem em situação de equivalência, serão tratados como iguais (aspecto pessoal); conquanto, suas rendas e rendimentos, independem da fonte, origem, destinação e denominação, quando acrescerem seu patrimônio estável, serão amalgamadas à base tributável do Imposto de renda (correspondendo ao aspecto material).

[112] TORRES, Ricardo Lobo. **Tratado de Direito Financeiro e Tributário: Os direitos Humanos e a tributação: imunidades e isonomia.** Editora Renovar, 3º ed., Vol. III. São Paulo, 2005. p. 393.

[113] A redação original do artigo 203 da Constituição de 1946 previa que: "Nenhum impôsto gravará diretamente os direitos de autor, nem a remuneração de professores e jornalistas.". Com a Emenda Constitucional nº 9 de 1964, o artigo foi alterado para: "Nenhum impôsto gravará diretamente os direitos do autor, nem a remuneração de professôres e jornalistas, excetuando-se da isenção os impostos gerais (art. 15, número IV)".

[114] TORRES, *Op. Cit.*, 2005. p. 393-397.

O critério da universalidade, portanto, consiste na submissão de todas as manifestações de renda auferida pelo contribuinte à imposição tributária, ou seja, incidirá o imposto sobre todas as rendas passíveis de tributação, não importando para tal objetivo, a denominação e sob qual título as obtiveram.

Em outras palavras, deve-se, por coerência ao critério da universalidade, considerar a renda do contribuinte em sua integralidade, sem lhe fracionar e subdividir em diversos rendimentos ou título jurídico as adquiriram. Entende-se como critério de universalidade, a conjunção de todos os fatores positivos e negativos que compuseram o patrimônio do contribuinte no início e no final do período de apuração, o resultado positivo dessa operação deverá compor o imposto de renda.

Importa dizer que, ao contrário do sistema adotado pelo Brasil até 1988, o então chamado sistema cedular[115], que deu lugar a tributação global sobre as rendas, o IR continua sendo fracionado e subdividido de acordo com rendimentos e suas origens.

Apesar da previsão constitucional, a legislação do IR ainda categoriza os rendimentos conforme sua origem ou título jurídico da aquisição, atribuindo, por exemplo, alíquotas diferenciadas para certos rendimentos, como os rendimentos oriundos de *Day trade*[116], resgates de aplicações financeiras em renda fixa e variável, rendimentos percebidos a título de juros sobre capital próprio, bens repatriados, ganhos de capital, dividendos.

Fenômeno semelhante foi reportado por Musgrave nos Estados Unidos onde, por mais que prevaleça o sistema global ou universal (em oposição ao sistema cedular *schedular income tax*)[117], há certos rendimentos que são categorizados com alíquotas diferentes, apurados em apartado e com regras próprias, inclusive, a exemplo disso, os ganhos de capital realizados e não-realizados.

115 BRASIL. **Lei nº 7.713**, de 22 de dezembro de 1988. Altera a legislação do imposto de renda e dá outras providências. Brasília, 1988. http://www.planalto.gov.br/ccivil_03/leis/l7713.htm. Acesso em: 3 abr. 2021.

116 *Vide* os artigos 859, art. 154 e seguintes, art. 355 e seguintes, todos do Decreto n° 9.580/18 também conhecido como RIR/18.

117 As alíquotas são aplicáveis a cada um dos rendimentos, depois é aplicado uma alíquota única para o resultado final das categorias já tributadas individualmente, esse seria considerado um modelo puro de tributação cedular. Intermediando o sistema cedular puro e o sistema global há o sistema chamado de "*composite*", no qual há um sistema global sobreposto, mas que conta com uma série de diversificações de rendimentos, própria do sistema cedular. BURNS, Lee; KREVER, Richard. Individual income tax. In: THURONYI, Victor (Coord.). **Tax Law Design and Drafting.** International Monetary Fund, vol. 2, p. 472-532, 1998.

De acordo com Burns e Krever, um sistema global (universal) puro é uma construção teórica inaplicável na prática, isto porque, todos os sistemas globais possuem elementos de sistemas cedulares, mas o inverso também é verdadeiro, cedulares com elementos de global/universal, conhecidos como "*composite*".[118] Mesmo que a legislação não inclua na definição básica de "renda" um determinado rendimento, haverá diferenciações por razões de política econômica, técnica ou temporária/extraordinária. Por exemplo, os ganhos de capital recebem tratamento mais favorável na grande maioria das legislações, pois estão sujeitos à depreciação monetária, deduções relativas à perdas de capital *(capital losses)*, instabilidade e descontinuidade econômica.[119] Assim como, são aplicadas regras diversas para despesas incorridas para aferir certas rendas e rendimentos.[120]

O sistema global ou universal (aqui se confundindo com o critério da universalidade) navega em duas costas, vezes se aproxima do sistema cedular *(schedularized)*, ora se aproxima do sistema global, entretanto, nunca se apresenta como um sistema puro.

Um modelo de tributação que ganhou coro durante a década de 1990, com o intuito de apresentar alternativa à hegemonia da tributação global e cedular, foi o autoproclamado modelo *Dual ou Dual income tax (DIT)*. [121] O modelo cinde as rendas com origem no capital das rendas com origem no Trabalho, dispensando tratamento mais benéfico aos primeiros.

Mais adiante, dedicaremos espaço próprio para tratar deste sistema e outros modelos de tributação do capital, que podem servir de inspiração teórica e prática para a tributação dos dividendos no Brasil.

A universalidade, assim entendida a conjunção de todas as rendas em uma única base e com uma única alíquota, sem diferenciação das rendas, rendimentos, fontes e origem, sofrera influência direta das principais teses debatidas no estrangeiro, principalmente, durante as reformas tributárias nos Estados Unidos. Não somente a política fiscal nacional foi afetada pela denominada *base-broading tax* americana, como também outras tantas economias pelo mundo.

Ocorre que, supervenientemente, o sistema tradicional universal com base ampla passou a ser alvo de críticas, especialmente, por tratar todas as rendas e fontes de forma igual, ocasionando distorções econômicas, uma das

[118] Cf. MUSGRAVE (nota de rodapé 82), 1980. p. 204.

[119] BURNS; KREVER. *Op. Cit.*, 1998.

[120] *Ibid.*, 1998.

[121] SØRENSEN, Peter Birch. *From the Global Income tax to the dual income tax: Recent Tax reforms in the Nordic Countries.* **Int Tax Public Finan 1**, p. 57-79, 1994.

principais distorções diz respeito à tributação dos rendimentos do capital. Não obstante, muitos desses rendimentos passaram a receber tratamento tributário mais favorável, entre os quais, os dividendos e ganhos de capital.

Assim como nos Estados Unidos, conforme destacado por Musgrave, o Brasil, também, nunca adotou plenamente o imposto de renda global. Nesse sentido, o IR manteve algumas características de sistema cedular. O critério informativo, desde sua gênese, surgiu com defasagem.

Por estas razões, tomamos parte entre aqueles que entendem se tratar de um critério orientador do imposto de renda. Tanto é verdade que, a redação escolhida pela constituinte originário é no sentido de flexibilização da aplicação dos critérios, reproduzida pelo legislador ordinário.

Devemos nos ater, preliminarmente, à redação do inciso I, §2° do art. 153, que "[...] será informado pelos critérios da generalidade, da universalidade e da progressividade, na forma da lei".

O Constituinte não emprega qualquer vocábulo que possa inferir se se trata de uma norma com caráter imperiosa e obrigatória, nem tampouco, que vincule à valores superiores. Os conceitos de generalidade e universalidade discutidos acima são, exclusivamente, produtos de interpretações doutrinárias acerca do texto Constitucional. Supomos que a norma Constitucional, que, em tese, veicula princípios com valores superiores imanentes, seria deliberadamente, redigida de forma tão vaga e lacônica, deixando à sorte da doutrina e do legislador infraconstitucional a incumbência de interpretar os comandos ali prescritos.

Acrescido a isto, ao final do inciso II, o Constituinte prevê que os critérios informarão o imposto de renda "[...] na forma da lei", denotando que os critérios informativos de hierarquia constitucional (princípios, hipoteticamente falando) submeter-se-ão aos ditames da norma de hierarquia inferior.

Ademais, o princípio da igualdade tributária já fora, anteriormente, coroado por norma geral de direito tributária, assim entendido, o artigo 150, inciso II, instrumentalizada pelo § 1° do art. 145. A reprodução redundante do princípio, agora como critério informativo, apenas engessa a implementação do imposto, conforme a melhor técnica econômica e ao relento da dinamicidade da realidade.

Logo, tendo em mente que o constituinte originário, explicitamente, empregou expressões que flexibilizam a aplicação dos critérios e apresentou os critérios em termos demasiadamente vagos e lacônicos, restando ao operador do direito a interpretação do que se entende por generalidade e universalidade, não nos parece, que os critérios informativos se revestem da natureza de princípio ou como imperativos.

CAPÍTULO 2

1. Princípios constitucionais não específicos, mas correlatos ao imposto de renda: igualdade

Para as sociedades modernas, o princípio da igualdade fornece os fundamentos para a estruturação das regras sociais, por meio do qual o homem procura alcançar a justiça.[122] Nas palavras de Ricardo Lobo, o princípio serve para "legitimar, equilibrar e tornar proporcionais os outros valores jurídicos: liberdade, segurança jurídica, justiça e solidariedade".[123]

A igualdade pode significar, na classificação de Mary Elbe: a) pairar no mesmo nível; b) algo que na comparação específica não apresenta diferença quantitativa e qualitativa; c) guarda relação de identidade, coincidência e semelhança; paridade e simetria; d) visualizada como uma pessoa em relação à outra, não apresenta diferença de qualidade e valor. [124]

Para o Professor Westen, a perpetuação ao longo de todos esses anos do valor/sobreprincípio da igualdade se deve, sobremaneira, ao seu conteúdo vazio. A igualdade é simples e comparativa.[125]

A relação que exsurge entre igualdade e justiça e desigualdade e injustiça é intima, por vezes, justiça e igualdade se confundem, desde os ensinamentos de Aristóteles, pelo menos.

[122] DUTRA, Micaela Dominguez. **Capacidade contributiva: Análise dos direitos Humanos e Fundamentais.** Editora Saraiva, São Paulo, 2010. p. 6

[123] TORRES, Ricardo Lobo. **Tratado de Direito Constitucional Financeiro e Tributário: valores e Princípios constitucionais tributários.** Editora Renovar, 2° ed., Vol. II, Rio de Janeiro, 2014. p. 243

[124] Cf. QUEIROZ (nota de rodapé 39), 2003, p.14.

[125] WESTEN, Peter. *The empty idea of equality.* ***Harvard Law Review,*** Vol. 95, n°. 3, p. 537-596., 1982.

A máxima proferida por Aristóteles, enuncia que: "os desiguais devem ser tratados de forma desigual" que é o correlativo do "os iguais devem ser tratadas igualmente". A igualdade para o filósofo grego, foi tratada como sinônimo de Justiça, "se o injusto é desigual, o justo é igual".[126]

Sobre o aspecto moral da proposição, o professor Westen, sustenta que a fórmula comporta duas partes: i) uma determinação de igualdade entre duas pessoas e; ii) um julgamento moral de que elas devem ser tratadas de forma igual.[127]

A fórmula da igualdade, entretanto, redunda em uma contradição no seu item "i", porque, primeiro, não há pessoa no mundo que seja idêntica à outra pessoa em todos os sentidos (físicos, gostos, interesses, afinidades, conexões pessoais etc.) e; segundo, se para determinar a igualdade é necessário selecionar quais os pontos de igualdade, todas as pessoas no mundo fariam parte do mesmo grupo, pois todas possuem elementos iguais.

Em uma terceira hipótese, as pessoas podem ser julgadas moralmente como iguais. Ocorre que categorias "morais" não existem na natureza, elas só existem quando são organizadas em categorias morais por discriminação humana. Por isso, tratar pessoas, moralmente como iguais, significa dizer que é articulado um padrão de tratamento moral, o tratamento igual só se dá em face de uma regra moral pré-formulada.

A igualdade, conforme a fórmula fornecida por Aristóteles é um evento circular e sem uma resposta pronta, pois "tratar os iguais, igualmente", imediatamente podemos retrucar: "quem são as pessoas iguais?", o correlativo não leva à uma conclusão, pois a fórmula responde: "as pessoas que deveriam ser tratadas igualmente". Conclui o professor de Harvard que, a igualdade carece que um conteúdo moral intrínseco, apenas quando são estabelecidos padrões morais, será autorizado falar em "como tratar os iguais". Sem o padrão moral, a fórmula permanece sem sentido.[128]

Quando à despeito da fórmula da justiça: "dar a cada um o que lhe é devido", também não estabelece uma fórmula pronta e acabada de como as pessoas devem ser tratadas de forma "justa", nem tampouco, que a igualdade redunda, necessariamente, em justiça. A fórmula da justiça, se assemelha à fórmula da igualdade, é meramente formal e circular, carecendo de conteúdo.

126 TORRES, *Op. Cit.*,2014. p. 152.

127 WESTERN, *Op. Cit.*, 1982.

128 Cf. WESTEN, 1982.

Portanto, para se definir o que é justo, assim como o que é igual, necessita-se de uma regra moral determinando o conteúdo do justo e do igual. [129]

Logo, a fórmula da igualdade e da justiça, na visão do Professor Westen, deriva dos "direitos". Direitos são, logicamente, anteriores à igualdade e à justiça, porque para se exprimir esses dois valores, é imprescindível a existência de uma regra ou um padrão moral definido de como tratar os iguais e desiguais com justiça. A proposição aristotélica, fornece uma fórmula vazia de conteúdo que não consegue determinar quando, como e quem são os iguais (e os desiguais) e como eles devem ser tratados. Sem essa regra ou padrão moral de tratamento, não há um referencial de comparação entre indivíduos e situações.

Agora, quando o conceito e o consequente tratamento, são depositados em um arcabouço de direitos oponíveis, os direitos preenchem o vazio do igual e do justo.

A igualdade exige, intrinsecamente que haja um juízo comparativo, visto ser impossível se falar em igualdade quando não se tem parâmetro comparativo. Por isso, a igualdade se exprime, essencialmente, no seio de uma comunidade, sociedade, grupo, organização ou entre dois indivíduos.

Esse juízo comparativo, conforme formulado pelo professor Western, é o núcleo do padrão estabelecido do que é igual e como devem ser tratados. A fórmula de tratamento dos iguais e desiguais, se correlaciona com a própria noção de justiça, confundindo-se, enquanto propriedades vazias de conteúdo. À medida que a expressão justiça e igualdade se materializam e tomam assem formas como direitos, elas se separam, pois, nem tudo o que é igual, é necessariamente justo, o inverso também é verdadeiro.

Enquanto, princípio comparativo distintivo, a igualdade se desdobra em duas, por um lado a igualdade relativa e, por outro, a igualdade absoluta. É despiciendo afirmar que todas as pessoas possuem marcas distintivas únicas, pois, há uma infinidade de combinações e idiossincrasias que tornam cada indivíduo singular. Portanto, a igualdade absoluta entre indivíduos é um devaneio inalcançável, cujos resultados, tampouco, seriam desejados.

Em relevante observação articulada pelo professor Hugo de Brito Segundo, deve-se ter em mente que o valor constitucional igualdade não é alcançado pela igualdade absoluta, pois a norma Constitucional preconiza no art. 3° a "redução das desigualdades", ao invés da completa "eliminação da desigualdade". Porquanto, há uma parcela desejável de desigualdade no esteio da

[129] *Ibid.*, 1982.

sociedade, a inveja e a cobiça emuladora, impulsionam os indivíduos à galgarem posições de destaque e a busca pelo "sucesso".[130] A desigualdade entre países, pessoas, grupos e indivíduos, enquanto mantiver o caráter de inveja emuladora, gera frutos sustentáveis.

Nesse enredo, a igualdade relativa se difere da igualdade absoluta, porque esta última se confunde com o conceito de "identidade" (ou seja, que estão em posições idênticas; que são idênticos) e com a igualdade de resultados, já comentada por nós. A igualdade absoluta se traduz em identidade.[131]

A grande dificuldade encontrada nessa abordagem simbiótica entre igualdade e justiça, diz respeito à exacerbação da igualdade de oportunidades, que deslinda na chamada igualdade de resultados, ocorre quando, independente dos caminhos seguidos e do esforço despendido para se chegar a um ponto, todas as pessoas devem, necessariamente, chegar ao mesmo lugar, independente do esforço ou do mérito para alcançar aquele resultado (beirando à igualdade absoluta).[132]

Descartada a noção de igualdade absoluta em sociedades complexas, resta a igualdade relativa. Nesta, em virtude das diversas interações sociais e relações de poder-autoridade, os grupos e indivíduos passam a ser organizados (hipoteticamente) conforme interesses, características, objetivos, trabalhos etc., e, a partir da organização taxonômica dos diversos núcleos sociais, é possível verificar os iguais e os desiguais, em consonância com critérios pré-estabelecidos.

A organização taxonômica dos indivíduos em grupos, classes, interesses, renda, trabalho e afins, não passa de uma arbitrariedade daquele que organiza de tal modo, pois passa a desconsiderar todos os outros elementos de desigualdade e igualdade entre indivíduos. Todavia, em sociedades de massa e sociedades complexas, a arbitrariedade do agrupamento em iguais e desiguais, parece inevitável. Cabe, por sua, vez, saber quem está autorizado a desempenhar o papel de árbitro. O arbitro do agrupamento taxonômico e determinação da igualdade ou desigualdade, no Estado Democrático de Direito, deverá ser a Constituição Cidadã.

[130] MACHADO, Hugo de Brito Segundo. **Manual de Direito Tributário**. Editora Atlas, 10ª ed., São Paulo, 2018.

[131] Cf. RIBEIRO (nota de rodapé 101), 2009.

[132] MEORQUIOR, José Guilherme. **O liberalismo Antigo e Moderno**. Editora É Realizações, 3° ed. Ampliada, São Paulo, 2016. p. 164.

1.1 Juízos de desequiparação

Nestes termos, portanto, é imprescindível se estabelecer regras Constitucionais para a discriminação dos desiguais em relação aos iguais e, na medida das suas desigualdades, o tratamento adotado. Contudo, o ponto que gera maior atrito na desequiparação é a identificação daqueles indivíduos que, entre os seus iguais, é desigual.

O que desperta curiosidade do pesquisador e do investigador, diz respeito a: como determinar a igualdade entre os iguais e, como assentar quem são os desiguais? Bem como, quais os elementos de desequiparação podem ser elencados para tal? Se a norma insculpida no art. 5° *Caput* da Constituição garante a igualdade entre os homens, em que hipóteses estará o legislador, autorizado a diferenciar os iguais dos desiguais e os desiguais entre si?

Tais questões são transportadas, outrossim, para o debate tributário, pois, sabe-se que para se alcançar a tão almejada justiça tributária, necessário se faz discriminar os sujeitos da exação. Deixaremos para tratar especificamente dos elementos discriminatórios no direito tributário no tópico seguinte.

No plano Constitucional a igualdade/isonomia (são, como vimos, confundidas com a própria noção de justiça) se encontram dispostas em diversos trechos da Carta Cidadã, citamos alguns.

Nos termos do art. 3° inciso IV, constituem objetivos da República Federativa do Brasil: [...] promover o bem de todos, sem preconceitos de origem, raça, sexo, cor, idade e quaisquer outras formas de discriminação; no *Caput* do art. 5°: "todos são iguais perante a Lei, sem distinção de qualquer natureza [...]"; no mesmo sentido, o art. 19, inciso III, estabelece que: "é vedado à União, aos Estados, ao Distrito Federal e aos Municípios: [...]; III-criar distinções entre brasileiros ou preferências entre si.

Portanto, a regra é a igualdade e o tratamento igual entre todos, todavia, quanto à desigualdade e o tratamento para os desiguais, não é apreendido *a priori*, sendo, por sua vez, necessário interpretar o texto Constitucional para se depreender quais são os sujeitos e os elementos para discriminação.

Em magistral obra acerca do princípio da Igualdade, Celso Antônio Bandeira de Mello assevera que o princípio da igualdade se destina tanto aos legisladores, assim como os intérpretes e aplicadores da norma. [133]

[133] MELLO, Celso A. Bandeira. **Conteúdo Jurídico do Princípio da Igualdade**. Editora Malheiros, 3° ed. 24° tiragem, São Paulo, 2017.

A Constituição, segundo o Professor Bandeira de Mello, erige e enumera alguns elementos (rol exemplificativo) de quais elementos não podem servir de base para a desequiparação ou "desigualação" dos cidadãos, são eles: sexo[134], crença/religião/convicção política[135]; raça/cor/idade[136] entre outras.

Se, eleito algum ou alguns desses elementos como matrizes para desequiparação, corre-se o risco de subverter o espírito da Constituição quanto a um dos seus valores, a igualdade e, por conseguinte, elevar as tensões entre grupos de pessoas com os chamados privilégios odiosos ou de segregar a sociedade, estratificando-a por meio da lei.

Logo, o padrão moral de igualdade e de desigualdade se encontra fundado na própria Constituição, esta é quem fornece os critérios para agrupar os iguais e discriminar os desiguais. Não obstante, os limites e os critérios de tratamento para os iguais e o correlativo desigual, também devem ser extraídas do texto Constitucional.

Contudo, a Lei Maior não fornece todas as hipóteses de desequiparação que são odiosas, mas exemplifica quais, definitivamente, não podem ser eleitos como elementos de discriminação. Compete, pois, ao legislador e o aplicador da norma, subtrair das cláusulas constitucionais, quais os elementos são inapropriados para a desequiparação, além daquelas já listadas.

Então, se o constituinte derivado, intentar criar norma distintiva, deve-se apresentar a justificação das razões do porquê da "desigualação", porque, como vimos, a regra constitucional é a igualdade. Se a discriminação é a exceção, então deve-se justificar a eleição do elemento distintivo. Para tanto, impõe-se a uma correlação lógica entre as peculiaridades que diferenciam e o tratamento conferido àquela desigualdade.

Assim havendo um liame lógico entre o tratamento dispensado e a desigualdade em si, desde que atendida aos interesses constitucionais. Em outras palavras, o tratamento diferenciado deve conter correlação com a desigualdade e, necessariamente, atingir objetivos constitucionais explícitos

[134] *Vide* o inciso I do artigo 5°da Constituição Federal, senão vejamos: "homens e mulheres são iguais em direitos e obrigações, nos termos desta Constituição".

[135] *Vide* o inciso II do artigo 5°da Constituição Federal, no qual: "ninguém será privado de direitos por motivo de crença religiosa ou de convicção filosófica ou política, salvo se as invocar para eximir-se de obrigação legal a todos imposta e recusar-se a cumprir prestação alternativa, fixada em lei".

[136] O artigo 3°, inciso IV da Constituição Federal assevera que são objetivos fundamentais da República: "promover o bem de todos, sem preconceitos de origem, raça, sexo, cor, idade e quaisquer outras formas de discriminação".

e/ou implícitos. Nota-se que o objetivo de atingimento Constitucional, é elemento essencial da justificação para a desigualdade.[137]

Se, porquanto, carecer de correlação lógica entre o tratamento diferenciado e o elemento de desigualdade, a norma que discrimina, encontrar-se-á em confronto com o valor da igualdade. Para exemplificar, nada melhor que a utilização de hipóteses absurdas, mas que atestam o argumento.

No caso de edital para contratação de policiais militares no qual preveja, que somente serão admitidos candidatos com cabelo e barba. Percebe-se que não há qualquer correlação lógica entre o tratamento desigual e as peculiaridades que diferenciam com os objetivos e os desígnios constitucionais. Logo, estamos diante de um privilégio odioso, sem justificação constitucional para a discriminação entre àqueles candidatos que possuem cabelo e barba dos calvos e sem barba.

Por outro lado, se houver uma correlação entre o tratamento diferenciado com a desigualdade e os preceitos constitucionais, estamos diante de um legítimo motivo para a diferenciação, o que Bandeira de Mello chama de *"ratio fundamentadora de discrimen"* ou fator de *discrimen*.[138]

Logo, para que haja o rompimento com o ditame da igualdade, e, adoção do correlativa "desigualdade", deve-se observar: a) um elemento tomado como fator para discriminação (riqueza-pobreza; salário-mínimo; patrimônio etc); b) correlação lógica entre o fator selecionado e a as disparidades estabelecida no tratamento jurídico diverso; c) a adequação dos fatores discriminatórios e do tratamento discriminatório dispensado com os objetivos e valores Constitucionais.

O fator de discriminação escolhido e o tratamento dispensado para ele, ademais, não podem ser tão específicos a ponto de identificar uma pessoa, empresa ou grupo, conferindo a estes, privilégios e favoritismos odiosos. Isto é, a norma instituidora do tratamento diferenciado, que estabelecer como fator de discriminação, hipótese tão particulares e improváveis que revele uma inviabilidade material por ocasião da identificação dos sujeitos beneficiados, deve ser descartado como critério de desequiparação.

Os fatores passíveis de discriminação, cujo tratamento diferenciado recairá, segundo o professor Mello, só poderão ser aqueles vinculados à fatos, pessoas ou situações. Fatores que são idênticos ou neutros para todos, como

[137] Cf. MELLO, 2017. p. 17.

[138] *Ibid.*, 2017, p. 18.

o tempo, não podem ser utilizados como fatores de discriminação, porque o tempo é um elemento neutro.[139]

As hipóteses de desigualdade, constitucionalmente aceitas, portanto, são aquelas que conferem tratamento adequado para o atingimento de um certo objetivo. O objetivo constitucional não se encerra, necessariamente, na justiça, as metas circunscritas no art. 3°, podem ser objetivos, inclusive, implícitos.

Tomemos como exemplo, a prescrição médica de um determinado fármaco. Para que o médico possa prescrever a receita adequada para o tratamento, primeiro ele deve obter um diagnóstico do mau que aflige o paciente, depois prescrever o remédio adequado, com o objetivo de curar o paciente daquela enfermidade.

1.1.1 A igualdade/isonomia no direito tributário: capacidade contributiva como fator *discrímen*

Conforme aduzido anteriormente, a igualdade/isonomia encontra-se, em linhas gerais, dispersa por toda a Constituição. Em matéria tributária, parece ter o constituinte originário, dedicado atenção especial ao princípio da igualdade/isonomia.

Logo no art. 150, II do Título VI (da Tributação e do orçamento) o princípio é expresso nos seguintes termos: "sem prejuízo de outras garantias, é vedado[...] instituir tratamento desigual entre contribuintes em situação equivalente[...]".

No mesmo dispositivo, verifica-se que também é defeso a eleição de critérios de discriminação em razão de "[...]ocupação profissional ou função[...]", além, é claro, dos outros critérios de discriminação não autorizado, exemplificados nos preceitos constitucionais gerais de igualdade/isonomia (sexo, raça, cor, religião, orientação e opinião política etc).[140]

Outro critério discriminatório que passa a ser, expressamente, vedado pela Carta maior em matéria tributária, atina à instituição de tributo que não é "uniforme" em todo o território nacional ou que implique em "preferência" de Estado, Município em detrimento de outro. Note-se, porém que, mais adiante o mesmo dispositivo, anui com a instituição de tributo desigual,

[139] Cf. BALEEIRO (nota de rodapé 36), 2018.p. 863-865.

[140] Comenta Baleeiro que a Corte Americana, durante o "*apartheid*" nos Estados Unidos, entendia que crianças brancas e negras não poderiam estudar na mesma escola. A norma, segundo a corte, não violava o princípio da igualdade (décima quarta emenda), pois havia igualdade dentro da mesma "raça", mas desigualdade quando consideradas as duas "raças" (tratar os desiguais na medida das suas desigualdades). BALEEIRO, 2018. p. 850-856.

desde que para promover o "desenvolvimento socioeconômico entre diferentes regiões do país", atendendo ao critério da consecução de um objetivo constitucional.

A pergunta que se sobressai nesse estágio do nosso trabalho é: qual o critério de discriminação eleito pelo poder constituinte para a imposição tributária?

Intuitivamente, sobretudo, para o IR, o critério selecionado coincide com aquele que permite alvitrar as diferentes manifestações de riqueza ou signos presuntivos de riqueza do contribuinte. A capacidade contributiva não é, propriamente, o critério de discriminação, mas por meio desta que a riqueza se acentua, ou seja, o critério de discriminação ou fator *discrímen* é a manifestação de riqueza. O princípio da capacidade contributiva aponta para a riqueza.

As riquezas diferentes, recebem tratamentos desiguais e as manifestações de igual riqueza, são tratadas com igualdade. Por isso, a capacidade contributiva não é o critério que desiguala, mas como a capacidade contributiva infere o grau de riqueza percebida, podemos falar que a capacidade contributiva é o critério discriminador (mesmo que não seja tecnicamente).

Evidente que é autorizado outras formas de discriminação na tributação (desde que atenda os objetivos e valores constitucionais), entretanto, a capacidade contributiva, enquanto princípio que exige que a manifestação de riqueza oriente a tributação das rendas, se apresenta como a primeira e a melhor forma de desequiparação.

Sobre o princípio da capacidade contributiva e a igualdade/isonomia tributária, afirma Caliendo:

> O princípio da capacidade contributiva procede a uma limitação fundamental à ação tributante do Estado, ao eleger fatos da realidade econômica como os únicos fatores relevantes para fins de dotar o Estado com os recursos necessários à sua atividade. Exclui dessa monta todo e qualquer critério extraeconômico para fins de tributação, tais como sexo, raça, religião, nacionalidade ou qualquer outro fator arbitrário. Trata-se, pois, de um critério fundamental na defesa das liberdades públicas e do direito dos cidadãos.[141]

A capacidade contribuinte, meio pelo qual é possível aferir a riqueza do contribuinte, *per si,* vislumbra-se como critério primário de "desigualação" dos indivíduos sujeitos da exação, tanto na acepção objetiva quanto na relativa, em matéria tributária.

[141] Cf. CALIENDO (nota de rodapé 90), 2019.

Na acepção objetiva/ absoluta, o legislador define, objetivamente, quais os fatos que sugerem manifestação de riqueza, como consequência, os que auferiram riqueza são "desigualados" dos que não perceberam riquezas (inexistência de capacidade contributiva). Ademais, na acepção subjetiva, tal qual, o princípio se presta para reunir grupos de contribuintes com riquezas equivalentes (igual capacidade contributiva), cada qual com uma graduação desigual.

Nas palavras de Lodi, considerando que todos devem contribuir com a continuidade do Estado, na medida em que percebam riquezas: "legítimas são as distinções que se baseiem na diferença entre as riquezas que vários contribuintes manifestam"[142].

A isonomia, segundo Mariz, vem em decorrência da capacidade contributiva, onde agrupam-se os de igual manifestação de capacidade contributiva. [143]

Nesta linha, o Professor Hugo de Brito Segundo, sustenta que a capacidade contributiva é o fator *discrímen*, que não veda, por exemplo, a concessão de benefícios fiscais, mas ao contrário, impede que benefícios e outras formas de renúncia, sejam concedidos sem que haja um critério de justificação, amparado pelos valores e objetivos constitucionais.[144] Pode ser que, o critério adotado não esteja na capacidade contributiva, mas no desenvolvimento econômico, por exemplo.

Para Aliomar Baleeiro, o fator primeiro para discriminação em matéria tributária, é a capacidade contributiva, pois esta recomenda a personalização e graduação em virtude das capacidades econômicas de cada um.[145]

Elbe Mary julga que:

> "[...] a igualdade será realizada por meio da distribuição dos contribuintes de acordo com a sua capacidade econômica, [...] aquele que tem mais deverá assumir um ônus da carga tributária que aqueles que tem menos ou que nada tem. Tal disposição, [...] caracteriza-se como uma tentativa do legislador constitucional de buscar corrigir as desigualdades existentes na sociedade, para isso, utilizando a tributação como meio de alcançar a justiça fiscal e, por decorrência, a justiça social, além de possibilitar a arrecadação dos valores para suprir o Estado." [146]

[142] RIBEIRO, Ricardo Lodi. O princípio da capacidade contributiva nos impostos, nas taxas e nas contribuições parafiscais. **Revista da Faculdade de Direito da UERJ**, n° 18, 2010.

[143] Cf. OLIVEIRA, 2008. p. 258-260.

[144] Cf. MACHADO, 2018.

[145] BALEEIRO, Aliomar. **Limitações constitucionais ao poder de tributar**. Atualizado por Misabel Abreu Dersi. Editora Forense, 8° ed. Rio de Janeiro, 2010.

[146] QUEIROZ, 2003. p. 17.

Portanto, quando o legislador constitucional assume fórmula aristotélica, ao tratar os iguais de forma igual e os desiguais, conforme as suas desigualdades, tornando igualdade e justiça sinônimos, transporta para o âmbito do direito tributário a mesma fórmula.

Todavia, a igualdade é garantida como regra e, a desigualdade torna-se a exceção na medida em que esta deve ser motivada/justificada, segundo os valores e os objetivos constitucionais.

O critério, em matéria tributária, para a 'desigualação' é a riqueza e suas diversas manifestações. Todavia, o critério capaz de apreender as manifestações de riqueza e de personalizar o tributo conforme as características individuais do sujeito passivo, é o princípio da capacidade contributiva, razão esta que nos fez afirmar que o princípio da capacidade contributiva é o critério de discriminação eleito pelo constituinte.

Nesta senda, podemos perceber a desnecessidade dos critérios informativos específicos do IR, que apenas reafirmam aquilo que já estava contido na norma constitucional em caráter não-específico, mas correlato, aplicável a todas as espécies tributárias.

1.2 Apontamentos introdutórios ao princípio da capacidade contributiva

Conforme perfilhado ao longo da nossa exposição, o Imposto de Renda é sustentado por critérios/princípios não-específicos e específicos, estes últimos, são próprios da espécie tributária Imposto de Renda, mas, outrossim, dialoga com princípios gerais do sistema tributário.

Não intentamos tratar sobre todos os princípios e normas atinentes ao imposto de renda, nem almejamos esgotar os assuntos aqui abordados, para que nossa exposição não se torne prolixa.

O princípio da capacidade contributiva é, deveras antigo. Becker[147] constata que já se noticiava a existência do princípio em Heródoto[148], Machiavelli, entre os escolásticos e Bodin. Ganha, contudo, notoriedade com a célebre

[147] BECKER, Alfredo Augusto. **Teoria Geral do Direito Tributário**. Editora Lejus, 3° ed., 2° tiragem, São Paulo, 2002. p. 480.

[148] Heródoto em A História, narra que os egípcios, no Reinado de Amásis, estabeleceu leis "[...] para regular a economia da nação, como, por exemplo, a que determinava que cada egípcio declarasse, todos os anos, de que fundos tirava sua subsistência. Quem não obedecia ao preceito da lei ou não podia provar que viva de meios honestos, era punido com a morte." HERÓDOTO. **Box História**. Editora Nova Fonte, 3° ed., *e-book,* Rio de Janeiro, 2019, p. 209-210.

obra do economista/filósofo escocês Adam Smith em "A riqueza das Nações" *(The Wealth Of Nations- An Inquiry Into The Nature And Causes)*.[149]

Smith estabelece uma primeira amostragem do conceito de tributação sobre a renda, quando afirma que os tributos devem incidir sobre aluguéis, lucros e salários *(rent, profit, and wages)*[150], sobre um destes ou sobre todos.

Adam Smith discorre com base na teoria do benefício (*benefit theory*) como fundamento para o pagamento de tributos, além da própria "capacidade de pagar" dos sujeitos obrigados, quando estabelece os princípios ou máximas da tributação, quais sejam: i) todos os sujeitos que gozam de benefícios do Estado, devem contribuir com os custos deste; ii) na proporção das suas respectivas Habilidades (*abilities*); iii) na proporção do que receberam de receita decorrente da proteção do Estado.

Conforme restou consignado, Adam Smith deu alicerce aquilo que ficou conhecido como "habilidade de pagar", contudo, condicionada à contraprestação estatal. Em outras palavras, benefícios concedidos pelo Estado através da segurança e infraestrutura percebidos pelos indivíduos que, concorrem com as despesas públicas na medida daquilo que receberam de benefícios.[151]

O princípio se aperfeiçoa quando se constata que todos os cidadãos estão obrigados a pagar tributos, independente da contraprestação do Estado. A tese de J. S. Mill, também foi abalizada pela chamada "habilidade de pagar" (*ability to pay*)[152], mas que por sua vez, justifica a tributação com base no sacrifício comum.[153]A tese foi relativamente incorporada ao ordenamento jurídico

[149] SMITH, Adam. ***The Wealth of Nations: An inquiry into the nature and causes of the Wealth of Nations***. Harriman House Limited, 2010.

[150] *Ibid.* p. 1103

[151] O princípio peca quando é necessário quantificar e mensurar a participação do Estado nos proveitos obtidos pelos cidadãos, benefícios advindos da segurança e infraestrutura, uma vez que não há cálculo que precise quanto o Estado concorreu com o ganho do indivíduo.

[152] A habilidade de pagar, hoje, é associada à teoria do sacrifício: o sacrifício igual, o sacrifício proporcional e o sacrifício mínimo.

[153] Na tese de J.S. Mill, delineada no seu famoso "Princípios da Economia política", o "igual sacrifício" ou "sacrifico comum", as rendas antes do imposto estão dadas, cabe ao governo coletar uma determinada quantia de receita, através de um imposto individualizado para maximizar as funções de utilidades das rendas, o que resultaria em uma distribuição ótima após o tributo. É uma igualdade completa das rendas, onde as utilidades marginais das rendas são as mesmas sempre, depois do imposto. A solução encontrada pelos utilitaristas, representa um mínimo de sacrifício agregado, porque os resultados com utilidades marginais das rendas é o máximo do total de utilidades que pode ser obtida mediante a arrecadação tributária. A igualdade de sacrifícios, portanto, será expressa pela igualdade marginal de sacrifícios. SANDMO, Agnar. The Principal Problem in

pátrio, pelo menos naquilo que se refere à definição de impostos (art. 15 do CTN) e pela ausência da condicionante "contraprestação" específica, própria da teoria do benefício de Smith.[154]

A capacidade de fazer algo pressupõe um conhecimento, uma habilidade específica para executar ou desempenhar certa atividade, aptidão de fazer. No que tange à tributação, não poderia ser diferente, se bem que para fins de verificação da "capacidade de pagar", o verbo mais adequado seria "ter".

A "habilidade de pagar" (econômica) sugere que, no momento designado pela legislação, o recorte temporal para a ocorrência do fato gerador, o sujeito acoimado possua habilidade de produzir riqueza.

O excesso não-indispensável representa o aumento patrimonial que, na ausência desse, a manutenção/subsistência do contribuinte e de sua família não ficaria prejudicada, ou seja, o contribuinte conseguiria ter uma vida digna após a imposição tributária. O excesso indispensável a qual nos reportamos, é chamado pela doutrina majoritária de "mínimo existencial" ou "mínimo vital".[155]

Nesta toada, o indivíduo que não esteja apto/capacitado/ habilitado para pagar o excedente não-indispensável, assim entendido aquele excesso sem o qual a sua subsistência e de sua família não estará prejudicada, falta-lhe "capacidade econômica".

A habilidade de pagar ou a capacidade econômica, é, em verdade, o primeiro passo para desvendar a questão "quem deve" pagar, mas não apenas o "quem deve" como também "quem pode" pagar.

A capacidade de pagar econômica, é incorporada ao direito, aperfeiçoando-se em "capacidade contributiva". Capacidade contributiva, nada mais é do que "onde não há riqueza é inútil instituir imposto"[156] ou "a possibilidade de cada um contribuir [...] para as necessidades financeiras do Estado, sem prejuízo das suas necessidades de subsistência [...]"[157], ou a "soma de

Political Economy: Income Distribution in the History of Economic Thought. In: ATKINSON, Anthony B.; BOURGUIGNON, François (Eds.). **Handbook of Income Distribution**, v. 2., 2015.

[154] Segundo Kendrick: *"Only ability-to-pay reaches the height of a general principle to which taxes and tax systems should in the main conform"*. KENDRICK, Slade. The Ability-to-pay theory of taxation. **The American Economic Review**, Vol. 29, No. 1, p. 92-101, 1939.

[155] Expressão amplamente difundida por Ricardo Torres Lobo. Amaro e outros autores, chamam de "mínimo Vital".

[156] Cf. AMARO (nota de rodapé 35), 2014. p. 122.

[157] CONTI, José Mauricio. **Princípios Tributários da Capacidade Contributiva e da Progressividade**. Editora Dialética, São Paulo, 1997. p. 29-30.

riquezas disponível depois de satisfeitas as necessidades elementares de existência[...]".[158]

1.2.1 Capacidade contributiva como princípio

A capacidade contributiva, na ordem Constitucional, foi alçada ao *status* de "princípio". Passaremos, portanto, a investigar a natureza e as características do mencionado princípio.

O *status* de princípio, em síntese, deriva do Sobreprincípio/valores da Justiça e da Igualdade. Os valores, em razão da sua abstração e imprecisão, perdem sua força normativa e sua eficácia jurídica.

Os valores, abstratos e amplos, são inspirações ético-morais que serão consubstanciadas e ganharam qualidade de eficácia a partir do momento que adentram às cartas constitucionais na forma de princípios.

Noutro espectro, os princípios, servem de meio termo entre a abstração absoluta dos valores e a contingência das regras (tudo ou nada)[159], interliga esses dois extremos. Os princípios assumem características de normas deontológicas, "como proposições gerais de dever ser"[160] das quais decorrem regras específicas.

Os princípios não necessitam de enunciados explícitos e que descrevem fatos, ao contrário das regras, que são abastecidas com enunciados explicativos e descritivos, por vezes, impondo sanções em virtude da contrariedade ao enunciado ali prescrito.

Os princípios veiculam valores e ideias finalísticas, com um grau de aplicação que inexiste na órbita dos Valores. Porquanto, aqueles afastam o subjetivismo exacerbado dos valores, mesmo que compartilhe características próprias destes e como dialoga com a contingência e inafastabilidade das regras. Os valores comungam da natureza ontológica e os princípios da deontológica, estes últimos dialogam com os dois universos (valores e regras) de forma intercambiável, fornecendo os alicerces para as regras.

No subsistema do direito tributário, valores como o da igualdade e da justiça, conferem sustentáculo ao princípio da capacidade contributiva, contudo, este último, instrumentaliza àqueles.

Porquanto, no campo ético-moral, o sistema tributário é estruturado por dois grandes princípios que, decorrem do sobreprincípio igualdade, são eles:

[158] Rubens Gomes de Souza A*pud* COSTA, Regina Helena. **Princípio da Capacidade contributiva**. Editora Malheiros, São Paulo, 1995. p. 21.

[159] Expressão cunhada por Robert Alexy.

[160] Cf. NUNES, 2019. p. 256.

o Princípio da Retribuição[161] e da Capacidade Contributiva, nos dizeres de Maurício Timm do Valle.[162]

A carga axiológica[163] da "capacidade contributiva" é inegável, pois transcende à mera enunciação de regras e normas jurídicas. O princípio da capacidade contributiva leva essa alcunha pois é, por definição, um "mandamento Nuclear estruturante"[164] do sistema Tributário. A partir do princípio, irradiam regras, cujas interpretações também estão atreladas ao princípio da capacidade contributiva.

Os princípios, segundo Ávila, são normas imediatamente finalísticas, que colimam alcançar um estado de coisas ideal, e para tanto, estabelecem finalidades com valores. Os princípios são correlacionados a outros princípios, com os quais se complementa e, são opostos uns aos outros em processo de ponderação, momento no qual podem ser hierarquizados. [165]

Mariz, citando Marco Aurélio Greco, destaca que sobre os princípios, imperam duas características fundamentais: a) são fontes do direito de baixo grau de objetividade, pois não permitem uma concordância quanto à conteúdo específico, de modo que a sua aplicação e âmbito de abrangência são amplos; b) dão "imperatividade ao sistema". Marco Aurélio Greco, entende que o princípio da capacidade contributiva está no grupo dos "princípios materiais", pois o princípio pede uma ação compatível com o seu conteúdo, isto é, os princípios materiais[166]extrapolam a simples norma programática, pois os princípios materiais exigem uma ação concentra de consecução.[167] Por outro lado, as normas programáticas são meros objetivos distantes, é mais abstrato do que o princípio material.

[161] O princípio da retribuição sucede as denominadas teorias do Benefício, nas quais, cabe ao Estado realizar gastos públicos e, aos cidadãos contribuir na proporção dos benefícios recebidos.

[162] VALLE, Maurício Dalri Timm. **Princípios Constitucionais E Regras-Matrizes De Incidência Do Imposto Sobre Produtos Industrializados-IPI**. Editora Noeses, 1° ed., 2016, p. 205.

[163] Para Ricardo Lobo e Humberto Ávila, o caráter do princípio é deontológico, e dos valores (supraconstitucionais) é axiológico.

[164] MELLO, Celso Antônio Bandeira de. **Curso de Direito Administrativo**. Editora Malheiros, 27° ed., São Paulo, 2010, p. 53.

[165] Cf. ÁVILA (nota de rodapé 102), 2012, p. 93-97.

[166] Os princípios materiais se diferem dos princípios estruturantes, porque estes últimos além de estruturar o sistema são, via de regra, programáticos, ou seja, seus mandamentos não são contingentes, estabelecem programas abstratos e ideias. Ao contrário, os princípios materiais exigem uma ação.

[167] GRECO, Marco Aurélio. **Contribuições (uma figura '*sui generis*')** *Apud*. Cf. OLIVEIRA, 2008, p. 218-219.

Os princípios, na avaliação do professor Ricardo Torres Lobo, são o meio termo entre valores e regras, possuem grau de abstração e generalidade, mas ainda remanesce caraterísticas de regras.[168] Os princípios, ao contrário dos Valores, podem ser expressos em linguagem constitucional e representam um estágio para a concretização dos valores supraconstitucionais.

Nesse diapasão, igualdade e justiça estão inseridas na categoria de Valores[169], são os aclamados valores fundamentais do Estado Democrático. A capacidade contributiva, está diretamente atrelada ao valor justiça e, na sua função legitimadora, a igualdade legitima o valor justiça em matéria tributária, para o professor Ricardo Torres Lobo. [170]

Na lição de Paulo de Barros Carvalho, dentro dos sistemas jurídicos, há princípios e sobreprincípios, estes últimos, adequam os valores[171](valores como justiça, igualdade, liberdade). O termo princípio pode se referir tanto as normas com elevado grau axiológico, como também para indicar normas com importantes critérios objetivos.[172] O valor justiça (sobreprincípio Justiça) é uma diretriz suprema, conquanto, outros princípios são derivados desse valor supremo como norma de otimização.

Segundo Amaro, o princípio da capacidade contributiva, constitucionalizou a ideia de justiça e igualdade na tributação, pois o princípio exige que a justiça da incidência seja considerada em cada uma das etapas e situações isoladamente. Assim como distribuiu o ônus para o custeio das despesas do Estado, conforme a capacidade de pagar de cada contribuinte.[173]

Para Ávila os princípios mais amplos são, por seu turno, chamados de sobreprincípios. Os sobreprincípios como a igualdade e a justiça são, irremediavelmente, mais amplos do que o princípio da capacidade contributiva,

[168] Cf. TORRES (nota de rodapé 124), 2014, p. 191.

[169] Os valores, nas lições de Ricardo Lobo, são absolutamente abstratos, supraconstitucionais e insuscetíveis de serem traduzidos em linguagem Constitucional. *Ibid., et. seq.*

[170] TORRES, *Op. Cit.*, 2014. p. 302.

[171] Valores são consequências de processos históricos e evolutivos da sociedade, são conquistas da humanidade. Portanto valores possuem "Historicidade", pois estão vinculados à processos históricos; são "inexauríveis", pois os valores excedem os bens em que se objetivam; são "bipolares", possíveis entre os objetos ideais; são dotados de "implicação" recíproca; "preferibilidade"; são "incomensuráveis"; podem ser graduados.

[172] CARVALHO, Paulo de Barros. **Curso de Direito Tributário**. Editor Saraiva, 24° ed., São Paulo, 2012, p. 121.

[173] Cf. AMARO, 2014. p. 122.

por exemplo, que está restrito ao subsistema do Direito tributário, enquanto o Sobreprincipio da igualdade comunga com todos os ramos Direito. [174]

O princípio da capacidade contributiva, contudo, sofre ataques de juristas gabaritados, como com o professor Augusto Becker que, no seu entender, o direito não existe para moralizar o homem, pois a moral é ciência pré-jurídica que não confere ao Direito qualquer regra jurídica pré-fabricada. Nesse sentido, o jurista está imbuído da tarefa de verificar a validade das regras jurídicas, e, nunca, a justiça da norma.[175] Razão pela qual a justiça não integra a totalidade do sistema jurídico, uma vez que o sistema jurídico é composto unicamente por normas jurídicas que independem da justiça (atribuição dos Filósofos). O renomado jurisconsulto, descarta a possibilidade de se valorar as normas, se justas ou injustas, pois cabe ao jurista apenas verificar a validade da norma.

No que se refere ao princípio da capacidade contributiva Becker considera-a uma locução ambígua, pois significa apenas uma "possibilidade" de o contribuinte suportar o ônus tributário".

Em suma, dizer que o contribuinte só arcará com o encargo conforme as suas capacidades, incorrer-se-ia em uma tautologia, nas palavras do professor Becker, pois não remetem a nenhum conceito jurídico científico pré-definido. Segundo o mestre, a ambiguidade é tamanha que pode, a depender dos seus usos, pode significar o que bem entender o intérprete da lei. Para agravar a situação, a expressão foi incutida no texto constitucional[176], o que Becker atribui como "a constitucionalização do equívoco".[177]

Portanto, considerando o quase inesgotável material sobre o assunto[178], nos limitamos a fazer apenas alguns breves comentários. Assim, assumimos que a capacidade contributiva, em razão da sua generalidade, abstração e amplitude, mas que intrinsecamente é dotada de força normativa, encerra

[174] Cf. ÁVILA, 2012.

[175] Cf. BECKER (nota de rodapé 148), 2002, p. 484.

[176] "Os princípios tributários fundamentais expressos pelas constituições modernas, não seriam, em definitivo, mais que palavras vazias, privadas de qualquer significado concreto, menos que manifestações de boas intenções, seriam formas litúrgicas para pronunciar-se diante do altar do mito da justiça, ao qual é oportuno elevar um pouco de incenso, mas para o qual é suficiente uma verbal oferenda". Cf. BECKER, 2002. p. 486.

[177] *Ibid., et. seq.*

[178] Roberty Alexy possui extenso trabalho sobre a temática, tais como "*Esayos Sobre La Teoria De Los Princípios Y El Juicio De Proporcionalidad*"; "Teoria Discursiva Do Direito" (2014). Assim como Dworking em "Uma Questão De Princípios" (1985). Humberto Ávila com o "Teoria Dos Princípios: Da Definição À Aplicação Dos Princípios Jurídicos" (2021), entre outros tantos.

um princípio Constitucional expresso, uma vez que deriva de valores fundamentais como a igualdade, a justiça e, remotamente, à solidariedade.

Embora o posicionamento divergente do professor Becker tenha repercutido a ideia de um Direito formalista e insípido ao mundo real e como uma "ciência" que se mantém equidistante das demais ciências, a interpretação do alacado jurista, é dissidente da doutrina majoritária que prestigia o princípio da capacidade contributiva, como um dos fundamentos do direito tributário e da justiça fiscal.[179]

Antes de nos enveredarmos a falar sobre as características e as peculiaridades do que se compreende por capacidade contributiva (jurídica), cumpre fazermos um adendo acerca das expressões "capacidade contributiva", "capacidade econômica", "capacidade financeira", caso contrário, algumas confusões terminológicas poderão surgir ao longo da explanação.

1.2.2 Capacidade contributiva, econômica e financeira

A Constituição Federal, no art. 145, § 1º, estatuiu que: "sempre que possível, os impostos terão caráter pessoal e serão graduados segundo a capacidade econômica do contribuinte [...]". O texto constitucional nada fala sobre capacidade contributiva ou em capacidade financeira.

A capacidade econômica, gravada no texto Constitucional, revela a capacidade do indivíduo que não se aperfeiçoou juridicamente, ou melhor, que não foi absorvida pelo direito tributário.

Isto porque, todos os indivíduos, dotados de aptidão física e mental para desempenhar atividades econômicas que lhes rendam frutos, possuem capacidade econômica. Em outras palavras, a capacidade econômica se materializa naquele indivíduo que está apto a produzir ou obter riquezas pelo próprio esforço, e, por meio deste esforço, adquire riquezas.

A capacidade econômica cinge-se em duas, por um lado diz respeito à aptidão de obter e, por outro a de possuir riquezas. O indivíduo com capacidade econômica, portanto, é aquele que está habilitado para produzir mais riquezas e, no momento do surgimento da obrigação, pode dispor destas sem prejudicar o mínimo indispensável para sua sobrevivência.

A capacidade econômica, como dito acima, revela a aptidão do *homo economicus* de prover seu sustento e de sua família. Nesta senda, Conti[180] afirma que a capacidade econômica está mais vinculada às ciências econômicas

[179] Cf. COSTA, 1995, p. 25.
[180] Cf. CONTI, 1997.

e financeiras do que ao direito. Por sua vez, a capacidade contributiva é o aperfeiçoamento da capacidade econômica, quando agregados os princípios, institutos e valores propriamente jurídicos.

A capacidade contributiva é a capacidade prescrita por lei, relacionada à uma imposição especifica impingida ao contribuinte, assim surgindo a relação sujeito passivo-ativo. Por outro lado, a capacidade econômica corresponde à potencialidade econômica de alguém produzir, obter ou acumular riquezas, mesmo que não esteja obrigado pelo poder público a pagar tributos.[181]

Maurício Timm do Valle,[182] considera que o indivíduo que possui capacidade econômica está apto a obter riquezas (habilidade de pagar como potencialidade de obtenção de renda). Se tais riquezas excederem o mínimo indispensável para sua mantença e de sua família e não alcançar o patamar de confisco; se for previsto em lei e; se formada a relação jurídica entre o indivíduo e fisco, o primeiro torna-se contribuinte/sujeito passivo e passa a demonstrar capacidade contributiva.

Hugo de Brito Machado, apresenta a teoria do Italiano Moshetti, mediante a qual sustenta que a distinção entre a capacidade econômica e a contributiva está no seu elemento essencial, a solidariedade. Nessa esteira, a capacidade econômica é uma condição necessária para a capacidade contributiva, a segunda passa pela verificação da primeira. Segundo o autor italiano, a capacidade contributiva é a capacidade econômica qualificada juridicamente por um dever de solidariedade, orientado pelo interesse coletivo. A capacidade contributiva, então, pode ser sintetizada como a aptidão para realizar o interesse público.

O professor Hugo de Brito Machado refuta a doutrina do italiano justificada a partir da separação dogmática entre os dois termos. Para o autor brasileiro, considerando que a Constituição de 1988 trouxe a expressão "capacidade econômica", a capacidade contributiva deve ser encarada como elemento de *discrímen* quando da aplicação do princípio da isonomia em matéria tributária, para fins de aferição do mínimo existencial, mas que é inútil elaborar uma distinção dogmática entre os termos.[183]

Regina Helena, acentua a vagueza e a indeterminação das expressões, sobremodo, no direito posto. Contudo, assevera que compete ao jurista desentranhar os significados e conceitos das ciências jurídicas. No plano

[181] MARTINS. Ives Gandra S. **Teoria da imposição tributária**. Editora Nova Alvorada LDTA., Belo Horizonte/MG, 1996.

[182] Cf. VALLE (nota de rodapé 164), 2016.

[183] Cf. MACHADO, 2012. p.107.

"jurídico-positivo, a capacidade contributiva significa que um titular de direitos e obrigações, com fundamento na legislação tributária vigente, [...] vai definir aquela capacidade e seu âmbito".[184] Já no plano "ético-econômico [...] correlaciona-se com a justiça econômica material".[185] A capacidade contributiva, para a autora, comporta dois elementos internos, a saber: o volume de recursos que o indivíduo possui à disposição e a necessidade desses recursos.

Valendo-se, igualmente, da obra do italiano Moschetti, a professora Regina Helena argui que no plano ético-econômico, a capacidade contributiva está imbricada a um elemento de "juízo", ou seja, uma estimativa de "quanto" o contribuinte consegue (pode) concorrer com as despesas públicas. Não podemos deixar de ressaltar que no plano ético-econômico, a aptidão para contribuir com a despesa pública está, essencialmente, vinculado ao aspecto ético da imposição tributária, a qual exige-se que a exação atenda aos ditames da justiça tributária[186].

Segundo Leonetti, a capacidade econômica não pode ser confundida com a capacidade contributiva, porque a primeira denoda na situação patrimonial do contribuinte e, a capacidade contributiva, por seu turno, reflete a capacidade do sujeito obrigado de pagar o imposto.[187]

Na mesma senda, o Professor Cleucio Nunes,[188] argui tratar-se de expressões diferentes, a "capacidade de pagar" justifica o dever de todos de contribuir com a despesa pública, sem que o contribuinte receba algo em troca. Capacidade de pagar "*ability to tay*" (Capacidade Econômica) e capacidade contributiva (Direito), se distanciam uma da outra pois, a primeira não possui os valores e princípios fundamentais do direito, enquanto a segunda é a soma do primeira com os valores jurídicos (como a dignidade da pessoa humana, mínimo vital). Assim, capacidade contributiva diz respeito à relação juridicamente estabelecida de obrigação do sujeito passivo e do sujeito ativo.

Sobre a controvérsia, Zilveti[189], Amaro[190], Schoueri[191] e Dutra[192] reputam que as expressões são sinônimas, idênticas.

[184] Cf. COSTA, 1995, p. 24.
[185] *Ibid.*, 1995, *et. seq.*
[186] Sain de Bujanda, *Apud* COSTA, 1995, p. 25.
[187] Cf. LEONETTI (nota de rodapé 2), 2003.
[188] Cf. NUNES (nota de rodapé 79), 2019.
[189] Cf. ZILVETI (nota de rodapé 100), 2004.
[190] Cf. AMARO, 2014.
[191] Cf. SCHOUERI (nota de rodapé 98), 2019, p. 346.
[192] Cf. DUTRA (nota de rodapé 123), 2010. p. 13.

Nos filiamos à corrente daqueles que entendem que capacidade econômica e capacidade contributiva são termos distintos.

Isto porque, a capacidade econômica anuncia uma situação de fato, qual seja, a capacidade do indivíduo de pagar, quando habilitado a obter riquezas e destas poder dispor. Por sua vez, a capacidade contributiva, refere-se a uma relação essencialmente jurídica, onde o sujeito passivo é obrigado a pagar tributos, quando pratica o fato gerador ensejador da obrigação. Momento no qual se estabelece a díade sujeito passivo *versus* sujeito ativo, pagador contra cobrador de tributos. Relação essa que é, essencialmente, beligerante.

Assim estatui o art. 121 do CTN[193], a saber: "sujeito passivo da obrigação principal é a pessoa obrigada ao pagamento de tributo ou penalidade pecuniária". Portanto, o sujeito passivo/ contribuinte é todo aquele que prática ou tenha relação pessoal e direta com o fato gerador e possua aptidão econômica para pagar. Cumpridas essas condições, inaugura-se a relação contribuinte-fisco e demonstra capacidade contributiva.

O contribuinte que, pratica o fato ensejador da obrigação de pagar tributo, mas não possui capacidade de pagar (capacidade econômica-situação de fato) estará, segundo o texto constitucional, desobrigado por desvio de uma situação de fato, representado pelo fenômeno econômico. [194]

Consideramos, pois, que a expressão capacidade contributiva sintetiza a capacidade econômica qualificada pelo direito, a qual comporta, então, a ideia de "quem paga", "quem pode pagar" e "quanto pode pagar". Está, na capacidade contributiva, inserida a capacidade econômica, mas a primeira qualifica juridicamente a segunda.

E, por derradeiro, parte da doutrina defende uma terceira espécie de capacidade de pagar, a capacidade financeira, que se relaciona à ideia de liquidez para cumprir com as obrigações tributárias. Por exemplo, o contribuinte que possui um veículo de luxo, mas não obteve renda suficiente para pagar o IPVA,

[193] BRASIL. (**Código Tributário Nacional**) **Lei nº 5.172**, de 25 de outubro de 1966. Dispõe sobre o Sistema Tributário Nacional e institui normas gerais de direito tributário aplicáveis à União, Estados e Municípios. Brasília, 1966. Disponível em: <http://www.planalto.gov.br/ccivil_03/leis/l5172compilado.htm>. Acesso em: 21 maio 2021.

[194] Zilvetti se posiciona no sentido oposto, pois a inexistência de capacidade contributiva, não gera, *per si*, o direito do contribuinte se furtar à obrigação de recolher o imposto, tão logo, pode fazê-lo quando o tributo possuir caráter confiscatório. A inexistência de capacidade não é apriorística, mas comprovada. ZILVETI, Fernando Aurélio. Capacidade contributiva nos trinta anos da Constituição Federal. In: BUISSA, Leonardo; RIEMANN, Simon; MARTINS, Rafael Lara (Coords.). **Direito e finanças públicas nos 30 anos da Constituição: experiências e desafios nos campos do direito tributário e financeiro**. Tirant Blanch, 1ª. ed., Florianópolis, 2018.

ou mesmo o caso do contribuinte que ganhou o veículo em jogos de azar, mas não consegue arcar com as despesas do bem.[195]

Esse sujeito passivo pratica o fato gerador da obrigação, instaura-se a díade, mas o obrigado não tem liquidez para arcar com o crédito tributário. Parece-nos que a capacidade contributiva já abarca a capacidade financeira, sendo, despiciendo tal distinção.

1.2.3 Capacidade contributiva absoluta e relativa

Por conseguinte, surgem duas interpretações possíveis a partir da leitura do § 1° do art. 145 do Texto Constitucional: a) capacidade contributiva absoluta/ objetiva; b) capacidade contributiva relativa/ subjetiva.

Na capacidade contributiva absoluta, o princípio expresso no §1° é um critério para distinguir os potenciais fatos e hipóteses tributáveis, assim entendidas aquelas que inferem a capacidade econômica dos contribuintes objetivamente. O critério pode ser encarado, também, como um pressuposto de tributação, e, pressuposto para a escolha das hipóteses de incidência.[196]

Sob esta ótica, a capacidade contributiva indicará quem deve ser considerado contribuinte, operando como uma discriminação apriorística. Nesta interpretação do §1°, o legislador não demonstra interesse por quem pode pagar o tributo, mas quem, em certas condições previamente estabelecidas por lei, deve ou não pagar o tributo. As escolhas das hipóteses de incidência, são feitas pressupondo a capacidade econômica daquele que pratica o fato ensejador da obrigação.

Nesta interpretação, a capacidade contributiva funciona como um princípio limitador das ações do legislador na distribuição do encargo tributário entre os contribuintes, tomando por base, hipóteses que demonstram haver riqueza tributável. São denominados, as hipóteses que induzem objetivamente a riqueza, "signos presuntivos de riqueza".

Na concepção absoluta, o § 1° se restringe apenas aos impostos, consoante expresso no texto, porque a base de cálculo dos impostos são signos presuntivos de riqueza (logo, capacidade contributiva objetiva) e, em razão dos §2° do mesmo artigo vedar a utilização de base de cálculo das taxas igual ao dos impostos, não seria a capacidade contributiva estendida às taxas.[197]

[195] Cf. CONTI, 1997, p. 33-36.

[196] Cf. SCHOUERI, 2019, p. 576.

[197] *Ibid.*, p. 578.

A capacidade contributiva objetiva é, segundo Schoueri, a regra do ordenamento jurídico, *vide*, por exemplo, o caso do proprietário de imóvel localizado em terreno urbano que, independentemente de o proprietário ter ou não capacidade econômica para pagar (situação de fato) o valor o IPTU, o fato escolhido pelo legislador como hipótese de incidência, pressupõe, objetivamente, que o contribuinte pode pagar, por se tratar de um signo presuntivo de riqueza. Assim como ocorre, por exemplo, com o IPVA que, independe de o contribuinte ter ou não capacidade contributiva, basta que tenha um veículo em seu nome que será obrigado a recolher aos cofres públicos.

Já a capacidade contributiva relativa, seleciona a parcela da riqueza dos contribuintes que deve servir de base para a incidência do tributo. Bem como, face às condições pessoais do sujeito passivo, pode-se aumentar ou diminuir as alíquotas aplicáveis, em atenção ao dispositivo constitucional "graduação". Ou seja, a capacidade contributiva relativa, leva em conta os aspectos pessoais do contribuinte ao invés dos fatos passíveis de tributação que, *a priori*, demonstram ou presumem riqueza.[198]

A capacidade contributiva relativa é o princípio otimizador do §1°, porque, o legislador deve buscar, ao máximo, otimizar os tributos conforme as condições pessoais e a capacidade contributiva dos contribuintes. Além da função otimizadora do tributo, o princípio também é prestimoso na função de conformador das condições presentes dos sujeitos passivos.

De forma concisa, Dutra, citando Gisele Lemke, assinala que sob a interpretação objetiva, a graduação do imposto é alcançada de acordo com uma média predeterminada, obtida pela padronização das hipóteses de incidência; enquanto na interpretação relativa, o tributo é individualizado para cada contribuinte. A capacidade contributiva, na interpretação relativa, visa averiguar a condição real de cada indivíduo.[199]

Parece-nos que a interpretação mais adequada é aquela que junge as duas, tanto a interpretação relativa (subjetiva) quanto a absoluta (objetiva). Pois, haurimos ambas do §1° do art. 145 da CF/88. A capacidade contributiva relativa adequa o "caráter pessoal" da tributação, agrupando os contribuintes que se encontram em condições semelhantes, em equivalência de riquezas. Ocorre que, a nosso ver, há casos em que a capacidade contributiva almejada

[198] Cf. SCHOUERI, 2019.

[199] LEMKE, Gisele. **Imposto de Renda: os Conceitos de Renda e de Disponibilidade Econômica e Jurídica.** São Paulo: Dialética, 1998. p. 42. *Apud* DUTRA (nota de rodapé 123), 2010. p. 14.

é, explicitamente, a objetiva, prescindindo, da individualização do imposto, por uma razão bastante pragmática: vimemos em uma sociedade de massas.

A interpretação absoluta, como orientação prevalente na aplicação da legislação tributária, pode ser justificada, também, porque a graduação e o grau de pessoalidade exigidos pelo dispositivo Constitucional (no sentido proposto pela posição relativa- mesmo que esta seja a que melhor atende o postulado da justiça tributária), são difíceis de pôr em prática. Considerando as sociedades modernas complexa e heterogênea, onde os recursos (limitados) despendidos pelo Estado para a consecução da fiscalização e arrecadação, devem ser maximizados eficientemente. Os gastos provenientes da individualização de todos os tributos, possivelmente, tornariam a tarefa da administração tributária tão dispendiosa, que talvez sequer o valor arrecadado cobriria os gastos administrativos.

1.3 Limite inferior e limite superior da capacidade contributiva

Conforme fora sucintamente mencionado durante nossa explanação, o princípio da Capacidade contributiva é multifacetário, nele, se manifestam os sobreprincípios (os valores) da igualdade, justiça; pode ser encarado como princípio estruturante do subsistema tributário e, desempenha papel singular para o imposto de renda, onde se manifesta com veemência.

Como corolário do Direito Tributário, o princípio da capacidade contributiva, constitui verdadeiro limite ao poder de tributar fora do art. 150. O princípio, se presta tanto para reduzir e delimitar o campo de atuação do legislador, na eleição das hipóteses de incidência, como, também, assume papel relevante na promoção da justiça tributária, através da progressividade e personalização do tributo, conforme as condições pessoais do contribuinte.

Ives Gandra, nesse diapasão, advoga no sentido de que o princípio da capacidade contributiva, é uma das hipóteses de limite ao poder de tributar, fora do art. 150 da Constituição Federal. A capacidade contributiva preenche o liame entre o confisco (inciso IV do art. 150) e o mínimo existencial (interpretação sistemática do Texto Constitucional), e, implicitamente, limita o poder de legislar.

Diz-se que a capacidade contributiva transita entre dois extremos, permanecendo como o meio termo entre a tributação da pobreza (limite inferior) e a tributação de todo o patrimônio ou renda do contribuinte, cujo efeito primário é o confisco (limite superior).

1.3.1 Limite inferior: o mínimo existencial

Tratamos no subtópico anterior que a margem de atuação do poder tributante opera entre dois extremos, na extremidade inferior, as prerrogativas do poder de tributar estão adstritas ao excesso não-indispensável. Há, porquanto, uma margem de riquezas que deve permanecer intocada pelo poder arrecadador.

A margem que não deve ser objeto de tributação é o excesso indispensável ou o mínimo existencial, consiste nos valores percebidos pelo contribuinte que asseguram uma existência digna a ele e sua família[200]. Em outras palavras, as condições mínimas são aquelas necessidades básicas da vida que não reduzem a existência à miséria ou a pobreza. Como já dizia o filósofo inglês David Hume: *"taxes be laid gradually and affect not the necessities of life"*.[201]

Adams, comentando sobre a tributação dos mais pobres durante o Antigo Regime, profere relato alarmante sobre a utilização do imposto como remédio contra a pobreza, entretanto, de modo diametralmente contrário ao intuito do mínimo existencial e a dicção Constitucional do princípio da capacidade contributiva moderna, a saber:

> [...] economistas no antigo regime acreditavam que o melhor remédio para curar a pobreza era uma tributação pesada. Certamente, quanto mais pobre a região, mais pesado deveriam ser os impostos. Aumentando a tributação, diziam estes especialistas, aumentaria a produtividade e beneficiaria a todos, consequentemente, impostos eram a ferramenta apropriada para combater a pobreza.[202]

A imunidade do mínimo existencial (excesso indispensável), em miúdos, significa dizer que é vedado a tributação da pobreza e da miséria, garantindo aos cidadãos condições mínimas de existência.

O mínimo vital, é encarado sob dois espectros, um de atuação negativa e outro positiva: no primeiro, o poder de tributar do Estado, não alcança

[200] Possivelmente o fundador da ideia de mínimo vital tenha sido Jeremy Bentham em *"Principles of the civil code"*, segundo relata SELIGMAN, Edwin Robert Anderson. *Progressive Taxation in Theory and Practice.* ***American Economic Association Quarterly,*** *3rd Series, Vol. 9, No. 4,* 1908. p. 183.

[201] TORRES, Ricardo Lobo Torres. **Tratado de Direito Constitucional financeiro e Tributário: os direitos humanos e a tributação.** Editora Renovar, Vol. III, 3° Ed, São Paulo, 2005. p. 170.

[202] No original: [...] *economists in the Ancien régime believed that the best medicine to cure the poverty was heavy taxation. Indeed, the poorer a region, the heavier it should be taxed. Increased taxation, said these experts, would increase productivity and benefit everyone; consequently, taxes were the appropriate tool to combat poverty.* Cf. ADAMS (nota de rodapé 3), 2001, p.230.

aqueles valores atinentes à subsistência. A atuação negativa é a manifestação verdadeira da limitação do poder de tributar; no segundo plano, o mínimo existencial, exige uma atuação positiva e constante do Estado, na formulação de políticas públicas para erradicar a pobreza e as condições indignas de existência. No plano positivo, paradoxalmente, o Estado busca arrecadar cada vez mais, para cumprir com o objetivo de erradicação da pobreza.

A cláusula Constitucional imunizante não aparece expressamente na Constituição, como ocorre com o confisco, mas é sucedâneo lógico dos objetivos e dos valores constantes do texto Constitucional. É, nas palavras de Ricardo Lobo, uma cláusula "genérica e aberta", amparada pelos objetivos constitucionais de erradicação da pobreza e redução das desigualdades regionais e sociais.[203]

Nesse diapasão, o art. 150 estabelece que "sem prejuízo de outras garantias asseguradas ao contribuinte, é vedado [...]", subsome-se que o artigo deixou em aberto outras formas de garantias e direitos aos contribuintes, tais direitos e garantias são opostas contra Estados, Munícipios e à União. Destacamos aqui, o mínimo vital, como garantia complementar ao *caput* do art. 150.

Ademais, é de se observar que a República Federativa do Brasil tem como fundamento: "a dignidade da pessoa humana" (art. 1°, III), logo, se a miséria e a pobreza são condições humanas degradantes que reduzem a potencialidade do homem e impõe óbices à vida digna, seria incoerente de se supor que o Estado poderia agravar as condições degradantes mediante a imposição tributária.

Como exemplos intuitivos da cláusula imunizante mínima, percebe-se que, para assegurar os direitos fundamentais, o mínimo existencial e a dignidade da pessoa humana, a atividade arrecadatória é mitigada para dar lugar aos objetivos idealizados pelo constituinte, senão vejamos: acesso à justiça através da assistência jurídica gratuita (art. 5°, LXXIV); ao direito de petição (art. 5°, XXXIV, 'a'), entre outros.

A Constituição Federal pinça algumas das necessidades básicas que podem ser consideradas para fins de averiguação do mínimo vital, dentre os quais: Moradia, alimentação, educação, saúde, lazer, vestuário, higiene, transporte, e previdência social (art. 7°, inciso IV da CF/88). Nesta toada, o salário-mínimo, pode, igualmente, ser um abalizador do que se compreende por mínimo vital, em vistas do valor do salário-mínimo no mercado interno.

[203] Cf. TORRES, 2005, p. 171.

Isto é, quais os produtos de primeira necessidade o valor fixado como salário-mínimo é bastante para consumo.

Acrescido a estes referenciais incutidos na Constituição de 1988, podemos mencionar também os direitos e garantias veiculados pela carta de Declaração Universal dos Direitos do Homem e do cidadão. Por exemplo, o artigo 25 estatui alguns daqueles direitos que podem fazer parte do mínimo existencial e, porquanto, são intocados pelo poder arrecadador, tais como: saúde, alimentação, vestuário, habitação, cuidados médicos e serviços sociais indispensáveis.[204] Logo adiante, o art. 26 garante o direito à educação, especialmente ao ensino elementar e fundamental. [205]

Por óbvio, este não é um rol taxativo, a barca de direitos ligados à dignidade da pessoa humana é demasiado abrangente, compreendendo, inclusive, direito ao saneamento básico, alimentação equilibrada, nos dias presentes, até o direito ao acesso à internet, meio ambiente, desenvolvimento econômico etc.

Sobre a justificação das normas com finalidade social, Tipke aduz que quando inexiste capacidade contributiva ("princípio da necessidade", no direito alemão), leva-se em conta a necessidade econômica do sujeito, *in verbis*:

> [...] toma em consideração a necessidade econômica através da desoneração fiscal *(Steuerentlastung)*. Normas de finalidade social, que realizam o princípio da necessidade, devem ser diferenciadas com precisão das normas de finalidade fiscal, que não consideram a existente capacidade contributiva tributária, como, normas para isenção do mínimo necessário para a sobrevivência *(existenzminimumbeschulß)*. A desoneração fiscal mediante uma norma de necessidade precisa, portanto, tomar em consideração a incapacidade contributiva tributária adicional [...]. [206]

[204] Artigo 25, inciso 1: Todo ser humano tem direito a um padrão de vida capaz de assegurar a si e à sua família saúde, bem-estar, inclusive alimentação, vestuário, habitação, cuidados médicos e os serviços sociais indispensáveis e direito à segurança em caso de desemprego, doença invalidez, viuvez, velhice ou outros casos de perda dos meios de subsistência em circunstâncias fora de seu controle. UNICEF. **Declaração Universal dos Direitos Humanos.** Disponível em: https://www.unicef.org/brazil/declaracao-universal-dos-direitos-humanos. Acesso em: 3 nov. 2021.

[205] Artigo 26: "Todo ser humano tem direito à instrução. A instrução será gratuita, pelo menos nos graus elementares e fundamentais. A instrução elementar será obrigatória. A instrução técnico-profissional será acessível a todos, bem como a instrução superior, esta baseada no mérito. UNICEF. **Declaração Universal dos Direitos Humanos**. Disponível em: https://www.unicef.org/brazil/declaracao-universal-dos-direitos-humanos. Acesso em: 3 nov. 2021.

[206] TIPKE, Klaus; LANG, Joachim. **Direito Tributário**. Tradução Luiz Dória Farquim, S.A Fabris Porto Alegre, 2008. p. 231-232.

Tipke e Lang consideram, conforme excerto do texto, que a capacidade contributiva, se desenvolve apenas entre as normas com finalidade social, núcleo que abriga o mínimo vital. Enquanto as normas de finalidade fiscal, não são, implicitamente, carregadas pela capacidade contributiva. Na lei alemã, Lang e Tipke ressaltam que a cláusula de intributabilidade do mínimo existencial foi alcunhada de "reserva nuclear", tendo em vista que não é o legislador, autorizado a fomentar o efeito "estrangulador" do tributo.[207]

Ricardo Lobos sustenta que o direito ao mínimo existencial é pré-constitucional, e, por meio deste, as condições iniciais para o exercício das liberdades e os direitos fundamentais são satisfeitas.[208] Alerta o mestre, contudo, que o princípio da capacidade contributiva não fornece fundamento ao mínimo existencial, o princípio apenas serve para dizer o que não é o mínimo existencial.

Explico, o princípio da capacidade contributiva se situa acima do mínimo existencial, pois quem não possui capacidade contributiva, em tese, subsiste apenas do mínimo existencial. Em outras palavras, a própria essência da ideia de capacidade contributiva, exclui, do ônus tributário, aquele indivíduo que não possui a capacidade de pagar o encargo tributário, logo, se não possui a capacidade, os recursos obtidos para a subsistência do indivíduo se consomem inteiramente antes-do-imposto. Acima da ofensa ao §1° do art. 145, estaria a norma violando a imunidade dispensada ao mínimo vital do sujeito passivo. O mínimo existencial não encontra fundamento na capacidade contributiva, mas é balizada pelo princípio, porque é um direito garantido em oposição ao Estado, funciona como um direito de não-interferência do poder público, ou melhor, é uma cláusula de não-tributação das condições básicas da vida.[209]

O mínimo existencial ou o excesso indispensável, é retratado por três diferentes abordagens: como direito fundamental e, por conseguinte, sendo hipótese de imunidade (Ricardo Lobo Torres); como hipótese de não-incidência qualificada por lei, isenção técnica (Regina Helena); ou como hipótese de inexistência de capacidade contributiva ou inaptidão para contribuir (José Souto Maior Borges[210]). Tratando sobre a relação capacidade contributiva-extrafiscalidade, Regina Helena afirma que as isenções podem

[207] ibid., *et. seq.*

[208] Cf. TORRES, 2005. p. 174-177.

[209] Cf. TORRES, 2005, p. 186.

[210] BORGES, José Souto Maior. **Isenções tributárias.** Editora Malheiros, 2° ed., São Paulo, 2001. *Apud* COSTA (nota de rodapé 159), 1995. p. 66.

ser concedidas sobre dois pretextos, técnicas ou políticas. As isenções de natureza técnica decorrem da ausência de capacidade contributiva, como para a preservação do Mínimo vital. Nesse sentido, a autora sustenta a inter-relação do princípio da capacidade contributiva com a "isenção" do mínimo vital. Por ocasião da natureza técnica dessa medida, a isenção do mínimo vital não segue os ditames gerais delineados no art. 176 e 178 do CTN[211], naquilo que tange à liberalidade para a revogação a qualquer tempo e ao estabelecimento de condições para recebimento do benefício.[212]

A salvaguarda do mínimo existencial, também, é estendida às pessoas jurídicas. Regina Helena e Carrazza, apenas para citar alguns, tomaram nota nesse sentido. Uma vez que, tal qual a pessoa física, a pessoa jurídica também é um ser que nasce, cresce, amadurece e morre. O poder tributante, em hipótese alguma, pode dar azo à extinção prematura da pessoa jurídica.[213]

Carrazza, aduz que: "[...]dar condições mínimas de existência consiste, outrossim, em não tributar os valores recebidos e utilizados na consecução desse objetivo. O mínimo vital, portanto, é insuscetível de tributação".[214] No mesmo sentido, argui que às empresas também é estendido o imunizante, quando "[...] "remunerar os empregados, renove o estoque, mantenha o capital de giro- enfim, continue existindo como empresa."[215]

1.3.2 Limite superior: confisco

No extremo oposto, mas com resultado parecido, está o limite superior, qual seja, o confisco. Enquanto a falta de capacidade contributiva, para alguns autores, implicitamente, isenta ou imuniza o contribuinte da exação, o efeito confiscatório é expressamente vedado pelo texto constitucional.

Na margem inferior, como vimos, o resultado concreto da imposição tributária é obstar a fruição dos direitos básicos necessários do sujeito passivo; na margem superior, o contribuinte, é privado do gozo do seu patrimônio, podendo deslindar em uma condição de pobreza, inclusive.

211 O artigo 178 do CTN prescreve: "A isenção, salvo se concedida por prazo certo e em função de determinadas condições, pode ser revogada ou modificada por lei, a qualquer tempo, observado o disposto no inciso III do art. 104." Disponível em: < http://www.planalto.gov.br/ccivil_03/leis/l5172compilado.htm> acesso em: 1 nov. 2021.

212 Cf. COSTA, 1995. p. 65-71.

213 Cf. COSTA, 1995. p. 62-63.

214 Cf. CARRAZZA (nota de rodapé 37), 2009.p. 127.

215 *Ibid.* p. 56

O artigo 150, inciso IV da Constituição veda a utilização do tributo com efeito confiscatório, senão vejamos:

> Art. 150. Sem prejuízo de outras garantias asseguradas ao contribuinte, é vedado à União, aos Estados, ao Distrito Federal e aos Municípios:
> [...]
> IV –utilizar tributo com efeito de confisco;

No seio da Constituição Federal, não apenas em matéria tributária, é assegurada e preservada o uso e o gozo da propriedade privada que, também, está associada manutenção da dignidade da pessoa humana e outros valores fundamentais encartados pelo texto Maior (à título de exemplo, art. 5° Caput[216], inciso XXII[217]; XXIX; art. 153, §4º, inciso II[218].

Note-se que o tributo, invariavelmente, restringe parcela do direito de liberdade, contudo, trata-se de uma restrição autorizada e razoável, ao contrário do efeito confiscatório que, restringe parcela irrazoável dos direitos do contribuinte.

Na legislação alemã, a "proibição do excesso" decorre do princípio da proporcionalidade e do Estado de Direito que, se aplica à toda medida estatal. Em miúdos, a proibição de excesso, restringe a intervenção estatal na esfera privada do indivíduo e, quando necessário, os meios escolhidos devem ser razoáveis para o atingimento da finalidade desejada.

Disso deriva a vedação ao imposto-estrangulamento, que se assemelha, à vedação ao confisco. Segundo Tipke[219], a vedação ao imposto-estrangulamento resulta da garantia à propriedade, mediante o qual, veda a imposição excessiva contra o patrimônio do contribuinte.

Ao vedar a utilização dos tributos com efeito de confisco, o art. 150, IV, proíbe a instituição de tributos (artigo endereçado ao legislador ordinário) que onere, excessivamente, o sujeito passivo de tal sorte que este não mais consiga usar, gozar e fruir do seu patrimônio e da sua propriedade ou que culmine na perda total destes.[220]

[216] Art. 5º: "Todos são iguais perante a lei, sem distinção de qualquer natureza, garantindo-se aos brasileiros e aos estrangeiros residentes no País a inviolabilidade do direito à vida, à liberdade, à igualdade, à segurança e à propriedade, nos termos seguintes."

[217] XXII – é garantido o direito de propriedade;

[218] Art. 153, §4º, inciso II: "O imposto previsto no inciso VI do caput: [...]II – não incidirá sobre pequenas glebas rurais, definidas em lei, quando as explore o proprietário que não possua outro imóvel;"

[219] Cf. TIPKE; LANG, 200, p. 272.

[220] Cf. BALEEIRO, 2010, p. 908-911.

CAPÍTULO 3

1. A progressividade no imposto de renda

Reservamos tópico próprio ao conteúdo da progressividade, porque este assunto encerra, para nossos objetivos, relevância ímpar.

No direito pátrio, a progressividade, nestes termos, foi incutida entre os critérios informativos do imposto de renda, no art. 153, § 2°, inciso I da Constituição Federal. No qual ficou estabelecido que o IR será informado pelos critérios da "generalidade, da universalidade e da progressividade, na forma da lei", como vimos nos tópicos anteriores. O que de imediato afasta qualquer dúvida acerca da constitucionalidade da técnica da progressividade, diferentemente do que ocorre em jurisdições alienígenas.

É imperioso, estabelecermos algumas definições sobre progressividade, proporcionalidade e regressividade.

Tributo proporcional é aquele cujas alíquotas são as mesmas para todos, independe do *quantum* o contribuinte recebeu no período, isto é, independe do aumento da base de cálculo. Pode ser fixado uma faixa de isenção, abaixo da qual não incide a alíquota, o que desencadeia um efeito "progressivo" nas alíquotas efetivas.

Ricardo Lobo indica que a técnica da proporcionalidade, amplamente aceita antes do Séc. XX, se baseava na máxima de Edimburgo: *"leave them as you find them"*, que, segundo o autor, serve de suporte teórico para o Estado fiscal neutro.

Por sua vez, o tributo progressivo é aquele cujas alíquotas vão, gradualmente, aumentando à medida que o contribuinte recebe mais. Tal qual o tributo proporcional, o progressivo tem uma faixa mínima de renda que permanece intocada. Nas palavras do mestre Cleucio Nunes, "[...] diz-se que o tributo é progressivo quando as alíquotas se elevam conforme também aumenta a Base de cálculo"[221]

Ao contrário do que ocorre no imposto proporcional, a progressividade decorre de uma graduação expressa e uma implícita, tendo em vista que a alíquota expressa na tabela progressiva não acompanha as alíquotas efetivamente pagas (implícitas).

Mormente, no direito pátrio a graduação é uma decorrência lógica do predicado da pessoalidade, uma vez que a condição pessoal do contribuinte, indicará se as alíquotas devem ser majoradas, conforme a sua riqueza aumenta.

Além dessas duas modalidades de tributação, há também o tributo regressivo, que está mais para um efeito indesejado da exação do que uma técnica fiscal, propriamente dita. Os tributos regressivos, estão associados à injustiça e à iniquidade tributária. O principal representante da regressividade tributária, no Brasil e no mundo, são os tributos indiretos, nestes, a legislação tributária não faz qualquer distinção entre contribuintes com base na sua capacidade econômica. O efeito imediato da regressividade é que os contribuintes com mais capacidade recolherão os mesmos impostos que os contribuintes com menor capacidade contributiva. Em outras palavras, diz-se que o imposto é regressivo quando as alíquotas aumentam conforme a base de cálculo diminui.

Faremos nessa instância, um breve apanhado histórico sobre os principais eventos que subsidiaram a evolução da progressividade e um balanço geral acerca das teorias que dão sustentáculo à progressividade do imposto de renda. Estas bases, históricas e teóricas, formaram os alicerces para a nossas conclusões acerca do instituto.

1.1 Alíquotas progressivas no séc. xx: a política ditando os rumos da fiscalidade

Como bem observa Seligman, no início do sec. XX, o tópico da tributação progressiva tomou relevância entre economistas, juristas e cientistas políticos. O autor elenca três classes de argumentos favoráveis à tributação progressiva que despontaram na primeira metade de século XX: a visão socialista; os compensatórios e as teorias econômicas.

A visão socialista, encabeçada pelo economista socialista alemão Adolf Wagner, arguia que a história das finanças públicas e do Estado, podia ser

[221] Cf. NUNES, 2019, p. 90.

dividida em dois períodos: o "puramente fiscal" e o "sociopolítico". No primeiro, como o nome já sugere, o papel das finanças públicas e da administração tributária, consistia em arrecadar apenas o suficiente para cobrir as despesas necessárias. No segundo, é dada prevalência às razões sociais sobre as puramente fiscais, onde os fundamentos do Estado não se encontravam mais na mera arrecadação, mas sim no seu dever de interferir nos direitos de propriedade privada e riqueza dos contribuintes.

Na visão sociopolítica, as políticas fiscais deveriam servir para promover ajustes nas relações de classe. Assim, os impostos proporcionais seriam o resultado da fase puramente fiscal, e, da fase sociopolítica, resultaria a progressividade, com fundamento em demandas éticas e como uma tentativa de "moralizar" o direito tributário.[222] [223] Na mesma linha, o economista francês Mr.Dufay, arguia que a tributação social não desempenhava uma função meramente fiscal/arrecadatória, mas um papel "moralizante" ao limitar a apropriação de "riquezas produzidas indiretamente pelo trabalho de todos".[224]

Segundo o professor Seligman, infelizmente, as teorias socialistas têm turvado o estudo e confundido economistas e juristas acerca da tributação progressiva, gerando uma aversão inicial por considerar a progressividade uma doutrina ideológica de extrema-esquerda. O autor julga uma visão equivocada (considerar uma doutrina socialista) porque, autores proto-liberais e liberais, consideravam a constrição de riquezas (excessivas) um objetivo a ser perseguido[225], desde que não alcançasse o confisco, subsistência dos contribuintes ou afetasse o desenvolvimento.[226]

[222] SELIGMAN, Edwin Robert Anderson. *Progressive Taxation in Theory and Practice.* ***American Economic Association Quarterly,*** *3rd Series, Vol. 9, No. 4, 1908.*

[223] Seligman se mostra avesso à essa proposta, não somente pelo fato de ser imprecisa historicamente, uma vez que a distinção absoluta feita por Wagner, não se confirmou (ainda no século XV, havia autores Italianos e Franceses que publicaram ensaios sobre a progressividade, sem qualquer viés socialista relacionada à luta de classes). Ademais, a progressividade pode ser associada à redistribuição das riquezas, mas não se trata de uma demanda socialistas, que resulta no confisco da propriedade privada, ao invés disso, a ideia de limitação da riqueza já era comentada por economistas e financistas. Thomas Paine e John Locke também possuem escritos sobre distribuição de riqueza e assuntos afins, autores esses que estão fora de qualquer suspeita de serem socialistas.

[224] *Ibid.*, p. 140.

[225] A divergência se instaurava, porquanto, na forma e o método para promover a justiça através da restrição das chamadas rendas excessivas. Quem define o que é renda excessiva e sob qual autoridade?

[226] O autor comenta episódios em que a tributação progressiva foi posta em pauta nos debates políticos e, como foi rejeitada sob os mais diversos argumentos retóricos, como: "não ser um meio mais adequado do que o roubo" (Gentz) ou; "roubo graduado" (John Stuart Mill); "socialista e revolucionário" (Dupont). Cf. SELIGMAN, *1908*, p. 141.

A ideia da progressividade como forma de compensação foi, inicialmente, aclamada pelo Presidente Walker[227], quando sugere que as diferenças de riquezas, se deve ao fato de um agir (comissão) ou um não agir (omissão) do Estado, sobre questões de ordem econômica, como: comércio, tarifas, questões monetárias, embargos etc. Assim as medidas individuais de riquezas são dadas em virtude de uma ação deliberada ou uma inação do Estado. As decisões quanto as políticas econômicas, deveria, portanto, serem consideradas pelo Direito Tributário na formulação das políticas fiscais.

Subsequentemente, a Sra. Royer, na mesma linha, defendia que era dever do Estado compensar os indivíduos dos "resultados acumulados pelas iniquidades legais", essa compensação seria feita por meio da tributação progressiva.[228]O economista francês Villiaumé, também adepto da teoria da progressividade como compensação, defendia que a progressividade serviria para "contrabalancear" as iniquidades consagradas pela lei.

Contudo, as reservas teóricas sobre progressividade que imperavam no início do séc. XX, precederam às contingências financeiras ocasionadas pela primeira guerra mundial e as diversas crises político-econômicas da primeira metade do século. Face à necessidade de arrecadar mais para financiar as despesas de guerra, todos os Estados envolvidos nos conflitos, alteram substancialmente seus sistemas fiscais, para se amoldar às restrições financeiras do período.

Como relata Avi-Yonah, nos Estados Unidos, a alíquota marginal do imposto de renda correspondia à 7% em 1913, pouco antes da primeira grande guerra. Quando em 1925, a alíquota marginal mais elevada já se encontrava no patamar de 77%, ano no qual foi reduzida para 25%. Pouco depois da quebra da bolsa de valores de Nova York, em 1929, a administração de Hebert Hoover, voltou a aumentar as alíquotas do imposto de renda, de 25% para 63%, passando por novas majorações no interim entre o *New Deal* e início da segunda guerra mundial, chegando a incríveis 94% as alíquotas marginais progressivas. [229]

[227] WALKER, Francis Amasa. ***Political economy***. 1 st. ed., H. Holt, 1883., *Apud* SELIGMAN, *Op. Cit.*, p. 143.

[228] Ibid., 1908, p. 144.

[229] AVY-HONAH, Reuven S. Why tax the rich: Efficiency, equity and progressive taxation. In: SLEMROD, Joel B. (org.) **Does Atlas Shrug? The economic consequences of taxing the rich**. The Yale Law Journal, vol. 111, nº 6, 2002.

As alíquotas marginais permaneceram na decimal dos 90% até 1964, quando foram reduzidas para 77% e 70% em 1974. Em 1981 e 1986 com a reforma do sistema tributário norte-americano, as alíquotas marginais foram minoradas para 28%, no movimento em direção à ampliação da base de cálculo (*base broadening*), se estabilizando em 2001 nos 35% e em 37% em 2020.[230]

Em 1914, na França, a alíquota marginal mais elevada do imposto de renda era de 2%, que atingia uma parcela ínfima da população. Em 1920, passou para 50%; 60% em 1924 e 75% em 1925. Na Prússia, a alíquota marginal mais elevada de 1891 a 1914 era de 3% e, que passou de 4% em 1915 para 40% em 1920. Igualmente, no Reino Unido a alíquota que era de 8% em 1909, superou os 40% após o término da primeira grande guerra. Entre 1941 e 1952, o Reino Unido possuía alíquota marginal em nível recorde sobre as heranças, 98%. [231]

Brownlee, em trabalho investigativo, durante os períodos de alíquotas altas, nos Estados Unidos, notou que as alíquotas efetivas dos cidadãos mais ricos (77% e 94%, primeira e segunda guerra mundial, respectivamente) era de 15,8% e de 58%, nada próximo ao que sugeria a tabela progressiva.[232]

Em estudo de Joseph A. Pechman e Okner, citada por Surrey, os autores concluem que a alíquota efetiva dos contribuintes que recebiam acima de 1 milhão de dólares/ano, em 1972, era não maior do que 33%.[233] Essa discrepância identificada pelos autores, era creditada ao fato de que as alíquotas progressivas permaneciam inalteradas na tabela do imposto de renda, enquanto o congresso norte-americano, aprovava uma série de medidas para reduzir, através de alívio fiscal, o encargo total. Não obstante, as alíquotas efetivas do imposto de renda nos Estados Unidos nunca chegaram nem perto do que dispunha as alíquotas marginais das tabelas.[234]

Curioso notar que durante as reformas da administração Reagan, apesar da redução das alíquotas marginais, as alíquotas efetivas, na verdade, aumentaram. A tendência da reforma tributária de 1982 e de 1986, era aumentar as bases de cálculo do imposto de renda e eliminar as deduções, créditos,

[230] *Ibid.* 2002.

[231] PIKETTY, Thomas. **O Capital no século XXI**. Tradução Mônica Baugarten de Bolle, Editora intrínseca, Rio de Janeiro, 2013. p. 606-618.

[232] BROWNLEE, W. Elliot. ***Historical perspective on US tax policy toward the rich.*** *University of Michigan Business School*, 1997.

[233] PECHMAN, Joseph Aaron; OKNER, Benjamin A. ***Individual income tax erosion by income classes.*** *Brookings Institution*, 1972. *Apud* SURREY, Stanley S. *Pathways to tax reform: the concept of tax Expenditures.* **Harvard Press**, 1973. p. 57.

[234] GALVIN, Charles O.; BITTER, Boris I. *Income tax: how Progressive should it be?* ***American Enterprise Institute For Public Policy Research.*** Washington, 1969.

exclusões e demais preferências que culminavam em alívio fiscal, o que ficou conhecido como *base broadening.* [235]

Esse breve histórico a despeito das alíquotas marginais do imposto de renda norte-americano e parte do continente europeu é salutar para o estudo do imposto de renda no Brasil, primordialmente, por três razões: i) as alíquotas marginais do imposto de renda, no interregno entre guerras, que beiravam os noventa porcento foram, nas décadas seguintes ao estopim das crise (guerra ou crise econômica), drasticamente reduzidas; ii) a partir de 1982, os sistemas tributários fora dos Estados Unidos, paulatinamente, passaram a adotar o movimento de ampliação das bases de cálculo, seguido pela redução da quantidade de alíquotas marginais proporcionais. A alíquota mais elevada do imposto de renda norte americano, em 1986, era de 28%; iii) mesmo quando as alíquotas do imposto de renda, estavam em patamares elevados, os rendimentos provenientes do capital e seus derivativos, recebiam tratamento tributário favorecido e apartado do imposto de renda ordinário.

Passaremos, então, a investigar os fundamentos e as razões do imposto progressivo no contexto da Constituição Federal e do Direito nacional.

1.2 Os fundamentos teóricos para a progressividade

Em contraponto ao estado de coisas que imperava no período anterior à reforma da Administração Reagan, Blum e Kalven, indagavam-se: por que alíquotas progressivas seriam preferíveis em detrimento de alíquotas proporcionais, considerando que ambas estipulam um mínimo intributável e o resultado prático de ambas, tanto da progressiva quanto da proporcional, é exatamente o mesmo?[236]

A resposta inicial poderia ser a de que as alíquotas progressivas são as únicas capazes de arrecadar a monta para cobrir as despesas e as necessidades

[235] Como a legislação tributária da época (década de 1960 e 1970) autorizava uma infinidade deduções, exclusões e isenções, os contribuintes, dos mais ricos aos mais pobres, ambos se valiam das prerrogativas indicadas pela lei para reduzirem suas bases de cálculo e a faixa do imposto de renda em que seriam inseridos. Para tal, as formas de planejamento fiscal mais comum era a conversão das rendas em ganhos de capital, realização de capital, juros e doações, de modo a reduzir a alíquota efetiva do imposto de renda. Com as reformas da década de 80, contudo, a alíquota marginal é reduzida, mas a base cálculo do imposto é ampliada para alcançar todas as formas de rendas e rendimentos e reduzindo as hipóteses de alívio *(base-broadenig).*

[236] BLUM, Walter J.; KALVEN, Harry Jr. *The uneasy case for progressive taxation.* ***The Chicago Law Review***, vol. 19, nº 3, 1950.

do Estado. Todavia, em 1953 quando o artigo foi escrito, noticiava-se que tal assertiva estava equivocada, pois, segundo o texto, menos de ¼ da receita tributária era aumentada em razão da progressividade. O mesmo resultado, ou resultados ainda melhores, poderiam ser obtidos com alíquotas proporcionais sob bases de cálculo amplas e sem deduções.

Outra resposta para a questão posta, era de que as alíquotas progressivas contrabalanceavam a regressividade do sistema tributário, perpetrado em virtude dos tributos indiretos. Quanto a esta abordagem, somente o imposto de renda poderia desempenhar esse papel de imposto "contrabalanceador", pois incidia diretamente sobre o contribuinte beneficiário de renda.[237]

Uma resposta alternativa para a inclusão da progressividade no sistema tributário, arguir que a progressividade é a única capaz de conduzir ao princípio da capacidade contributiva, invariavelmente, e, sem aquela, haveria injustiça tributária. Entretanto, não é possível afirmar, sem outros recursos à disposição que, um contribuinte que tem recolhe o imposto de renda a uma alíquota progressiva de 30%, tem uma capacidade contributiva vinte e cinco

[237] Dentre as principais objeções apontadas contra a progressividade, destacamos: i) os custos de administração de um sistema tributário mais complexo: quanto mais complexo o sistema tributário, tanto maior será os custos para sua arrecadação e declaração; ii) a progressividade é iniqua: cria disparidades entre contribuintes; iii) com uma alíquota proporcional, nenhum dólar acima da faixa de isenção é tributado de forma diferente, não importando se a renda é passível de dedução ou se haverá mudanças na Base de Cálculo; iv) qualquer vantagem que os contribuintes encontrem em dividir suas rendas conforme os rendimentos, para fins de obtenção de deduções e, consequente, redução das alíquotas, não é vantajosa em um sistema com alíquotas proporcionais; v) sob uma alíquota única proporcional , a dificuldade está em encontrar as unidades tributárias ideais. Já em um sistema progressivo, deve-se promover uma série de formulações, quanto a diferentes rendimentos tributáveis, com o intuito de se encontrar alíquotas mais adequadas para aquele rendimento específico; vi) problemas decorrentes do ano-calendário são amenizados em um imposto proporcional, porque o impacto ao final do respectivo ano, não afeta a alíquota nos impostos proporcionais (p.ex.: momento do resgate de ativos financeiros), enquanto em um sistema progressivo, a depender de quando o contribuinte declara aquele ativo/ rendimento, também será alterada a sua alíquota e a faixa na qual ele está inserido; vi) irresponsabilidade política: a quantidade reduzidíssima de contribuintes que serão tributados nas faixas de alíquotas mais altas, corresponde a uma parcela quase insignificante de eleitores. Ou seja, os representantes do povo, eleitos pela grande maioria da população, estará "autorizado" pela grande maioria de aumentar e instituir tributos acoimando uma minoria sem representação política no parlamento. Em um sistema proporcional, o imposto de renda não se torna uma arma política. No sistema proporcional, cada voto tem a mesma unidade de valor na decisão das políticas fiscais; vii) Mas a principal objeção à progressividade afirma que a progressividade, reduz a produtividade econômica; viii) a progressividade pode afetar a produção de capital, na medida em que as pessoas se tornam menos propensas a assumir riscos, porque afeta diretamente a taxa de retorno dos investimentos do capital. *Ibid.*, 1951.

vezes maior do que o contribuinte que paga apenas 5% de imposto de renda, ou mesmo que a progressividade, *per si*, mostrou-se justa.

Ocorre que, conforme relata Bitter, o imposto progressivo era visto como um imposto emergencial e temporário, durante a primeira e começo da segunda metade do século XX. A verdadeira justiça fiscal era, *prima facie*, representada pela tributação proporcional. O imposto proporcional, no período retratado (1969), era, aprioristicamente mais justo do que o imposto progressivo *(one man, one dólar)*.[238]

Contudo, de acordo com o professor Bitter, conclusão que nós acatamos, nem a progressividade nem a proporcionalidade, carregam, intrinsecamente, qualquer forma de justiça fiscal imanente, ambas devem ser testadas e justificadas caso a caso.

O alerta feito por Bitter, foi, no tempo corrente, afastado da doutrina majoritária no embate teórico acerca da tributação proporcional ou progressiva das rendas, a última triunfou sobre a primeira. Hodiernamente, a progressividade é tratada como um cânone de justiça fiscal, *prima facie*, a progressividade passou a estar associada à própria ideia de justiça e redistribuição de riquezas, constantemente, confundindo-se com o princípio da capacidade contributiva.

Enquanto justificação da tributação progressiva e distribuição da carga fiscal, algumas teorias foram suscitadas para fundamentar a tributação progressiva, recordaremos as mais comumente apontadas pela literatura. A exemplo do que fora dito acima, tanto é verdade que progressividade e capacidade contributiva, por vezes se confundem que, como veremos, ambas são alicerçadas por fundamentos teóricos parecidos.

A mais antiga das três teorias, Teoria do Benefício, indicava que os tributos eram pagos como uma contraprestação à proteção do Estado. Período esse em que a proteção era considerada à função primordial do Estado, o imposto era o preço pago pela segurança para que os cidadãos pudessem gozar dos seus bens em segurança. Nessa concepção, naturalmente, quanto maior eram os bens e as rendas, quantitativamente, o nível de segurança que era assegurada pelo Estado para esses indivíduos era ainda maior do que para os indivíduos que tinham poucos bens.

A Teoria do Benefício afirma que conforme o indivíduo percebe benefícios dos Estado, por esses benefícios paga mais tributos que os demais contribuintes (proporcionalmente). Nesta concepção a progressividade se justificaria

[238] GALVIN, Charles O.; BITTER, Boris I. *Income tax: how Progressive should it be?* ***American Enterprise Institute For Public Policy Research***. Washington, 1969. p. 29-40.

se ficasse demonstrado que quanto maior é a renda do contribuinte, maior seria a sua obrigação fiscal. A dificuldade para a implementação dessa teoria está abrigada na falta de determinação objetiva de quantos benefícios o contribuinte recebeu do Estado e como esses benefícios são quantificados em tributos.

Ocorre que, conforme fora destacado por Seligman, a teoria do Benefício para justificar a progressividade, se o valor da propriedade não aumentasse na mesma proporção do valor da proteção, ou, fosse inversamente proporcional seria, mais adequado uma tributação regressiva do que progressiva. Uma vez que se as pessoas mais pobres são as que mais recebem assistência direta do Estado, estas deveriam arcar relativamente mais com as despesas daquele do que as pessoas mais ricas *"[...] the scale should be graduated downward, instead of upward"*.[239]

Ainda sob a ótica da teoria do Benefício, no século XVIII, Graslin, revisando os fisiocratas, formula uma teoria da progressividade a partir da teoria do benefício. Segundo o autor, todos precisam de proteção e que a proteção é um elemento de riqueza similar às outras formas de manifestação de riqueza, o que significa que os tributos representam uma "troca" ou permuta entre a riqueza-proteção e outras formas de riquezas, na proporção do valor relativo de cada uma. Assim, essa medida de riqueza (proteção) serve como base para que aqueles que receberam mais proteção, paguem mais tributos para a riqueza comum de todos (*"wealth common to all"*) do que aqueles que receberam menos proteção.[240] Podemos, nesta senda, remontar as origens da progressividade à teoria do benefício, mas não sob os fundamentos formulados por Adam Smith.

Originalmente, os discípulos da teoria do benefício, argumentavam que a tributação proporcional era a mais justa e eficiente, porém, não se tratava de uma unanimidade. Ainda no século XIX, autores começaram a se insurgir contra a ideia de uma tributação proporcional, mas que continuava se baseando na premissa do Benefício. Gandillot, por exemplo, rejeitava tanto a tributação proporcional, em sua forma tradicional, quanto a tributação progressiva. Na visão do economista francês, o único método de tributação justa, seria aquela na qual seria possível verificar os custos de cada serviço desfrutado pelo contribuinte.[241]

239 SELIGMAN, Edwin Robert Anderson. *Progressive Taxation in Theory and Practice*. ***American Economic Association Quarterly***, *3rd Series, Vol. 9, No. 4, 1908.*

240 *Ibid.*, 1908.

241 *ibid.*, 1908, p. 181-184.

Por outro lado, a teoria do sacrifício comum, sustenta que os contribuintes devem ser tratados igualmente se os encargos tributários implicassem em sacrifícios idênticos, o sacrifício é representado pela perda de bem-estar decorrente do pagamento de tributos.[242]

Tal abordagem carrega diversos inconvenientes decorrentes da ideia de utilidade marginal. [243]

Na teoria do sacrifício, entende-se que a renda para as pessoas mais ricas, quando se atinge determinado nível de riqueza, perde sua utilidade e, para as pessoas de baixa renda, cada real possui mais utilidade. As pessoas de baixa renda sacrificam mais do seu bem-estar do que as pessoas com renda maior, ao pagar tributos.

Charles O. Galvin, refletindo sobre a fundamentação da base na teoria do sacrifício com base na utilidade e no sacrifício do bem-estar, se indaga: Quem pode garantir que um dólar para os membros mais ricos da sociedade, quando investido ou consumido, vale mais do que um dólar investido, no mesmo serviço e produto daquele indivíduo das classes mais baixas?[244] Em outros termos, quem pode garantir que pessoas com rendas diferentes e que adquirem uma cartela de ovos, será mais valorado por uma do que por outra?

Blum e Kalven, encaram o problema da progressividade, justificada com base na teoria do sacrifício como um vício lógico, inerente à teoria, pois, assumindo que uma unidade monetária vale menos para pessoa com renda maior, então uma unidade monetária retirada dessa pessoa com renda maior, resulta em sacrifício menor do que aquele que possui renda menor. Se necessário for retirar uma unidade monetária a mais do mais rico, a unidade monetária seguinte e a seguinte também devem ser suprimidas, até alcançar o nível de sacrifício igual ao do indivíduo com menos riquezas.

Portanto, deveria o Estado retirar todas as unidades marginais dele até esgotá-las, e a partir do esgotamento das rendas dos contribuintes mais ricos, começar a retirar as utilidades marginais dos indivíduos menos ricos, até igualá-los arbitrariamente. [245]

[242] Cf. MUSGRAVE (nota de rodapé 82), 1980,p. 182.

[243] Musgrave, analisando as curvas de utilidade desenvolvidas pela teoria utilitarista, constata que os argumentos em favor da tributação progressiva são bastante frágeis, se ancorados na teoria do Sacrifício e a utilidade marginal, em todas as suas formas: sacrifício absoluto, Sacrifício Marginal, sacrifício Igual e sacrifício Proporcional.

[244] Cf. GALVIN.; BITTER, 1969.

[245] Cf. BLUM; KALVEN, 1950.

Tomando o princípio da capacidade contributiva e o princípio do igual sacrifício em conta, em um cenário em que as alíquotas do imposto de renda variam entre 10% e 70%. Digamos que seja requerido de um contribuinte que recebe R$ 10.000,00, pagar R$1.000,00 a título de IR, comparado com um milionário que deve pagar R$ 700.000,00 de imposto de renda. Não há como saber, por intuição, se o sacrifício entre ambos foi igual ou se houve justiça fiscal, apenas pela existência de alíquotas progressivas. Assim como, não é possível conhecer, sob a teoria do benefício, se o contribuinte milionário, recebeu R$ 700.000,00 em benefícios do Estado em relação ao contribuinte que percebeu R$ 10.000,00 de renda.[246]

A progressividade, encerra desafios insuperáveis quando é associada, *prima facie*, à própria ideia de justiça. Como ressaltamos acima, mesmo entre a teoria do sacrifício comum (que faz a associação entre capacidade contributiva e progressividade), o tema da progressividade é controvertido, *vide*, a exemplo disso, a insatisfação de J. S. Mill ao se referir à progressividade como "roubo graduado". [247]

Ocorre que, hodiernamente, as duas teorias acima enunciadas foram parcialmente superadas para dar lugar à ideia da teoria distributiva, que se originou a partir da teoria do sacrifício comum, na qual a distribuição da carga fiscal equânime é o fundamento para a progressão das alíquotas do imposto de Renda. A teoria da distribuição das cargas, foge da concepção puramente arrecadatória da tributação e abandona a concepção puramente utilitarista do sacrifício comum, como fundamentos da progressividade. Nessa sina, a teoria admite que o efeito imediato da progressividade é o seu caráter extrafiscal, isto é, distribuir justamente as cargas tributárias conforme as riquezas. Por exemplo, Picketty sustenta que a progressividade, além do seu caráter fiscal, se presta como limitador da acumulação de riquezas indesejadas, quando atingem certo patamar considerado "nocivo". Aqui, porquanto, a progressividade assume caracteres extrafiscais, com fundamento (objetivo/meta) na redistribuição das riquezas.[248]

[246] Cf. GALVIN.; BITTER, *Op. Cit.*,1969, p. 440

[247] Cf. SELIGMAN, 1908, p. 143.

[248] Cf. PIKETTY, 2013. p. 606-618.

1.3 O caráter mandatório e natureza jurídica da progressividade

Progressividade, nestes termos, aparece na parte destinada ao IR (art. 153, §2°, inciso II), mas também quanto ao imposto territorial rural e urbano. A previsão genérica, na parte geral "Dos Princípios Gerais", o §1° do art. 145 da Constituição, estabelece que "[...]sempre que possível, os impostos terão caráter pessoal e serão graduados segundo a capacidade econômica [...]".

A progressividade genérica, graduação, como observamos no tópico anterior, se confunde, inclusive na redação do dispositivo constitucional, com o princípio da capacidade contributiva. Contudo, a capacidade contributiva é o princípio que confere significado à graduação e por ela é absorvido. A graduação do tributo se dará, nos auspícios do §1 ° "[...]segundo a capacidade contributiva[...]", ou seja, em atenção às condições pessoais do contribuinte.

A progressividade, desde a prevista no art. 145, §1° (graduação) até a estatuída pelo §2°, inciso II do 153 (critério informativo da progressividade), vem encontrando certa resistência junto aos tributaristas quanto ao caráter mandatório dos artigos.

Enquanto critério informativo do imposto de renda, o emprego das expressões "critérios" e "na forma da lei", parece indicar que a progressividade e os demais critérios, são dispensáveis em certas condições como vimos anteriormente, comungamos dessa orientação.

Por outro lado, a gradação (progressividade genérica), nos deparamos, logo de início com a expressão "sempre que possível". A oração "sempre que possível" cria uma controvérsia desnecessária quanto à interpretação do artigo, haja vista que não podemos com certeza alegar se a expressão se refere ao princípio da capacidade contributiva, à pessoalidade ou a graduação. Somado a isto, parte da doutrina faz a confrontação entre os denominados impostos reais e pessoais, estes, pois, poderiam afastar o caráter mandamental da graduação.

A indefinição interpretativa do artigo pode deslindar em uma série de conclusões opostas. Pode o §1° do art. 145, ser interpretado apenas como uma norma programática, "na medida do possível", autorizando uma certa margem de discricionariedade do legislador para, quando quiser, aplicar ou não a graduação e a pessoalidade, assim como inferimos do critério informativo da progressividade.[249] Pode também, o legislador, ter elevado a progressividade

[249] Ricardo Mariz repreende, veementemente, essa conclusão. Para ele o disposto no artigo 153, §2° inciso II, tem natureza mandamental. Logo, a aplicação e elaboração das normas nesse sentido, deveriam ser condicionadas pelos critérios informativos. O professor Mariz, se vale da lição do eminente constitucionalista José Afonso da Silva, na qual defende que não há norma constitucional

e a pessoalidade à condição de princípio, junto com o princípio da capacidade contributiva, amalgamando os dois primeiros ao último, este por sua vez, só seria alcançado pelo emprego da graduação conforme a pessoalidade. Enfim, tentaremos abordar aqui algumas das controvérsias e nossas conclusões.

Sobre a controvérsia, Zilveti afirma: "Na Constituição de 1988, em vigor, a progressividade tem previsão expressa, que faculta ao legislador graduar determinados impostos segundo o critério econômica da progressividade".[250] Zilvetti, entende que a progressividade genérica, é uma faculdade do legislador de graduar a espécie impostos. Ademais considera que há pouco material científico que comprove a efetiva redistribuição de riqueza[251], perpetrada pela progressividade, por isso, a função do imposto progressivo seria um mecanismo para se alcançar objetivos próprios da política fiscal, como uma espécie de tributo extrafiscal[252], senão vejamos:

> A progressividade denuncia uma finalidade de arrecadação e de exercício de políticas sociais por parte do Estado que não tem compromisso com a igualdade. De qualquer modo, a progressividade aplicada com objetivo extrafiscal não proporciona a distribuição de renda, tampouco de riqueza. Apenas regula a atividade privada segundo um critério social mais razoável. [253]

No entendimento de Schoueri, a expressão "na forma da lei" (art. 152, §2°, inciso II) assegura ao legislador, certa discricionariedade para excluir a aplicação da progressividade para determinados rendimentos, como por exemplo os ganhos de capital e as aplicações financeiras.[254]

Não obstante, Misabel Dersi considera ser a progressividade é "princípio inafastável", de aplicação obrigatória, desde que não alcance o patamar de confisco e reduza a acumulação de capital de tal modo a influir negativamente na renda nacional e no investimento privado. A progressividade

"meramente moral ou de conselho, avisos ou lições", as normas constitucionais têm eficácia e valores jurídicos próprios. OLIVEIRA, 2008. p. 264-265.

[250] Cf. ZILVETI, 2004, p.173.

[251] Em estudo desenvolvido pelo economista Robert Triest, este descobriu que a progressividade tem baixa relação com a redistribuição de renda após o tributo *(after-tax)*. TRIEST, Robert K. The efficiency cost of increased progressivity. In: SLEMROD, Joel (ed.). **Tax progressivity and income inequality**. Cambridge Press, p. 137-169, 1996.

[252] Cf. ZILVETI (nota de rodapé 100), 2004, p. 174.

[253] *Ibid.* p. 179.

[254] Cf. SCHOUERI, 2019, p. 663

é a manifestação do dever Estatal de intervir nos fenômenos da vida individual, porque, a Constituição assevera um dever de agir, que é contraposto à técnica da proporcionalidade, mediante a qual a manifestação do Estado é neutra (princípio da equivalência).[255]

Nas palavras de Baleeiro, a progressividade é a melhor técnica para a personalização dos impostos, pois na medida em que o legislador conhece as condições de cada indivíduo, pode conceder isenções, deduções, exclusões e redução das alíquotas, por exemplo. A personalização amalgamada à técnica da progressividade, requer a elevação das alíquotas para os mais ricos, a perda de arrecadação dos economicamente mais pobres, é compensada pelo incremento das alíquotas para o primeiro grupo, é o que o autor chama de capacidade contributiva subjetiva.[256] [257]

Hugo de Brito Machado Segundo associa a progressividade, de forma subjacente, à ideia de justiça fiscal. Alerta que as desigualdades sociais são retroalimentadas por diversos fatores, quando o poder público nada faz a respeito, nesse contexto, porquanto, a progressividade da tributação se eleva com o intuito e com o fundamento de redistribuir parte das riquezas.[258]

Caliendo entende, porquanto, que a obrigatoriedade do §1° do art. 145 é quanto à graduação do tributo, mas tão somente para os impostos pessoais[259]. A obrigatoriedade da graduação (progressividade genérica) se dá em razão da semântica na construção do texto. Isto porque o legislador não utilizou o verbo demonstrativo de possibilidade "poderão", ao invés disso, empregou o verbo "serão" graduados, sendo assim, a graduação é "núcleo essencial da capacidade contributiva".[260]

> [...] não se trata de uma aplicação de política fiscal de redistribuição de renda e de justiça social, tampouco ofende o princípio da igualdade. De modo algum, o princípio da progressividade seria um exercício de extrafiscalidade em prol da promoção dos direitos fundamentais.[261]

255 BALEEIRO, Aliomar. **Limitações constitucionais ao poder de tributar**. Atualizado por Misabel Abreu Dersi. Editora Forense, 8° ed. Rio de Janeiro, 2010. p. 873.

256 Cf. BALEEIRO, 2018, p. 489-506

257 Cumpre ressaltar que o mestre Baleeiro entende a progressividade como princípio, mas também exprime a opinião de que a progressividade é técnica.

258 Cf. MACHADO (nota de rodapé 131), 2018.

259 "Em nosso entender, o princípio da capacidade contributiva seria aplicável direta e tão somente aos impostos pessoais. Apenas nestes é que se pode verificar com segurança a real capacidade individual de suportar a carga tributária imposta." Cf. CALIENDO, 2019. p. 268

260 Cf. CALIENDO, 2019, *et. seq.*

261 Cf. CALIENDO (nota de rodapé 90), 2019, p.287.

Ricardo Torres, citando Baleeiro e tantos outros, reiteram aquela distinção entre os impostos pessoais e reais. Sobre os impostos pessoais, aplica-se a graduação sendo, vedado, a utilização da progressividade aos impostos reais. Tal qual no direito estrangeiro, os impostos reais possuem alíquotas proporcionais e os impostos pessoais são progressivos, como na Itália, França, México, Argentina e Estados Unidos. Para sustentar a tese da possibilidade de tributação progressiva sobre direitos reais, em dadas condições, Ricardo Torres cinge a progressividade em duas: progressividade Fiscal, associada à ideia de justiça fiscal e; Progressividade Extrafiscal, que está atrelada à função social da propriedade e, afasta à fundamentação com base na capacidade contributiva própria da progressividade fiscal.[262]

Assim, o fundamento para a tributação progressiva do IPTU, em consonância ao texto constitucional, deriva da progressividade extrafiscal e, porquanto, ao primado da função social da propriedade privada, ao invés da progressividade fiscal que é subsidiada pelo princípio da capacidade contributiva.

Sobre a controvérsia sobre a natureza jurídica da graduação, se técnica ou princípio, ao que nos é conhecido a doutrina majoritária é mais afeta à última concepção[263]. Para outros, deve ser entendido como técnica para se personalizar os tributos conforme a capacidade contributiva[264] ou como forma de refinamento desta.

Neste ponto, então, devemos fazer aquela distinção entre a progressividade genérica, vinculada à capacidade contributiva da progressividade do IR. Como vimos anteriormente, a progressividade, enquanto critério informativo do imposto de renda é mais específica do que a genérica do § 1° do art. 145, por isso, no que tange à tributação das rendas, entendemos que o critério informativo, em tese, se sobreporia à progressividade genérica do parágrafo referente à capacidade contributiva.

Nos filiamos à corrente que entende que o critério informador da progressividade não se amolda às especificidades dos princípios, mas sim, serve como instrumento, como uma técnica para alcançar a capacidade contributiva, sempre que possível. Tecemos aqui, as mesmas considerações apresentadas para os demais critérios informativos, da generalidade e da universalidade, isto é, pelas expressões empregadas, o constituinte originário flexibilizou

262 Cf. TORRES, 2007, p. 340-346.

263 Ricardo Mariz; Regina Helena; Hugo de Brito Machado, entre outros.

264 Cleucio Nunes e Micaela Dutra; Zilveti.

a aplicação da progressividade, logo, afastando a natureza de princípio da progressividade.[265]

Agora no que se refere à graduação do § 1°, a progressividade, *per si*, vista em separado do princípio da capacidade contributiva, não carrega valor imanente, próprio dos princípios, como a igualdade ou a justiça. Ao nosso ver, a capacidade contributiva que qualifica a progressividade, sem a primeira, a segunda não possui qualquer conteúdo e significado próprio. Uma vez que a progressividade, quando apartada da capacidade contributiva não conduz às conclusões que são inerentes ao princípio, ou seja, sem o sopesamento com a capacidade contributiva, progressividade perde o significado.

A progressividade funciona como técnica para verificar a capacidade contributiva e para maximizar a adoção desta. Logo, julgamos tratar de uma técnica de otimização da tributação segundo a capacidade contributiva, quando, porém, a progressividade não consegue alcançar ou maximizar a aplicação da capacidade contributiva, nada impede que a técnica seja precedida por outra técnica que melhor adeque o princípio.

O único princípio manifesto no §1° do art. 145 é, conquanto, a capacidade contributiva, este sim é dotado de conteúdo axiológico. A capacidade contributiva mesmo quando desacompanha da progressividade, aquela permanece sendo um princípio em cujo seu núcleo estão os valores superiores. Ao contrário do que ocorre com a progressividade que não carrega estes valores.

Portanto, o constituinte originário ao expressar que "sempre que possível", em verdade, acentua uma preferência em favor da progressividade, em precedência às outras técnicas, tal como a proporcionalidade.

Todavia, caso a capacidade contribuitiva, não seja maximizada através da progressividade, pode se manifestar também através da proporcionalidade e, tal qual a progressividade, por si só, não conduz, necessariamente, a qualquer valor ético-ideológico, pois se presta como técnica para conformar a capacidade contributiva e personalizar o tributo.[266] Se for possível manifestar a capacidade contributiva mediante a adoção da técnica da proporcionalidade, esta técnica também deve ser utilizada, desde que otimize o princípio, se a otimização ("refinamento" como diz Amaro) melhor se adequar

[265] Vide o capítulo II, tópico 2.2.1 que trata brevemente princípios.

[266] Discordamos, cordialmente, do mestre Baleeiro, que sustenta que a proporcionalidade é uma técnica inconciliável com o Estado democrático de direito brasileiro, por ser princípio neutro, que não "objetiva atenuar as disparidades econômicas advindas dos fatos", princípio da equivalência. Cf. BALEEIRO, 2010, p. 869-870.

à progressividade, essa então deve ser a técnica utilizada, em consonância ao dispositivo constitucional que estatui uma preferência por esta em detrimento àquela.

A adoção da técnica da proporcionalidade, contudo, além do objetivo de maximizar a capacidade contributiva, também se impõe caso a progressividade não se apresente como a técnica mais adequada para o atingimento das metas e objetivos arrogados pelo Estado. Nesse sentido, inclusive o fator de *discrimen* primário, pode ser flexibilizado, para ceder lugar à outras critérios para tributação diferida, desde que atendidos os critérios de "desigualação" comentados anteriormente.

Alinhado a isto, Ricardo Lobo, inclusive, enuncia, alternativas para a adoção da progressividade em separado da capacidade contributiva, como quando o imposto gradual (progressividade genérica), é destinado a indução através da extrafiscalidade. A exemplo disso, trouxemos a progressividade como meio indutor para o "bom" aproveitamento da propriedade privada, a fim de acoimar o contribuinte a agir diferentemente. Nesta ocasião, a técnica da progressividade é completamente afastada do princípio da capacidade contributiva, o que demonstra que o princípio não é dependente da técnica da progressividade e vice-versa.

Outro exemplo, cabal para o afastamento da progressividade, agora em matéria de imposto de renda, diz respeito às alíquotas do IRPJ. O afastamento da progressividade do IRPJ (com várias alíquotas e bases de cálculo distintas), a progressividade não se revela como a melhor técnica para o atingimento da capacidade contributiva, e, está atrelada aos efeitos econômicos indesejados e desastrosos em caso de adoção.

A progressividade do IRPJ é uma progressividade do tipo "reduzida"[267], significa dizer que, em dado momento, as alíquotas deixam de crescer em conjunto com a base de cálculo, sobretudo, quando atinge uma determinada base de cálculo. Compreendemos o IRPJ, em verdade, como um imposto proporcional, mesmo que possua certa progressividade nas alíquotas efetivas, mas somente até certo ponto, a partir do qual segue de forma linear.

Explico. Na literatura econômica, são inúmeros os estudos que indicam que quem efetivamente cumpre com o encargo tributário, não são os sócios e as empresas (no médio-longo prazo), mas, ao invés destes, outros agentes

[267] Autores, como Paulo Pêgas, afirmam que a progressividade reduzida é uma falsa progressividade, porque ela não é uma progressividade real à medida que as alíquotas têm acréscimos quase inexpressivos quando do aumento da base de cálculo. PÊGAS, Paulo Henrique. **Manual de contabilidade tributária.** Editora Atlas, 9° ed., Rio de Janeiro, 2020.

econômicos que participam do processo produtivo e da cadeia de consumo. Assim, com sustentáculo em algum material empírico que aponta a transferência do encargo para consumidor/trabalhadores, não só a progressividade oneraria o consumidor, como também encareceria toda a cadeia produtiva, à medida que os custos e despesas são transferidos.[268]

Face a incerteza a respeito de quem efetivamente é onerado com o IRPJ: se o consumidor final; se os demais integrantes da cadeia produtiva; se os trabalhadores. Induz a crer que, em verdade, a alíquota progressiva do IRPJ, assim como na tabela do IRPF, não se apresenta como a técnica mais adequada para demonstrar a capacidade do contribuinte de direito que pratica o fato gerador.[269]Por estas razões, o fundamento do IRPJ não pode ser a capacidade contributiva, nem a progressividade com o viés redistributivo e que mira a justiça social. [270]

Como veremos na sequência, o fundamento para a adoção da técnica da proporcionalidade para a tributação dos dividendos, não está ancorada na ideia de justiça fiscal ou redistribuição do ônus tributários, também, não mira diretamente a maximização princípio da capacidade contributiva na sua forma ótima (que seria alcançado pela progressividade). Ao invés disso, a adoção da técnica da proporcionalidade, fita o atingimento de objetivos constitucionalmente aceitos para "desigualação", e, emprega fator de *discrimen* diferente do fator primário, qual seja, a capacidade contributiva.

Feitas essas considerações preliminares a despeito da natureza e os fundamentos da tributação progressiva, julgamos apropriado inserirmos no curso do nosso trabalho, as condições atuais da tributação dos dividendos e fornecer os primeiros conceitos acerca do nosso objeto de investigação.

1.4 Conclusões parciais

Como vimos nesta parte introdutória do nosso trabalho, o imposto de renda, como conhecemos hoje, passou por diversos estágios. Inicialmente, o IR tinha caráter transitório, fora idealizado com objetivos arrecadatórios imediatistas, via de regra, com o intuito de financiar gastos emergenciais e extraordinários

[268] MANKIW, Gregory. **Introdução à economia**. Tradução Allan Vidigal Hastings, Cengage Learning, 6° ed. São Paulo, 2013.

[269] Nesse sentido *vide*: MUSGRAVE, 1980, p. 251 e 357.

[270] LEMGRUBER, Andrea. Tributação do Capital: O imposto de renda pessoa Jurídica e o Imposto sobre operações financeiras. In: BIDERMAN, Ciro; AVANTE, Paulo (Orgs.). **Economia do Setor Público no Brasil.** Editora Atlas, 1° ed. São Paulo, 2005.

do Estado. Assim como em jurisdições alienígenas, o Brasil também se valeu desse expediente com fins emergenciais, *vide*, por exemplo, a instituição provisória do Imposto durante a guerra do Paraguai.

Buscamos no decorrer dessa primeira parte, abordar os principais aspectos envolvendo o imposto de renda, razão pela qual é a espécie que comporta o rendimento objeto de estudo da presente dissertação, a saber, os dividendos.

Concluímos que o IR possui um limite Constitucional implícito oposto à discricionariedade do legislador derivado, aqui designado de limite semântico. O limite semântico é o limite pré-jurídico, vinculado ao fenômeno econômico que desautoriza o legislador ordinário a estatuir conceitos e preceitos legais acerca de rendas e proventos de qualquer natureza ao relento dos fenômenos e fatos da vida econômica. O fenômeno, porquanto, é absorvido pela norma Constitucional, agora, prescrevendo tratamento propriamente jurídico.

O conceito de renda, como vimos, deve obedecer à precitos pré-jurídicos de renda, contemplados pelas ciências econômicas. Quando "renda" e "proventos de qualquer natureza" são inseridos no ordenamento jurídico, o conceito é juridicizado, são acrescidos os valores, princípios e regras jurídicas em seu âmago, contudo, renda e proventos não se desprendem, em absoluto, dos fatos da vida econômica. Portanto, renda e proventos de qualquer natureza, são anteriores ao formalismo jurídico, os conceitos estão vinculados à atos/fatos econômicos, cujos preceitos não são sobrepostos aos preceitos jurídicos, mas devem ser alinhados e aquilatados, sob pena de desconexão entre norma posta e realidade. O constituinte derivado, designado pela Carta Maior para legislar sobre a matéria, está limitado por barreiras semânticas que estão, igualmente, circunscritas à fatos econômicos.

Além dos limites semânticos, a Constituição limita, implicitamente, o legislador de legislar sobre a matéria, com base na outorga exaustiva de competências tributárias.

O fato gerador estatuído, qual seja, "aquisição de disponibilidade econômica ou jurídica" é vago e impreciso. Ademais, depreendemos ser desnecessário fazer distinção dogmática dos dois conceitos (econômico e jurídico) porque qualquer um dos que se verificar primeiro dá ensejo ao fato gerador.

Para a ocorrência da disponibilidade econômica ou jurídica, fatos geradores do imposto de renda, deve-se, preliminarmente, constatar uma entrada de riqueza nova no patrimônio estável do contribuinte. Essa entrada de riqueza nova, pode se dar, conforme a locução genérica, "acréscimo patrimonial" que abrange o todo ou, a locução específica "renda" que nada mais é do que um acréscimo patrimonial, mas proveniente de fontes do trabalho, do capital ou a combinação de ambos. Para conferir se o contribuinte obteve um acréscimo patrimonial, se faz necessário, primeiro, opor o patrimônio estável à riqueza nova em um dado momento, e, desde que essa riqueza recém introduzida, não tenha sido objeto do mesmo imposto, anteriormente, nesse caso, a riqueza deixa de ser nova e é transmutado, tornando-se patrimônio estável.

Estudamos também os critérios informativos, específicos do imposto de renda, generalidade, progressividade e universalidade. Notamos que a natureza jurídica dos critérios informativos específicos do IR é bastante controversa na doutrina. Tomamos parte entre aqueles que entendem que a natureza jurídica dos critérios é, como o próprio texto já indica, de critérios orientadores e informativos do imposto de renda. Não subsistem das qualidades de princípios, mas sim de instrumentos norteadores. Não obstante, os critérios não são absolutos, pois poderão ser prescindidos, quando for mais conveniente, por outros instrumentos de tributação sobre as rendas.

No capítulo II do trabalho, passamos a discorrer sobre os princípios constitucionais não específicos, mas que são correlatos ao IR, em especial, a igualdade, a capacidade contributiva. Observamos que o valor maior da igualdade, em matéria tributária, está intimamente vinculado ao princípio da capacidade contributiva. Outrossim, o valor da igualdade, por se tratar de um valor vazio e sem um significado interno que demande um certo tratamento pré-fixado, fica pendente de um juízo moral comparativo. Logo, o valor igualdade é um juízo comparativo.

Vimos que o juízo comparativo com o seu consequente tratamento, deve ser preestabelecido pelo texto constitucional, bem como, quais os parâmetros para tratar iguais e desiguais. No que remonta ao Imposto de Renda, o parâmetro de desequiparação justificada entre contribuintes é a riqueza *per si*, mas que só é apreendida pelo princípio da capacidade contributiva, por isso que se diz que o princípio da capacidade contributiva é o fator de *discrímen* de primeira ordem, todavia, longe de ser o único.

Deve existir um pressuposto lógico entre o fator escolhido de 'desigualação' e a finalidade de o fazer por esses meios. Metaforicamente, falamos em diagnóstico, remédio e cura. Os remédios selecionados e os objetivos a serem alcançados, devem se confundir com objetivos e metas Constitucionais. Por isso, como a regra é a igualdade tributária, o fator de desigualdade preambular é a capacidade contributiva que apreende a riqueza ou a pobreza do contribuinte, porém se outros fatores de discriminação forem estatuídos, devem ser justificados e atender aos objetivos constitucionais.

Citamos como objetivo perseguido pelo Estado Democrático de direito, o Desenvolvimento nacional ou Desenvolvimento econômico. Para o atingimento destes objetivos, porquanto, o Estado necessita estabelecer os meios para tais fins. Se o meio selecionado envolver a discriminação tributária, será acompanhada da justificação para a adoção daquele fator específico para "desigualação".

Volvemos, nesta via, o leitor ao estudo do princípio da capacidade contributiva. Nesta parte do trabalho, distinguimos a capacidade contributiva da capacidade de pagar econômica. Justificamos a natureza de princípio da Capacidade contributiva, no qual o valor igualdade é incutido no subsistema do direito tributário através daquele. Abordamos o princípio da igualdade contributiva e o seu limite superior e inferior, mínimo existencial e vedação ao confisco, respectivamente.

Por fim, tratamos sobre a pessoalidade e a progressividade frente à capacidade contributiva. Fizemos um breve apanhado histórico acerca deste instituto, plainando pelas origens remotas do instituto e a sua conexão com ideologias políticas extremistas, como instrumento moralizante das riquezas privadas. Abordamos também o caráter, por parte dos idealizadores do sex. XX, de "contrabalanceador" das iniquidades engendradas pela legislação tributária.

Buscamos, sucintamente, traçar os principais pontos de divergência na literatura (com muita parcimônia, já que se trata de um assunto bastante extenso) e como o instituto foi abraçado pelo Constituinte Originário.

Intentamos estabelecer um conceito do que é progressividade e o seu relacionamento com o princípio da capacidade contributiva. Concluímos, pois que, o princípio da capacidade contributiva absorve a progressividade e, por isso, o último é apenas mais uma técnica de otimização do princípio, ao invés de um princípio *per si*. Entendemos também que, a Constituição concedeu preferência à técnica da progressividade com o fim de otimizar o princípio da capacidade contributiva (ao prescrever "sempre que possível[...]"), contudo, se o princípio for alcançado por outros meios, estes não deixam de ser aclamados pela Constituição.

Derradeiramente, verificamos que, por vezes, a técnica da progressividade é desvinculada do princípio da capacidade contributiva, especialmente, quando tem em vistas o atingimento de objetivos extrafiscais ou quando a progressividade não é a técnica mais adequada para desvendar a capacidade do contribuinte.

PARTE 2
IMPOSTO DE RENDA E DIVIDENDOS

"[...] afinal, ninguém deseja justiça fiscal obtida a todo custo, ainda que ao preço da ruína econômica do país, como se fora ânsia mística de perfeição mais do céu do que da terra." (Limitações ao Poder de Tributar, p. 1105)

Aliomar Baleeiro

CAPÍTULO 1

1. Limitação do objeto de estudo

Na parte I do trabalho, fizemos um breve apanhado a respeito da história, características, princípios e limites constitucionais do Imposto de Renda no Brasil. Agora, contudo, passaremos ao estudo crítico e problematizado dos dividendos para o Imposto de Renda.

Objetivamos desvendar nesta Parte II, se os beneficiários dos dividendos, merecem receber tratamento tributário favorecido, através de algum fator de *discrimen* constitucionalmente aceito, ou o favorecimento tributário para esses rendimentos são meros privilégios odiosos. Em caso de resposta afirmativa para a primeira questão, como devemos proceder, quais os desafios e modelos para a tributação desses rendimentos do capital?

Intentamos com esse trabalho apresentar novos horizontes para o estudo da política fiscal de tributação dos dividendos, trazendo elementos novos que não estão, pelo menos diretamente, relacionados às ciências jurídicas, mas à multidisciplinariedade inerente à matéria. No decorrer da nossa pesquisa, verificamos que por se tratar de um tema que dialoga com diversas áreas do conhecimento, um estudo meramente jurídico, esvaziaria a totalidade do conteúdo. Logo, a revisão da literatura em outras áreas do conhecimento torna-se indispensável para nossos objetivos.

Alguns esclarecimentos oportunos devem ser feitos nesta instância. Primeiro, cabe frisar que o público-alvo deste estudo são juristas, apesar de trazer uma temática multidisciplinar, não adentramos conhecimentos que fogem em absoluto do público-alvo. Acrescido a isso, cabe ressaltar que nos escapa o conhecimento técnico específico para fazermos juízo quanto ao método, técnica e resultados apresentados por outras ciências.

No momento da pesquisa, pudemos observar que as fontes de pesquisa, artigos, trabalhos, livros e afins, com área de concentração propriamente jurídica, está concentrada, essencialmente, em trabalhos de conclusão de curso. Os trabalhos analisados, pendem, sobremaneira, à problematização da equidade e da justiça a partir da política fiscal de não-incidência e apresentam exígua literatura especializada.

Explorar o tema da tributação dos dividendos sob os auspícios da justiça e da equidade é salutar para a discussão da matriz tributária brasileira, contudo, entendemos se tratar de um enunciado auto evidente, uma vez que a igualdade entre contribuintes e rendas pode ser excetuada quando a exceção se prestar para cumprir outros objetivos Constitucionais ou quando a técnica primária para a otimização da capacidade contributiva, não consiga cumprir com esses propósitos.

Conforme observado na Parte I deste trabalho, são múltiplos os critérios de desigualdade constitucionalmente aceitos, podemos, conquanto, questionar se os "remédios" prescritos para a desigualdade são suficientes para o atingimento dos objetivos Constitucionais. Com isso em mente, adotamos, para essa pesquisa, uma problemática diferente daquela tradicionalmente adotada pelos trabalhos jurídicos acerca da tributação dos dividendos (a dicotomia justiça/igualdade *versus* tributação com tratamento favorecido), procuramos investigar as causas para o tratamento diferenciado dessa espécie de rendimentos, e, se causas são suficientes para a "desigualação", tomando em nota as peculiaridades do contexto nacional.

Por isso, assumimos como premissas que: i) o imposto de renda dos beneficiários dos dividendos será reformado pela legislação tributária e; ii) o estado de coisas atual, não-incidência dos dividendos, também será alterado. Cumpre então desvendar os desafios, problemas e soluções que podem ser adotadas para uma reforma iminente.

Empregamos, para fins de delimitação do escopo do trabalho, a cisão entre dois elementos designados por nomenclaturas distintas, a saber, os lucros e os dividendos. Os dois são tratados como espécies do gênero participação nos resultados, contudo, no que pese a distribuição de lucros, para este estudo, lucro diz respeito à outros tipos societários que não são Sociedades Anônimas. Dividendos, por seu turno, é a nomenclatura adequada para designar a distribuição dos lucros para o tipo societário Sociedades Anônimas.

Feitas estas ponderações preliminares, porquanto, consideramos como fonte de pesquisa os dados coletados pela Receita Federal que, apesar de prestimosos, não adotam a metodologia de separar os lucros dos dividendos.

As duas formas de remuneração dos sócios e acionistas integram os dados dos chamados "rendimentos isentos".

Portanto, necessariamente, também são computados os rendimentos distribuídos a título de lucro aos sócios de todos os tipos societários, inclusive, dividendos das Sociedades Anônimas. [271] A Receita Federal, nos Grandes Números do IRPF, separa com precisão os rendimentos isentos distribuídos para sócios de microempresas, os quais não constituem objeto do nosso estudo.

Essa confusão terminológica e metodológica limita os usos desses dados para nossos objetivos, sobretudo, no que tange às proporções dos resultados distribuídos aos sócios e acionistas à título de dividendos e o montante "não-incidente" para fins de IRPF, uma vez que não conseguimos separar os rendimentos isentos de cada grupo. Porquanto, os dados da Receita Federal sobre a arrecadação e o montante de renúncia fiscal em favor dos beneficiários de "lucros e dividendos" serve apenas como um norte para fins de consulta, por estas razões não abordaremos esses dados bastante citados em outros trabalhos.

Alguns estudos desenvolvidos pelo IPEA, principalmente de autoria dos economistas Sergio Gobetti e Rodrigo Orair, tratam com maior precisão e de forma conjunta, a tributação dos lucros e dos dividendos, dando maior ênfase aos primeiros. Inclusive, os autores apontam modelos de tributação do capital com base na inteiração desses conceitos e lançam olhares sob aspectos diversos dos aqui expostos. [272] [273]

Por estas razões e, em se tratando de matéria metajurídica, tomamos como fontes para pesquisa artigos, livros e textos da literatura especializada, especialmente, nas áreas do conhecimento das finanças corporativas e em economia.

[271] RECEITA FEDERAL. **Grandes Números das Declarações do Imposto de Renda das Pessoas Físicas, Ano-calendário de 2020**: Disponível em: https://www.gov.br/receitafederal/pt-br/acesso-a-informacao/dados-abertos/receitadata/estudos-e-tributarios-e-aduaneiros/estudos-e-estatisticas/11-08-2014-grandes-numeros-dirpf/grandes-numeros-dirpf-capa. Acesso em: 20 nov. 2021.

[272] GOBETTI, Sergio Wulff. **Tributação do Capital no Brasil e no Mundo**. Texto para Discussão TD 2380. Brasília: IPEA, 2018. Disponível em: https://www.ipea.gov.br/portal/images/stories/PDFs/TDs/td_2380b.pdf. Acesso em: 14 abr.2020.

[273] GOBETTI, Sérgio Wulff; ORAIR, Rodrigo Octávio. Progressividade tributária: a agenda negligenciada (2190–texto para discussão). Brasília/Rio de Janeiro: **Instituto de Pesquisa Econômica Aplicada**, 2016. Disponível em:https://www.ipea.gov.br/portal/images/stories/PDFs/TDs/td_2190.pdf. Acesso em: 14 abr.2020.

Nesse segmento, são mais prolíficos os estudos sobre dividendos, inclusive no cenário nacional. Os trabalhos selecionados, todavia, em função das especificidades da nossa política fiscal, não fazem, por vezes, a relação tributos-dividendos. Os trabalhos acadêmicos anteriores à Lei 9.249;95, ao menos nos que é conhecido, econométricos e em finanças, direcionados à tributação dos dividendos no Brasil são, praticamente, inexistentes.

A relação entre dividendos e impostos, tem sido amplamente pesquisado no estrangeiro por economistas e financistas norte-americanos desde a década de 50, pelo menos. A bibliografia disponível nessas áreas do conhecimento é diversificada, tanto em seu acervo bibliográfico, quanto em método e resultados, com conclusões diametralmente opostas umas às outras.

A bibliografia foi enriquecida a partir da segunda metade do século XX. As experiências tributárias do começo do século XIX também contribuíram para o debate acerca da tributação dos dividendos. No bojo dos países que, munidos da extensa literatura especializada no assunto, encontra-se o Brasil, que ainda em meados da década de 90, passou por reformas mirando a tributação dos dividendos. Contudo, a extensa literatura selecionada para fundamentar as reformas fiscais nas principais economias do mundo, depois da promulgação da Lei n° 9.249/95 no Brasil, paulatinamente, foi sendo abandonada como fonte de pesquisa pelos trabalhos acadêmicos no ramo do direito tributário.

Na medida do possível, intentamos resgatar, as principais controvérsias estabelecidas pela literatura e as respostas apresentadas sobre o denominado "enigma dos dividendos" e sua função da política de dividendos para as sociedades empresariais. No seio dos principais embates teóricos sobre dividendos, duas teorias maiores ganharam destaque: a teoria da relevância ou irrelevância dos dividendos, e os impactos da política de dividendos para as sociedades empresariais[274] e seus acionistas[275]. Entre esses embates teóricos, a questão dos tributos incidentes também foi posta, sem que se apresente, até os dias correntes, uma resposta conclusiva quanto aos efeitos dos tributos. Algumas conclusões dispersas, são aceitas de parte a parte.

A hipótese que prevaleceu entre a corrente majoritária, ao que nos é conhecido, é a hipótese que os dividendos são relevantes e sofrem, para

[274] Para fins de esclarecimento, quando estamos a falar de Sociedades Anônimas, empregamos os termos "corporações", "companhias", "firmas", "empresas" ou "S/A" como sinônimos.

[275] A expressão "acionistas" só denotará os sócios que recebem dividendos, especificamente, de empresas do tipo societário Sociedades Anônimas. Enquanto a expressão "sócio" será utilizado para tratar de sócios de todos os tipos societários.

mais ou para menos, com as políticas fiscais encabeçadas pela Estado. Como veremos, a reação do mercado às mudanças na legislação tributária, foram surpreendentemente rápidas quando da implementação de novas políticas.

Dito isso, passemos à estruturação da parte II do nosso trabalho. No Capítulo I, pretendemos contextualizar o leitor, com parcimônia, acerca do mercado de capitais, valores mobiliários, ações, dividendos e o cenário no qual se deu a promulgação da Lei n° 9.249/95. No Capítulo II, estabeleceremos quais as funções primordiais dos dividendos para as sociedades empresárias; faremos considerações sobre a política de dividendos, teoria da relevância e irrelevância dos dividendos e o que se entende por *Dividend puzzle*. Por conseguinte, as hipóteses que dialogam com o enigma dos dividendos após a introdução dos impostos.

No capítulo III, serão apresentadas algumas evidências empíricas a partir de reformas tributárias perpetradas no estrangeiro e a sua correlação com as teorias discutidas no capítulo anterior, bem como as peculiaridades do caso brasileiro. Em seguida, serão apresentadas as características mais importantes dos modelos adotados em países alienígenas para a tributação dos dividendos, os desafios e tendências da política fiscal, com humildes contribuições de nossa parte para o debate.

Dito isso, podemos concluir que o trabalho aqui apresentado é pertinente e com relevância jurídica.

1.1 Panorama geral e noções introdutórias sobre o mercado de capitais

Introduziremos nessa parte da dissertação, o conceito de Mercado de Capitais; o que se entende por dividendos e sociedades anônimas. Respectivamente, o ambiente onde ativos mobiliários são negociados; o resultado/ remuneração positiva decorrentes desses valores e; quem emite e distribui os valores mobiliários negociáveis. Por fim, o tratamento tributário dispensado a esses valores positivos distribuídos ou não aos proprietários dos títulos, os acionistas.

1.1.1 O mercado de capitais

Cumpre aqui, fazermos uma breve reflexão terminológica sobre o que se entende por mercados Financeiros e de Capitais.

A corrente tradicional da doutrina, advoga no sentido de que há dois mercados distintos, o "mercado financeiro" e o "mercado de capitais", ambos se concentram em angariar recursos da poupança de terceiros para financiar atividades de companhias que buscam recursos no mercado.

O mercado financeiro funciona por meio da intermediação de instituições bancárias que promovem a ponte entre tomadores e poupadores. No mercado financeiro, a instituição financeira é quem assume o risco do empreendimento, ao contrário do que ocorre com o mercado de capitas, onde o poupador/investidor assume o risco.

O mercado de capitais se destaca pela possibilidade de captação direta de recursos pela emissão de ações, debêntures e outros títulos assemelhados, que as companhias negociam no mercado primário.[276] Nos mercados de Capitais, as Sociedades por Ações ou Sociedades Anônimas que negociam participações em troca da poupança dos poupadores, assumem o compromisso de remunerar os seus acionistas com o resultado positivo ao final do exercício, qual seja: o lucro líquido.[277]No mercado de capitais, os ativos são negociados e ofertados ao público em geral, isto é, em oferta pública, os tomadores das poupanças de terceiros, adquirem recursos suficientes para financiarem suas políticas de investimento e novos projetos. Por essas razões, trata-se de um mercado altamente regulamentado e com presença cativa de órgãos reguladores do Estado.

Noutra corrente, como defendido por Bifano, mercado financeiro e de capitais são sinônimos, o mercado financeiro cumula os dois termos. Segundo o autor, todas as tratativas envolvendo dinheiro e investimento, fazem parte do mercado financeiro, pois na sua origem, "financeiro" designava "por fim" ou "liquidar", podendo ser definido como: i) mercado: conjunto de agentes que operam com mercadorias; ii) financeiro: meio de pagamento ou dinheiro.[278]

Segundo Bifano, "financeiro" significa dizer "[...]aquele lastreado no dinheiro, voltado à busca da moeda por quem dela não dispõe, e ao seu emprego por quem a poupou".[279]

Neste trabalho adotaremos a distinção "mercado financeiro", para denotar as operações envolvendo instituições bancárias e "mercado de capitais" para designar as operações envolvendo ações e os direitos dela provenientes,

[276] PROCHAT, Décio. Mercados Financeiro e de Capitais: investimento em renda fixa. In: SANTI, Eurico Marcos D. de; CANADO, Vanessa Rahal (Coords.). **Tributação dos mercados Financeiro e de Capitais e dos Investimentos Internacionais**. Editora Saraiva, Série GVLAW, São Paulo, 2011.

[277] FORTUNA, Eduardo. **Mercado Financeiro: produtos e Serviços**. Editora Quality Mark, 20° ed., 2015.

[278] Cf. BIFANO (nota de rodapé 45), 2011, p 78-80.

[279] *Ibid.*, p. 81

no mercado primário ou secundário. Essa separação metodológica, auxilia na compreensão dos conceitos aqui retratados.

Entende-se por "acionista" o sócio de Sociedade de Ações ou Sociedade Anônima que possui participação social e que, por esta, poderá ser remunerado por rendimentos do capital. O acionista, em verdade, adquire um bem intangível, ou seja, participação nos quadros sociais de uma companhia de seu agrado. Parte da literatura e dos financistas assumem que o acionista não adquire uma participação no quadro social, nestes termos, mas, ao invés disso, o preço pago pelo acionista, efetivamente, equivale ao produto "dividendo".

Faz-se aqui, outrossim, a distinção entre "sócio" e "acionista". O primeiro participa da sociedade com capital fechado em tipos societários vários e que não são ofertados ao público. Já o termo "acionista" passa a designar aquele que participa de um tipo societário específico, as Sociedades Anônimas ou Sociedade de Ações, seja ela de capital aberto ou fechado.

Nos ocuparemos de tratar, tão somente, do caso das sociedades de ações, pois assim podemos delimitar o escopo do nosso trabalho à um tipo societário e os assuntos atinentes a este grupo.

Dito isso, o ambiente de negócios, no qual se transaciona títulos mobiliários, denomina-se "Mercado de Capitais", sob a batuta da autarquia CVM (Comissão de Valores Mobiliários), os ativos das sociedades anônimas são negociados e ofertados ao público, atendendo certas regras e condições que não traremos à baila em nossa análise.

São desenvolvidas, no Mercado de Capitais, negociações diretas entre os tomadores dos recursos (empresas) e os poupadores/investidores. O mercado se subdivide em dois, mercado primário e secundário, onde, no primeiro, as empresas emitem ações, debêntures e outros títulos, que serão adquiridos por investidores; já no mercado secundário, os acionistas/investidores, sem a anuência e sem notificar a companhia, negociam os títulos entre si, antes do prazo de resgate. [280]

As ações, são valores mobiliários que estão compreendidas no art. 15 da Lei n° 6.404/76[281], divididas em: preferenciais, ordinárias ou de fruição.

[280] Cf. FORTUNA, 2015.

[281] Art. 15. As ações, conforme a natureza dos direitos ou vantagens que confiram a seus titulares, são ordinárias, preferenciais, ou de fruição. § 1º As ações ordinárias e preferenciais poderão ser de uma ou mais classes, observado, no caso das ordinárias, o disposto nos arts. 16, 16-A e 110-A desta Lei. (Redação dada pela Lei nº 14.195, de 2021); § 2o O número de ações preferenciais sem direito a voto, ou sujeitas a restrição no exercício desse direito, não pode ultrapassar 50% (cinqüenta por cento) do total das ações emitidas.

A aquisição de uma ação, dá ao adquirente direito remuneração pela aplicação do capital, isto quando houver lucro líquido passível de distribuição, nos auspícios dos artigos 201[282] e 202[283] do mesmo diploma legal.

1.1.2 Valores mobiliários

Possivelmente, segundo Ary Oswaldo Filho, os títulos mobiliários ou valores mobiliários surgiram em virtude do nascimento dos títulos de créditos, datados do sec. XIV ou sec. XV, na Itália. [284]

Na ocasião, o entesouramento dificultava as atividades com moeda corrente, isto porque, a falta de segurança no armazenamento do dinheiro em bancos, a desconfiança no governo e insegurança dos transportes, impulsionava os italianos a manterem suas reservas em casa.

Por essas razões, as transações comerciais de grande monta não eram operacionalizadas com moeda corrente, mas com títulos de crédito e documentos suscetíveis de resgate futuro. Na França com a possibilidade de se fazer endosso em branco, o ato/fato originário era abstraído, como resultado, o documento circulante adquiriu valor por si.[285]

A natureza jurídica dos chamados Valores mobiliários é *sui generis,* tendo em vista que não se amolda às características e a natureza dos títulos de crédito (propriamente ditos); nem título de massa (como defendia Túlio Ascarelli)[286]; nem título de crédito de longo prazo, alcunhados de "títulos de Bolsa" pela doutrina francesa.

[282] Art. 201. A companhia somente pode pagar dividendos à conta de lucro líquido do exercício, de lucros acumulados e de reserva de lucros; e à conta de reserva de capital, no caso das ações preferenciais de que trata o § 5º do artigo 17.§ 1º A distribuição de dividendos com inobservância do disposto neste artigo implica responsabilidade solidária dos administradores e fiscais, que deverão repor à caixa social a importância distribuída, sem prejuízo da ação penal que no caso couber.§ 2º Os acionistas não são obrigados a restituir os dividendos que em boa-fé tenham recebido. Presume-se a má-fé quando os dividendos forem distribuídos sem o levantamento do balanço ou em desacordo com os resultados deste.

[283] O Artigo 202 da lei nº 6.404/76. Os acionistas têm direito de receber como dividendo obrigatório, em cada exercício, a parcela dos lucros estabelecida no estatuto ou, se este for omisso, a importância determinada de acordo com as seguintes normas:

[284] MATTOS FILHO, Ary Oswaldo. O conceito de valor mobiliário. **Revista de Administração de Empresas**, v. 25, p. 37-51, 1985.

[285] *Ibid.*, 1985.

[286] Cf. MATTOS FILHO, 1985.

Pode-se dizer que, os valores mobiliários possuem características únicas, destacando-se: i) expectativa de lucro futuro; ii) condição de risco[287]; iii) possuir um fundamento econômico; iv) controle regulador do Estado; v) ausência de documento representativo da relação jurídico constitutiva; vi) falta de especialização técnica do investidor; vii) exige-se que haja proteção dos investidores (proteção legal e/ou estatutária); viii) os títulos mobiliários são ofertados ao público, de forma indiscriminada, em local de acesso público (por essa razão o item 'iv' é indispensável); ix) o investimento pode ser associativo (ao investidor é assegurado participação na companhia) ou meramente especulativo. [288]

Ary Oswaldo conceitua valor mobiliário como:

> [...]é o investimento oferecido ao público, sobre o qual o investidor não tem controle direto, cuja aplicação é feita em dinheiro, bens ou serviços, na expectativa de lucro, não sendo necessária a emissão de título para a materialização da relação obrigacional. O investimento é feito a nível associativo, a título de empréstimos, ou como aplicação especulativa pura. [...] normalmente, o investimento associativo não goza de garantia colateral; porém em contrapartida, é dotado de sistema coletivo de deliberação, conforme regras estabelecidas em contrato que acompanha a oferta do valor mobiliário ao público.[289]

Dos itens elencados acima, dois se destacam quando o assunto é distribuição dos dividendos e o fundamento para a distribuição, são eles: "ii" e "vi". O risco oriundo dos investimentos de risco em companhias abertas, reside no fato de o investidor não ter acesso aos fatores de produção, à restrição do acesso à informação e a sua participação da sociedade ser exercida, tão somente, por meio do direito de voto majoritário. A participação indireta pelo voto ocorre apenas se o investidor adquirir ações com direito de voto, caso contrário, a vulnerabilidade do adquirente do título é ainda

[287] O risco do investimento é diferente do risco comercial. No risco do investimento, o investidor assume o risco, pois, ao final do exercício, pode não ter o retorno esperado que foi aplicado em negócios de terceiros. O investimento de risco não tem poder para controlar os destinos da empreitada (risco passivo). No risco comercial, o risco decorre da falta de recursos próprios do empreendedor. Aquele que persegue a atividade empresarial é o responsável direto pelo sucesso ou insucesso, e, ele é quem controla os destinos do negócio (risco ativo).

[288] MATTOS FILHO, *Op. Cit.*, 1985.

[289] *Ibid.*, 1985.

maior, porque o acionista preferência depende do voto de outros acionistas que sequer conhece (anônimos).

Em miúdos, o investidor delega o exercício da atividade empresária à terceiros que, estes sim, possuem o domínio sobre os fatores de produção e exploração da atividade empresarial, o conhecimento técnico necessário específico para perpetuar a atividade, bem como o acesso às informações mais completas do que o acionista com pequena participação ativa ou sem qualquer participação direta nas decisões corporativas.

Logo, podemos dizer que o risco do investidor é passivo, tendo em vista que se a empresa vier à falência, nada pode fazer para recuperá-la de forma direta/ativa, isso o coloca em condição mais frágil do que o administrador dos recursos, como veremos afrente.

Tendo isso em mente, o interesse coletivo de se fazer investimentos com recursos próprios em negócios de terceiros, é realizado em um ambiente propício para tal fim. Esse ambiente, chamado de mercado de capitais, deve assegurar ao investidor, o mínimo de segurança jurídica. Nestas condições, o Estado, através de órgão regulamentadores e com poderes de fiscalização, garante a lisura e higidez dos processos de captação de recursos coletivos pelas empresas tomadoras e os ativos que são ofertados ao público, tanto no mercado primário quanto secundário.

As leis que disciplinavam sobre a matéria, não se ocuparam de conceituar o que é o mercado de capitais ou valores mobiliários, ao invés disso, adotou-se a mesma técnica legislativa dos norte-americanos, qual seja, a enumeração taxativa de alguns títulos que, para a lei, eram tidos como valores mobiliários.

A legislação especial, na redação original da Lei nº 6.385/76[290] (criação da autarquia Comissão de Valores mobiliários), coube ao art. 2º tratar sobre valores mobiliários, este apenas apresentou rol de alguns títulos que constituíam valores mobiliários.

Logo no inciso I, a norma estatuía que eram considerados valores mobiliários: "I- as ações, partes beneficiárias e Debêntures, os cupões desses títulos e os bônus de subscrição". Com a nova redação dada pela Lei nº 10.303/01[291],

[290] BRASIL. **Lei nº 6.385, de 7 de dezembro de 1976**. Dispõe sobre o mercado de valores mobiliários e cria a Comissão de Valores Mobiliários, Brasília, 1975. Disponível: http://www.planalto.gov.br/ccivil_03/leis/l6385.htm. Acesso em: 12 mar. 2021.

[291] BRASIL. **Lei nº 10.303, de 31 de outubro de 2001.** Altera e acrescenta dispositivos na Lei no 6.404, de 15 de dezembro de 1976, que dispõe sobre as Sociedades por Ações, e na Lei no 6.385, de 7 de dezembro de 1976, que dispõe sobre o mercado de valores mobiliários e cria a Comissão de Valores Mobiliários, Brasília, 2001. Disponível: http://www.planalto.gov.br/ccivil_03/leis/leis_2001/l10303.htm. Acesso em: 29 abr. 2021.

que alterou substancialmente o texto original, o art. 2° foi simplificado e passou a vigorar nos seguintes termos: "I- as ações, debêntures e bônus de subscrição". Para os nossos objetivos, apenas este inciso importa, razão pela qual, o resultado positivo da empresa dá azo ao direito do acionista de perceber dividendos ao final do exercício e após a deliberação da assembleia-geral.

Portanto, podemos afirmar que, o investidor que adquire ações de determinada sociedade empresarial que fora, anteriormente, ofertado ao público, passa à condição de acionista e, com a transmutação da condição do sujeito, ele vindica direitos/deveres próprios da sua condição de acionista, inclusive, contra a corporação da qual participa.

1.1.3 Dividendos

A primeira notícia histórica do termo "dividendo", é datado de 1670, quando o Rei Charles II da Inglaterra, assinou um édito, garantindo à Rupert Palatyne e mais dezoito investidores, o monopólio da exploração de certas atividades comerciais. A companhia a qual Palatyne conseguiu seu monopólio foi denominada *"The Company of Adventures Tranding Into Hudson's Bay"*. Os lucros da companhia eram divididos, periodicamente, entre seus donos e o Soberano. Os pagamentos periódicos da exploração do monopólio, era denominado de "*dividend*", muito diferente do que conhecemos como dividendos hodiernamente.

O primeiro dividendo distribuído, registrado pela *Hudson's Bay,* ocorreu em 1685, que correspondia a 50% do *Book Value* da *Hudson's Bay company.* Com o relato de escândalos corporativos da *Sea Bubble Company* e problemas relacionados à contabilidade, a empresa passou a distribuir dividendos em percentagem menor ano após ano. Os primeiros dividendos não eram pagos a todos os acionistas, mas apenas a alguns, obviamente, o Soberano estava entre os acionistas beneficiários.[292] Assim como no caso da *Hudson's Bay,* onde o Soberano participava como um acionista, o Estado moderno participa dos resultados positivos da empresa como se acionista fosse, através dos tributos. O Estado moderno participa dos resultados desde a apuração, declaração até o recolhimento dos lucros da atividade empresarial, como também no momento que a Pessoa Jurídica distribuí aos seus acionistas.

[292] MORCK, Randall; YEUNG, Bernard. *Dividend taxation and corporate governance.* ***Journal of Economic Perspectives***, v. 19, n. 3, p. 163-180, 2005.

O dividendo, por definição, é a parcela destinada ao acionista/investidor que, no momento da divisão do lucro, se positivo, poderá exigir da companhia sua justa participação, conforme as ações detidas. Dividendo é, portanto, uma espécie do gênero "participação nos resultados" insculpido no art. 997, inciso VII, artigo 1.007 e art. 1008 todos do Código Civil.

O Código Civil prescreve os direitos e deveres dos sócios (que aplicam-se subsidiariamente à Sociedades Anônimas, no que não conflitar com a Lei nº 6.404/76):

> Art. 997. A sociedade constitui-se mediante contrato escrito, particular ou público, que, além de cláusulas estipuladas pelas partes, mencionará:[...] IV – a quota de cada sócio no capital social, e o modo de realizá-la; VII – a participação de cada sócio nos lucros e nas perdas [...].

O Código civilista reitera os direitos dos acionistas no art. 1.007 ao estatuir que:

> Art. 1.007. Salvo estipulação em contrário, o sócio participa dos lucros e das perdas, na proporção das respectivas quotas, mas aquele, cuja contribuição consiste em serviços, somente participa dos lucros na proporção da média do valor das quotas.

Como sucedâneo ao descumprimento do art. 1007, o art. 1008 do CC prescreve: "[...] é nula a estipulação contratual que exclua qualquer sócio de participar dos lucros e das perdas."

A redação dos dispositivos mencionados é clara, todo o sócio ou acionista que está no quadro social da empresa, participará dos resultados. Com exceção do infeliz vocábulo introdutório ao art. 1007, "[...] salvo estipulação em contrário[...]", que cria uma margem para a dúvida. Todavia, logo no artigo seguinte, estabelece que será nulo qualquer estipulação que exclua o sócio de participar dos lucros e das perdas.

Portanto, o acionista, ao adquirir participação, adquire direitos oponíveis contra aquele que estorva ou elide a participação desimpedida nos resultados da empreitada. Nota-se que nos excertos legais, o legislador não polpou o sócio/acionista de participar das perdas, reiterando que o adquirente do título assume o risco da empreitada.

Tendo isso em mente, os dividendos são, segundo Fortuna, "[...] distribuição igualitária em moeda aos acionistas de uma mesma classe de ações, de parte dos lucros de uma empresa na proporção da participação dos acionistas no capital."[293]

Bifano trata os dividendos como "direito de crédito do sócio" exigível. Contudo, o direito do acionista, segundo a autora, nasce no momento da divulgação de lucro líquido da empresa que a partir de então, poderá exigir o crédito. [294]

Ousamos, cordialmente, em discordar da autora, pois, entendemos que a existência de lucro líquido faz nascer a exigibilidade e não o direito. O direito exsurge na própria constituição da sociedade, visto que é no contrato ou estatuto que se estipula como o sócio/acionista exercerá seu direito e a qualidade do seu dividendo, se, porventura, o contrato ou estatuto, excluir o sócio/acionista da participação dos resultados (lucros e prejuízos) tal cláusula será nula de pleno direito, assim prescreve o art. 1.008 do CC.

As ações negociadas dão direito ao recebimento de dividendos, transmitem, ao adquirente, parcela da sociedade que negocia o ativo. Uma ação, portanto, corresponde a menor parcela disponível para aquisição de uma dada sociedade de ações. Não atoa se elevou a máxima de "uma ação, um voto".

As corporações podem emitir ações de três espécies, cada qual com alguma peculiaridade. As ações preferenciais, garantem ao acionista uma ou mais das três opções seguintes: I – prioridade na distribuição de dividendo, fixo ou mínimo; II – prioridade no reembolso do capital, com prêmio ou sem ele; ou III – na acumulação das preferências e vantagens de que tratam os incisos I e II. [295]

As ações preferencias só podem ingressar nas negociações em bolsa, quando o emitente garantir ao acionista: i) o recebimento de dividendo em, pelo menos, 25% do lucro líquido do exercício, com prioridade (no mínimo 3% do valor do patrimônio líquido da ação) e; direito de participar dos lucros distribuídos em igualdade de condições com as ações ordinárias, depois destas terem assegurado o dividendo igual ao mínimo prioritário; ii) direito ao recebimento do dividendo, por ação preferencial, pelo menos 10% maior do que as ações ordinárias; iii) direito de serem incluídas na oferta pública de alienação de controle, assegurado dividendo igual ao das ações ordinárias. (§1°, incisos de I a III do art. 17).

[293] Cf. FORTUNA,2015, p.579.

[294] Cf. BIFANO, 2011, p. 61.

[295] Assim prediz o artigo 17 em diante da Lei das Sociedades por Ações.

O estatuto não pode excluir ou restringir o direito dos acionistas com títulos preferenciais de participar dos aumentos de capital das capitalizações de reservas lucros. Sem olvidar que, pode também, o estatuto, conferir prioridade no recebimento dos dividendos cumulativos, no exercício em que o lucro for insuficiente, pela reserva de capital.

Já as ações ordinárias, podem ser de diversas classes: i) conversibilidade em preferenciais; ii) exigência de nacionalidade brasileira; iii) direito de voto em separado; iv) voto plural.

As ações preferenciais, por não concederem direito de voto ao acionista ou conceder direito de voto restrito, são retratadas como as "piores" opções de ações, pois afasta o acionista do controle social e da participação ativa nos assuntos da companhia. Por isso, para fins de governança corporativa e melhor listagem na B3 (Brasil, Bolsa, Balcão- Bolsa de Valores do Brasil), a emissão dessa espécie de ações tem sido, paulatinamente, suprimida.

A exemplo do que fora dito acima, com a reforma operada pela Lei nº 10.303/01, que alterou o §2º do art. 15 da Lei 6.404/76, passou a prever o limite de até 50% do total das ações emitidas como ação preferencial. O mesmo dispositivo, na redação anterior, previa o limite de até 2/3 do total de ações emitidas nesses moldes, o que resultava em percentagem um pouco acima dos 50%. Para o ingresso, por exemplo, no segmento de listagem mais alto *(premium)* Novo Mercado, a B3 exige que, além da dispersão do valor acionário e do equilíbrio dos direitos dos minoritários e majoritários, a vedação de emissão de ações preferências, além das exigências constantes dos segmentos nível 1 e nível 2.[296]

Retomando à legislação societária que trata sobre os dividendos, estes serão distribuídos após ouvido o conselho fiscal[297] e a assembleia-geral[298], quando a companhia registrar lucro (receitas menos despesas, [+] ou [-] os ajustes contábeis), são deduzidos os prejuízos acumulados e as deduções autorizadas pela legislação tributária. Cada um dos acionistas se beneficiará

[296] RULLO, Carmine. Mercados Financeiros e de Capitais: investimentos em renda variável. In: **Tributação dos Mercados Financeiro e de Capitais e dos Investimentos Internacionais.** SANTI, Eurico Marcos Diniz de; CANADO, Vanessa Rahal. Editora Saraiva, São Paulo, 2011.

[297] Art. 163. Compete ao conselho fiscal: [...] III – opinar sobre as propostas dos órgãos da administração, a serem submetidas à assembléia-geral, relativas a modificação do capital social, emissão de debêntures ou bônus de subscrição, planos de investimento ou orçamentos de capital, distribuição de dividendos, transformação, incorporação, fusão ou cisão.

[298] Art. 132. Anualmente, nos 4 (quatro) primeiros meses seguintes ao término do exercício social, deverá haver 1 (uma) assembléia-geral para: [...] II – deliberar sobre a destinação do lucro líquido do exercício e a distribuição de dividendos;

de dividendos dentro dos limites da sua participação no capital social da companhia e em observância ao Estatuto.

Os acionistas são agraciados com a garantia legal de recebimento de dividendo obrigatório. O dividendo obrigatório é aquele previsto na primeira parte do art. 202 da lei das Sociedades Anônimas, assim pois, em cada exercício, o dividendo obrigatório será a parcela do lucro previsto no estatuto. Caso o estatuto permaneça silente sobre a forma e o montante da distribuição dos resultados, a legislação estabelece o denominado dividendo mínimo ou mínimo obrigatório que corresponde à metade da importância do lucro líquido do exercício (50%) , acrescido ou diminuído de: i) constituição de reserva legal do art. 193; ii) reserva de contingência do art. 195.[299]

Se, porventura, o estatuto for alterado quanto à esta matéria, o dividendo obrigatório (primeira parte do art. 202) não poderá ser inferior à 25% do lucro líquido ajustado.[300]

O direito ao recebimento dos dividendos é oposto contra a sociedade que, caso o dividendo obrigatório seja reduzido, pode, o acionista lesado, solicitar a retirada da companhia com o respectivo direito de reembolso do valor das ações[301]

Se a pretensão da assembleia-geral for a redução dos dividendos, abaixo do mínimo legal ou do Estatuto, ou visar a retenção dos lucros naquele exercício. A decisão, na assembleia deverá ser unânime entre os acionistas presentes e apenas para a captação de recursos por debêntures não conversíveis. Além disso, a empresa não poderá remunerar os administradores e gestores com os lucros excedentes do exercício.

Caso a situação financeira da empresa for incompatível com a distribuição de dividendos, a comissão de valores mobiliários deve ser informada por parecer justificado.[302]

O estatuto social pode estabelecer a porcentagem do dividendo, todavia, deve ser minucioso nos critérios e preciso nos direitos assegurados aos

[299] Art. 202. Os acionistas têm direito de receber como dividendo obrigatório, em cada exercício, a parcela dos lucros estabelecida no estatuto ou, se este for omisso, a importância determinada de acordo com as seguintes normas:

[300] Art. 202 § 2º: Quando o estatuto for omisso e a assembléia-geral deliberar alterá-lo para introduzir norma sobre a matéria, o dividendo obrigatório não poderá ser inferior a 25% (vinte e cinco por cento) do lucro líquido ajustado nos termos do inciso I deste artigo.

[301] Art. 137. A aprovação das matérias previstas nos incisos I a VI e IX do art. 136 dá ao acionista dissidente o direito de retirar-se da companhia, mediante reembolso do valor das suas ações (art. 45), observadas as seguintes normas: [...].

[302] Lei nº 6404/76 art. 202, §§3º 4º.

acionistas minoritários e sem voz ativa (ações preferenciais). Como nos referimos, se o estatuto for alterado após a reforma de da Lei 10.303 de 2001, não poderá ser inferior à 25% do lucro líquido.

Os dividendos podem ser fixos, mínimo e cumulativo. Os dividendos fixos estão previamente quantificados no estatuto em moeda corrente, com percentual do capital prefixado ou valor nominal da ação. Os acionistas preferenciais que atingirem o limite do dividendo fixo, não podem participar dos lucros remanescentes que serão divididos entre os proprietários de ações ordinárias.

Por sua vez, os dividendos cumulativos, quando a companhia não obtém lucro suficiente para remunerar os acionistas com o dividendo fixo (quando estabelecido), o valor que foi acumulado, será distribuído *a posteriori*.

Os dividendos mínimos são assemelhados aos fixos, a diferença é que nesse caso, quando o lucro a ser distribuído supera o mínimo, os acionistas preferenciais podem participar do resultado dos dividendos remanescentes.

1.2 Tributação dos dividendos no contexto brasileiro e o advento da lei n° 9.249/95

Exsurge em 1995 a Lei n° 9.249[303], que alterou a legislação então vigente sobre o Imposto de Renda, publicada em 26 de dezembro de 1995, começou a produzir seus efeitos a partir de 1996. A nova lei alterou substancialmente o estado de coisas da política fiscal.

A nova lei unificou/integrou o IR, ao renunciar os valores recolhidos pelos acionistas no momento da distribuição dos dividendos. Os lucros seriam tributados uma única vez, incidindo, exclusivamente, na pessoa jurídica. Quer dizer que, com o advento da Lei 9.249/95, o Brasil passou a adotar a "isenção parcial" (mesmo que a lei empregue o termo "não-incidência) como método de integração/unificação das personalidades. Nessa esteira, a nova política fiscal elidiu a dupla tributação do mesmo lucro: uma vez na Pessoa Jurídica e outra na Pessoa Física do acionista.

Ao invés de promover a unificação/integração do imposto de renda em favor da pessoa jurídica, a lei preveniu o acionista de arcar com o encargo, mas quanto à primeira, o ônus foi agravado com o intuito de compensar

303 BRASIL. **Lei nº 9.249, de 26 de dezembro de 1995**. Altera a legislação do imposto de renda das pessoas jurídicas, bem como da contribuição social sobre o lucro líquido, e dá outras providências. Brasília, 1995. http://www.planalto.gov.br/ccivil_03/leis/l9249.htm Acesso em:3 abr. 2021.

a perda de arrecadação. Em diversos ajustes posteriores, a legislação buscou compensar a desoneração do acionista beneficiários de dividendos. Inicialmente, à pessoa jurídica foi impingido o adicional de alíquotas de 10% contra as empresas com lucros acima de R$ 240.000,00 (duzentos e quarenta mil reais) ao ano; no ano seguinte, outra alteração na legislação tributária do IRPJ previu a indedutibilidade da Contribuição Social sobre o Lucro Líquido (CSLL) da base de cálculo da pessoa jurídica obrigada pelo regime do lucro real e; ainda em 1996, a Lei 9.249/76 pôs fim a correção monetária.[304]

Nessas condições, mesmo que a empresa não distribua nenhum valor aos seus acionistas a título de juros sobre capital próprio ou de dividendos, sua alíquota acumulada (IRPJ [+] o adicional de alíquotas de 10% [+] o CLSS) pode chegar a 34%, considerando os dois principais tributos incidentes sobre o lucro líquido, desconsiderando os tributos incidentes sobre o faturamento. A alíquota total do IRPJ, representa a segunda maior alíquota corporativa do mundo (*Corporate Income Tax- CIT*), segundo o ranking da OCDE de 2021, permanecendo atrás apenas de Malta com 35% (que adota um modelo ACE). Em 2019, o Brasil detinha a terceira maior alíquota do mundo, atrás de Índia e Malta, disputando posição com a França. No ranking de 2021, apenas Malta segue no pódio, enquanto França e Índia reduziram o encargo corporativo para 28% e 25%, respectivamente.[305]

Nos anos anteriores à promulgação da Lei n° 9.249, a legislação nacional começara a flertar com a ideia da não-incidência a partir da distribuição dos lucros, à exemplo disso, a Lei nº 8.383, de 30 de dezembro de 1991[306], estabeleceu que, a partir de 1993, os lucros estariam abraçados pelo instituto da não-incidência para os sócios e acionistas residentes e domiciliados no Brasil (art. 75). A redação da Lei n° 8.383 fora reformada no ano seguinte, voltando a incidir o imposto de renda sobre os lucros, mas por um breve período, pois em 1995 estes voltaram a ser agraciados com a não-incidência.

[304] BRASIL. **Lei nº 7.799,** de 10 de julho de 1989. Altera a legislação tributária federal e dá outras providências, Brasília, 1989. http://www.planalto.gov.br/ccivil_03/leis/L7799.htm. Acesso em: 23 jul. 2021.

[305] OECD. ***STAT. Statutory Corporate Income Tax Rates.*** Disponível em: https://stats.oecd.org/Index.aspx?DataSetCode=CTS_CIT. Acesso em: 29 abr.2020.

[306] BRASIL. **Lei n°8.383,** de 30 de dezembro de 1991. Institui a Unidade Fiscal de Referência, altera a legislação do imposto de renda e dá outras providências. Disponível em: http://www.planalto.gov.br/ccivil_03/leis/l8383.htm. Acesso em: 4 jul. 2021.

Com o advento Lei nº 9.249/95, os dividendos deixaram de integrar a base de cálculo do Imposto dos beneficiários pessoas físicas ou jurídicas, mesmo que os beneficiários estivessem domiciliados no exterior (art. 10 Caput). Os dividendos, pagos ou creditados aos beneficiários, por determinação expressa, não são dedutíveis da base de cálculo do IRPJ e da CSLL, mesmo que na escrituração contábil apareçam como despesa financeira, nos auspícios do art. 10, § 3º

Incluído pela Lei 12.973/14[307], o parágrafo 1º do artigo supramencionado dispõe que o acionista beneficiário dos dividendos será agraciado pela não-incidência do Imposto de Renda em qualquer uma das espécies e classes de ações, quanto às ações preferenciais, ordinárias ou de fruição.

Há de se rememorar que, naqueles idos, o Plano Real acabara de ser implementado, se propondo a controlar a inflação galopante. O plano de estabilização monetária, aliás, colimava a reaproximação comercial do Brasil com outros Estados. Ao passo que, com a redemocratização de 1988, o país buscava angariar novos investidores para a injeção de capital estrangeiro em território nacional.

A exposição de motivos da Lei 9.249/95, evidencia as preocupações do legislador, neste período histórico, sobretudo, o objetivo maior de refrear a crise monetária, seguindo as diretrizes do plano de estabilização. A nova política fiscal se alinhava ao plano de recuperação monetária na tentativa de atrair investimentos internacionais para uma democracia que engatinhava. Nesse contexto, a tributação mais benéfica para as remunerações do capital (dividendos) seria um meio para chegar àqueles fins.

Em posse de suas atribuições, o então ministro da Fazenda Pública Pedro Malan, na exposição de motivos da Lei 9.249, esclarece quais eram as intenções do Governo Federal com a implementação da política, *in verbis*:

> 5. Os elevados índices de inflação exigiram a criação de poderosos instrumentos de indexação que, com o Plano Real e a estabilização da economia, estão sendo gradualmente eliminados.
>
> [...]
>
> 10. Com vistas a equiparar a tributação dos diversos tipos de rendimentos do capital, o Projeto introduz a possibilidade de remuneração do capital próprio investido na atividade produtiva, permitindo a dedução

[307] BRASIL. **Lei nº 12.973,** de 13 de maio de 2014. Brasília, 2014. Disponível em: http://www.planalto.gov.br/ccivil_03/_ato2011-2014/2014/lei/l12973.htm. Acesso em: 12 jun.2021.

dos juros pagos aos acionista, até o limite da variação da Taxa de Juros de Longo prazo – TJLP; compatibiliza as alíquotas aplicáveis aos rendimentos provenientes de capital de risco àquelas pela qual são tributados os rendimentos do mercado financeiro; desonera os dividendos; caminha na direção da equalização do tratamento tributário do capital nacional e estrangeiro; e revoga antiga isenção do imposto de renda incidente sobre a remessa de juros para o exterior, prevista no Decreto-Lei nº 1.215, de 1972 (arts. 9] a 12, § 2º do art. 13, art. 28, e inciso I do art. 32), a fim de que não ocorra qualquer desarmonia no tratamento tributário que se pretende atingir. Igualando-se, para esse fim, o aplicador nacional e estrangeiro.

11. A permissão de dedução de juros pagos ao acionista, até o limite proposto, em especial, deverá provocar um incremente das aplicações produtivas nas empresas brasileiras capacitando-as a elevar nível de investimentos, sem endividamento, com evidentes vantagens no que se refere à geração de empregos e ao crescimento sustentado da economia. Objetivo a ser atingido mediante a adoção de política tributária moderna e compatível com aquela praticada pelos demais países emergentes, que competem com o Brasil na capacitação de recursos internacionais para investimento.

12. Com relação à tributação dos lucros e dividendos, estabelece-se a completa integração entre a pessoa física e a pessoa jurídica, tributando-se esses rendimentos exclusivamente na empresa e isentando-se quando do recebimento pelos beneficiários. Além de simplificar os controles e inibir a evasão, esse procedimento estimula, em razão da equiparação de tratamento e das alíquotas aplicáveis, o investimento nas atividades produtivas.

[...][308]

Alguns pontos merecem destaque da exposição de motivos do então Ministro da fazenda Pedro Malan, que eram amplamente debatidos pela literatura da época, como: a igualdade de tratamento para o capital do aplicador nacional e do estrangeiro; incremento das aplicações produtivas nas empresas brasileiras; integração plena entre as personalidade; geração de empregos;

[308] BRASIL. Ministério da Fazenda Pedro Malan. **Exposição de Motivos Lei nº 9.249, de 26 de dezembro de 1995**. Altera a legislação do imposto de renda das pessoas jurídicas, bem como da contribuição social sobre o lucro líquido, e dá outras providência. Brasília 1995: Disponível em: <https://www2.camara.leg.br/legin/fed/lei/1995/lei-9249-26-dezembro-1995-349062-exposicao demotivos-149781-pl.html>. Acesso em: 1 mar. 2020.

aplicação de recursos produtivos, como sustentáculo da economia nacional; a equiparação das diferentes fontes de financiamento, materializada pelo Juros sobre Capital Próprio (JSCP).

Destacamos na exposição de motivos, uma preocupação latente para necessidade de equiparação entre as fontes de financiamento, notadamente, as fontes de débito e de capital próprio, razão pela qual a adoção dos Juros sobre Capital Próprio como método de remuneração dos acionistas pelo uso do Capital próprio veio à tona.

Os juros pagos aos acionistas, autorizava a dedução do IRPJ, permitindo o alívio fiscal do ônus impingido à Pessoa Jurídica, o que encoraja a distribuição e utilização do capital interno produtivo na geração de lucros. Os moldes nos quais o JSCP foi introduzido na legislação brasileira chama atenção, especialmente, em vistas do ato/fato ensejador, isto é, a distribuição. O instituto do JSCP equivale, em termos, ao ACE. O ACE brasileiro se distingue do modelo tradicional, ao passo que o ato/fato ensejador da dedução corporativa é a distribuição dos juros aos acionistas, como veremos mais afrente.

Percebemos também grande preocupação do legislador nacional em garantir e facilitar a certeza da distribuição dos lucros aos acionistas. A facilitação das distribuições se dá através de três medidas, as duas primeiras de natureza tributária e a terceira de natureza societária: i) não incidência dos dividendos para o acionista beneficiário; ii) possibilidade de dedução do IRPJ com os JSCP distribuídos aos acionistas; iii) a reprimenda legal voltada ao dividendo obrigatório e o mínimo obrigatório.

A unificação de alíquotas, com a finalidade de alijar a dupla tributação, pode ser operacionalizada de diversas formas: desde a renúncia parcial dos acréscimos obtidos pelo acionista beneficiário de dividendos, compensando-a com o imposto da pessoa jurídica; ou autorizando a dedução, no IRPJ pelos lucros distribuídos, quando apenas o acionista recolhe o imposto de renda; através do método de imputação de crédito ou com o *Allowance Corporate Equity*, representado pela sigla ACE, que garante um retorno de capital igual aos títulos do governo livre de risco. Retomaremos os modelos alternativos para a tributação dos dividendos e a integração das personalidades no final do trabalho.

CAPÍTULO 2

1. A função dos dividendos para as sociedades anônimas

Antes de tratarmos sobre a tributação dos dividendos, propriamente ditos, precisamos entender a política de dividendos e qual a sua função para as Sociedades Anônimas. Com a finalidade de inteiráramos o leitor acerca da problemática ou "enigma dos dividendos", algumas perguntas se elevam, como: os dividendos importam? como a política de dividendos afeta as empresas e os acionistas? existe alguma relação entre impostos e política de dividendos? qual a função dos dividendos para as empresas? porque as empresas distribuem dividendos, mesmo com impostos penalizantes? Os dividendos têm alguma correlação com a política de investimentos e a estrutura de capital e propriedade?

As perguntas, tem o condão de despertar a curiosidade do leitor para as funções, a relevância (ou não) dos dividendos para as sociedades anônimas e como os impostos podem impactar nessa dinâmica. Somente depois que nos inteirarmos da matéria, tanto pelo manto do direito quanto das outras áreas do conhecimento, estaremos autorizados a tratar dos desafios que a serem superados pela política fiscal. As perguntas suscitadas acima, não podem ser respondidas apenas quando o enfoque do problema jurídico está na dicotomia, apresentada como problema de pesquisa. Nem todas as perguntas acima dispostas possuem respostas acabadas ou conclusivas por parte da literatura econômica e financeira, tampouco nos cabe apontar qual é a mais adequada ou a correta.

Preliminarmente, devemos nos perguntar por que as empresas emitem ações e sob qual pretexto? A partir da resposta a essa indagação, poderemos lidar com as perguntas acima.

A decisão de emitir novas ações, essencialmente se presta a uma única finalidade: levantar fundos para que as corporações financiem novos projetos, através de uma política de investimentos que julga a mais acertada, por meio de capital de terceiros. Em contrapartida, concede-se participação no quadro social e remuneração periódica aos acionistas pelos valores aportados, conforme as regras estabelecidas no estatuto, seja pela distribuição de dividendos ou outros métodos de remuneração.

As corporações, após a emissão de ações e a oferta pública destas no mercado mobiliário, devem remunerar os acionistas que adquiriram seus títulos, como forma de compensação pelos riscos assumidos ao adquirir os ativos e por determinação legal de participação obrigatória nos resultados da empreitada, sejam esses resultados positivos ou negativos (em consonância a legislação civilista nacional).

Se, hipoteticamente, a única forma de retornar os investimentos aos acionistas fosse através de dividendos (desconsiderando a venda de ações no mercado secundário, as recompras de ações e outros métodos de retorno dos valores pagos) as corporações que não distribuíssem seus dividendos, possivelmente, não conseguiriam nenhum investimento pela poupança de terceiros, sem a promessa de retornos no futuro. Isto porque, como vimos, os poupadores, provavelmente, não aceitariam entregar suas poupanças a terceiros anônimos, assumindo o risco passivo e sem o controle direto dos investimentos autorizados pelo tomador do recurso. Então, por parte do indivíduo poupador que aportará uma certa quantia para terceiros anônimos, é, à primeira vista, imprescindível que estes garantam um retorno em relação ao que fora investido inicialmente. Enquanto isso, da parte de quem toma os recursos dos poupadores (ao garantir a remuneração pelos recursos obtidos) poderá levar adiante seus projetos de investimento, sem os quais, não conseguiria executar com recursos próprios.

Se considerarmos, por outro lado, que os tomadores dos recursos podem remunerar seus acionistas por outros meios alheios aos dividendos, então estaremos diante de alternativas substitutivas. Em outras palavras, o que será que conduz o tomador dos recursos a distribuir dividendos ao invés de remunerar os acionistas por outro método?

A política de dividendos diz respeito à destinação dada aos lucros excedentes, elevam-se duas alternativas: a retenção ou a distribuição dos lucros. As causas e fatores por traz da política de dividendos (retenção ou distribuição) e como os lucros serão distribuídos, estão dispostos em um amplo acervo teórico. As causas e fatores que sustentam a política de dividendos podem se apresentar como causas de primeira ordem ou de ordem secundária.

Em ambas as escolhas para a política de dividendos, hão de existir vantagens e desvantagens, o que é denominado de *trade-off*. O *trade-off* de cada alternativa, nada mais é do que assumir os custos da escolha, conhecendo das desvantagens da escolha selecionada e, conhecendo das vantagens da alternativa deixada de lado. Em outras palavras, trata-se de um sopesamento de alternativas, optando por aquela que traz maiores vantagens do que desvantagens. Estaremos a investigar qual o papel dos tributos nessa decisão fundamental e quais as implicações da intervenção nas decisões corporativas.

É possível estabelecermos que: as corporações emitem ações com o fim precípuo[309] de financiar novos projetos, ou seja, a busca de capital de terceiros, com o fim de financiar investimentos. Os motivos ocultos para a procura de financiamento no mercado de capitais, são várias: seja porque os recursos acumulados pela empresa são insuficientes para execução de investimentos com capital próprio; porque o investimento é muito dispendioso ou porque a empresa ainda é imatura e não gera lucros suficientes no presente, por isso demanda capital de terceiros que enxergam alguma perspectiva de crescimento futuro.

Os dividendos fazem parte desse ciclo de emissão de novas ações para o pagamento de investimentos e distribuições dos excedentes. Se os investimentos renderam frutos, os lucros excedentes ficam à disposição da empresa para decidir se distribuem ou retem para fazer novos investimentos no futuro.

A decisão de reter e reinvestir ou distribuir os lucros excedentes *(dividend policy)*, deve ser tomada, tão somente, com base nas condições atuais e futuras da empresa, de modo que a política fiscal, não altere as decisões corporativas. Com base nas decisões que melhor atendam os interesses da sociedade empresarial.

1.1 O enigma dos dividendos (*the dividend puzzle*)

O termo cunhado de forma inaugural por Black, *"the dividend puzzle"* ou "o enigma dos dividendos", em 1977[310], traduzia o verdadeiro problema dos dividendos. Dentre as diversas controvérsias, Black se indagava por que as corporações pagam dividendos e por que os investidores dão atenção à política de dividendos?

[309] Outras motivações para a escolha de emitir novas ações tem respaldo na literatura.

[310] BLACK, Fischer. *The dividend puzzle.* **Streetwise**: ***The Best of" The Journal of Portfolio Management***, v. 10, 1998.

À época de Black, a pergunta mais suscitada para o problema dos dividendos era: porque as empresas pagam dividendos, mesmo com o encargo tributário penalizante, de modo que os ganhos de capital através da recompra de ações (realizáveis a qualquer momento), eram muito mais vantajosos como instrumento de planejamento tributário?

Para Gordon e Dietz, o *dividend puzzle* se estende também a tantas outras perguntas relacionadas à política de dividendos, como: porque algumas empresas que nunca pagaram dividendos, emitem novas ações? por que as empresas que pagam dividendos com frequência, emitem novas ações, simultaneamente? porque as recompras de ações crescem, mesmo sabendo da sua volatilidade?[311]

Os dividendos distribuídos, não traziam qualquer vantagem aparente às corporações e aos acionistas. Outrossim, não era autorizado qualquer forma de dedução tributária para as empresas que distribuíam dividendos, já para os acionistas, os dividendos incidiam com base nas alíquotas progressivas do imposto de renda. Essas duas penalidades tributárias, tornavam as distribuições extremamente onerosas, tanto para as corporações quanto para os acionistas.

Além dos custos administrativos e tributários da emissão das ações, propriamente dita, o imposto de renda impunha encargos excessivamente altos, uma vez que incidiam sobre o lucro líquido corporativo e, posteriormente, sobre a Pessoa Física com o imposto de renda.

Acrescido a isso, a penalidade tributária contra os dividendos era ressaltada quando comparado com o tratamento dispensado aos ganhos de capital. Essa forma de remuneração dos acionistas, através dos programas de recompra de ações pelas empresas, eram tributados pelo método da proporcionalidade (*flat tax*) incidindo alíquotas significativamente menores, entre 15% e 20%. Enquanto isso, os dividendos obedeciam a tabela progressiva do imposto de renda cuja alíquota marginal mais elevada, podia alcançar o patamar de 70%.

Para amenizar essa discrepância, curiosamente, a legislação norte-americana, impunha um imposto adicional sobre os lucros retidos, no caso daquelas empresas reticentes em distribuir seus lucros.[312]

[311] GORDON, Roger H.; DIETRICH DIETZ, Martin. Dividends and Taxes. **NBER Working Papers**, n. 12292, 2006.

[312] Cf. BLACK, 1998.

As respostas para estas indagações de Black são múltiplas. Inicialmente, as indagações podem ser respondidas com respostas óbvias, tais como: as empresas remuneram seus acionistas pelo risco assumido por eles, como retorno do capital investido e/ou para encorajar os futuros potenciais investidores a investir naquela empresa, como uma forma de recompensa pelo investimento. Outra resposta óbvia para o problema, indica que os dividendos podem servir como um parâmetro para os preços das ações no mercado de capitais no futuro e servem de parâmetro de preço para as ações em circulação presente.[313]

A primeira resposta óbvia esbarra no problema da penalidade tributária, pois ela não explica por que as empresas ao invés de distribuírem seus dividendos, simplesmente, não remuneram os acionistas com programas de recompras ou retendo os lucros. A segunda resposta parece a mais desacertada, uma vez que não é racional incorrer em tantos custos, apenas para manter um padrão de preços de ações.

Assim como as conclusões do porquê as empresas pagam dividendos são várias, os motivos que permeiam a decisão de não pagar dividendos, também são incalculáveis. A escolha da política de dividendos voltada à retenção dos lucros, pode estar atrelada às oportunidades de investimento perdidas pelas corporações ao distribuí-los. Assim, ao renunciar os recursos disponíveis no caixa, a empresa perde oportunidades de investimentos imediatos para remunerar os seus acionistas. Essa última alternativa, justificaria, em partes, a simultaneidade da emissão de novas ações com a distribuição em períodos coevos, mas não explica por que as empresas se disporiam a assumir tantos custos tributários e não-tributários.[314]

Ademais, Black colocava em dúvida a previsão de que as empresas que nunca pagam dividendos, teriam o mesmo valor de mercado que as empresas que pagavam dividendos com frequência. O autor se mostrava recalcitrante com a hipótese de que as suas ações de uma empresa que paga dividendos teriam igual valor às das empresas que não pagavam dividendos. Portanto, na percepção do autor, empresas e acionistas não poderiam ser absolutamente indiferentes às políticas de dividendos, por motivos tributários ou não-tributários. Os acionistas, por motivos tributários, não poderiam ser indiferentes aos dividendos, porque alguns tinham preferência por recebê-los, quando suas alíquotas do IR eram mais baixas, enquanto outros prefeririam

[313] Cf. BLACK, 1998.

[314] Cf. BLACK, 1998.

mantê-los retidos na empresa, porque recolhiam o IR nas faixas mais altas. Estes últimos exigiam mais desempenho da empresa para que os preços das suas ações aumentassem no mercado, assim o acionista poderia vender as ações e perceber o retorno do investimento.

Os únicos acionistas que se manteriam absolutamente indiferentes à política de dividendos, seriam aqueles com alguma espécie de alívio fiscal, que desfrutavam de isenções, deduções ou crédito decorrentes dos dividendos recebidos. Usualmente, os fundos de pensão, fundos mútuos e certas instituições especificadas em lei, os acionistas com alívios tributários são chamados de investidores institucionais. [315]

Black conclui que o problema dos dividendos não é óbvio, muito pelo contrário, o problema é multifacetário, permite um amplo espectro de respostas viáveis. Em certa medida, pode-se argumentar com fundamento em alternativas óbvias (remuneração em função do risco e com o fim de atração de novos investidores) contudo, quando se instaura a relação dos dividendos e dos impostos, as respostas se tornam bastante complexas.

A complexidade das respostas passa pela constatação de que, mesmo na presença de impostos extremamente onerosos, as empresas pagavam dividendos como praxe, enquanto os métodos menos penalizantes, eram mantidos em segundo plano (essa assertiva, todavia, no mesmo ano em que o autor escreveu o texto, não mais se confirmou. A partir de 1977, os programas de recompra de ação e outros métodos, substituíram os dividendos como método preferível para distribuição dos resultados).

Passaremos a investigar as principais teorias que emergiram desse "mar de incertezas", o enigma dos dividendos.

1.2 Sobre a relevância dos dividendos

Para investigarmos os elementos que circundam a tributação dos dividendos, antes, devemos compreender a dinâmica da política de dividendos para as corporações, acionistas e investidores. Nesse sentido, dois trabalhos foram

[315] Para adquirir o *status* de acionista ou investidor institucional, a corporação deve cumprir com alguns requisitos, segundo asseverado por Yagan, a saber: i) não possuir mais de 100 acionistas; ii) todos os acionistas devem ser cidadãos americanos ou residentes; iii) só podem emitir uma classe de ações; iv) não podem ser "entidades empresariais" (business entities). Isto para citar apenas algumas das principais exigências estabelecidas em lei. YAGAN, Danny. *Capital tax reform and the real economy: The effects of the 2003 dividend tax cut.* ***American Economic Review***, v. 105, n. 12, p. 3531-63, 2015.

precursores para desvendar as repercussões das políticas de dividendos e os *payouts*[316] aos seus acionistas. Inicialmente, a chamada teoria da relevância dos dividendos de 1956 do economista norte-americano John Lintner, seguido pela denominada teoria da irrelevância dos dividendos de Miller e Modigliani (M-M). trataremos das teorias da relevância e irrelevância dos dividendos em ordem cronológica.

Inaugurando os trabalhos para a compreensão da política de dividendos, Lintner, em 1956, publicou na revista *The American Economic Review*, artigo intitulado *Distribution of income of Corporations among dividends, retained earning, and. taxes*[317]

Os resultados apresentados por Lintner nesse texto, ficaram conhecidos como Teoria da Relevância dos Dividendos. O trabalho foi bastante difundido nos meios acadêmicos quando da sua publicação, pois a partir desse, o volume de estudos com o mesmo objeto aumentou significativamente.

No texto, Lintner arguia que a política de dividendos das corporações, mantêm correlação direta com as flutuações cíclicas da economia e com os processos de crescimento de médio-longo prazo. [318]

Lintner distinguiu quinze potenciais fatores e características que podem ter correlação com as escolhas da política de dividendos. O autor analisou dados de 600 corporações listadas na bolsa de valores, destas corporações, foram selecionadas 28 para obter mais detalhes acerca da política de dividendos escolhidas pelos gestores e assembleia geral, com pelo menos três empresas para cada um dos recortes de características. O autor adotou o método de entrevista com os administradores e acionistas das companhias analisadas, para compreender a dinâmica da política de dividendos na visão de cada uma desses personagens e tendências para o futuro.

Das empresas selecionadas, quatro pagaram mais de 70% dos seus lucros no período pós-guerra, doze distribuíram menos de 40% dos seus lucros; seis delas não usaram financiamento externo; cinco destas empresas utilizaram

[316] Utilizamos a expressão inglesa *payout* para tratar da distribuição dos lucros aos acionistas, por qualquer um dos métodos selecionados, inclusive dividendos. A "taxa de *payout*" para a literatura nada mais é do que a relação percentual do lucro líquido do exercício sobre os lucros distribuídos aos seus acionistas. Ou seja, quando uma empresa tem uma taxa de *payout* de 25%, significa dizer que ela distribuiu 25% do seu lucro líquido ajustado aos seus acionistas.

[317] LINTNER, John. *Distribution of Incomes of Corporations Among Dividends, Retained Earnings, and Taxes*. ***The American Economic Review***, vol. 46, no. 2, American Economic Association, p. 97–113, 1956.

[318] *Ibid.*, 1956.

financiamento externo em mais de quarenta por cento para financiar equipamentos; duas empresas tinham políticas de dividendos com pagamentos fixos sem ajustamento. Outros fatores como tamanho da empresa, média relativa dos lucros sobre capital investido, média da proporção preço-lucros; liquidez; estabilidade dos lucros; capitalização, setor de atuação entre outros, foram destacados como possíveis fatores.

O estudo focou em desvendar quando as alterações na política de dividendos poderiam, excluídas outras circunstâncias paralelas, afetar o processo de decisão e quais os fatores que poderiam agir ativamente para a tomada de decisão, especialmente nos casos em que houvera uma alteração nas proporções de dividendos distribuídos.

O autor verificou que, em alguns casos, conflitos de interesses entre os gestores e os acionistas tomavam parte no processo de decisão para a política de dividendos, quanto ao montante a ser distribuído e a frequência dos *payouts*. Parte dos gestores insistiam que os interesses dos acionistas não refletiam os interesses das pessoas jurídicas, enquanto entidades com personalidades distintas, totalmente descolada das figuras de seus acionistas. Logo, as preferências dos acionistas e o montante dos dividendos distribuídos, não se bastariam para guiar as decisões da corporação.

Contudo, a opinião de alijar as preferências dos acionistas do processo decisório era, uma opinião excepcional e bastante particular de alguns gestores. As entrevistas com os gestores e administradores, em sua maioria, revelaram uma preocupação premente com o grau de prioridade das distribuições em proveito dos acionistas.

Os gestores manifestaram essa opinião, sob a alegação de que o risco do sucesso ou insucesso da empreitada, é, relativamente, compartilhada entre os acionistas, uma vez que em caso de falência e liquidação, os acionistas são os últimos na cadeia de credores a reaverem os valores ali depositados.

Nesses termos, os gestores consideravam que os acionistas tinham interesses prioritários no recebimento dos resultados positivos do período, pois eles têm *"proprietary interest in earnings"*, refletindo uma faceta da estratégia de maximização do valor acionário.

Sobre a responsabilidade dos gestores com relação aos recursos investidos pelos acionistas, porquanto, aqueles teriam uma responsabilidade fiduciária sobre o capital dos proprietários dos títulos mobiliários. Tão logo, esses gestores se manifestaram no sentido de que os lucros obtidos pela corporação, tinham de ser distribuídos aos proprietários de direito, conforme sua participação acionária e com prioridade. A forma usual na qual os acionistas exerciam tal direito de participação nos lucros se materializava na forma de dividendos em 1956.

As decisões de quanto será distribuído aos acionistas, segundo os gestores, estava diretamente relacionada à proporção dos lucros registrados no período e da existência ou não de uma taxa de *payouts* estabelecida como meta para as distribuições. Esses são os dois fatores primordiais para a tomada de decisão, qual seja, a lucratividade e um percentual ótimo/meta de distribuições.

Essa meta de *payouts* não era uma regra ou um acordo previsto em estatuto, mas um padrão médio saudável para a remuneração dos acionistas, tratava-se de um nível ideal a ser perseguido. [319] Em algumas empresas, essa meta de distribuição se transmutou em uma política formal de distribuição, ou seja, um padrão de distribuições pré-estabelecido pelo contrato social. Os dividendos, para essas empresas com meta prefixada e formalizado, deveriam ser ajustados com referência aos lucros correntes (*payout current earnings*) com relação à taxa de *payouts* do período anterior.

Em outras palavras, de acordo com o aumento ou a redução dos lucros registrados no exercício, os dividendos deveriam ser corrigidos, também, levando em conta a proporção de capital seria investido em equipamentos e ativos circulantes. Contudo, verificou-se que esses ajustamentos de dividendos, por vezes, eram retardatários em relação aos lucros do exercício. Isto é, nem sempre os dividendos acompanhavam os lucros registrados e a condição presente da empresa, isso poderia se dar tanto com o aumento quanto pela redução dos lucros líquidos.

As médias de *payouts* variavam entre as empresas, indo de um mínimo de 20% de distribuição dos lucros correntes até um máximo de 80% (esses níveis máximos e mínimos eram evitados), sendo que a média geral entre as empresas que distribuíam constantemente, estava na faixa de 50% sobre os lucros registrados.

A prospecção dos gestores para a distribuição, contudo, ficava entre os dois extremos, ou seja, entre 40% e 60%. Com essas proporções, as corporações poderiam obter uma política de dividendos considerado satisfatória. Todas as empresas estudadas, tinham metas de distribuição formais ou informais, para a distribuição dos seus lucros, com exceção de duas.

Segundo Lintner, cada empresa escolhia suas taxas de *payout* conforme uma série de fatores determinantes, a saber: i) prospecção de crescimento e a prospecção dos lucros em uma empresa relevante (parceira); ii) os movimentos cíclicos de oportunidades de investimento, considerando as experiencias

[319] Cf. LINTNER, 1956.

passadas; iii) a importância dos ganhos de capital a longo prazo, tendo em nota a preferência dos acionistas por lucros flutuantes ou estáveis de dividendos; iv) o julgamento dos investidores quanto à importância dos *premium market*, o que pode alterar a taxa de *payouts*; v) a velocidade dos ajustamentos conforme o lucro; vi) a força financeira da empresa; vii) grau de acesso ao mercado de capitais; viii) política da empresa relacionada ao uso do débito externo e a emissão de novas ações; ix) os impostos.

Em todas as companhias estudas, dois ou mais fatores acima foram encontrados. Um dos fatores predominantes nas escolhas de *payouts*, dizia respeito aos níveis de oportunidade de investimentos das empresas, quanto maiores as oportunidades de investimento, menores os pagamentos de dividendos, em função daquele fenômeno destacado em tópicos anteriores, conforme aumenta os dividendos renuncia-se às oportunidades de investimento presentes.

Lintner alerta que os tributos podem distorcer as escolhas de *payouts*, todavia, essa distorção não estava diretamente atrelada à tributação dos acionistas beneficiários, mas o montante que seria reduzido dos lucros líquidos do exercício, senão vejamos que: "[...] *the higher tax liability, the smaller the net earnings reported and smaller the dividend* [...]".[320]

Conforme asseguramos no início da nossa explanação, o texto de Lintner não tinha como escopo o estudo dos efeitos dos impostos sobre a política de dividendos. O autor incutiu os impostos como um dos fatores que poderiam alterar a política de dividendos, pois, o elemento de primeira ordem para a distribuição ou não residia nos lucros líquidos reportados pela empresa, à medida que os impostos influem no resultado da empresa após-impostos, então a distribuição dos dividendos poderá ser afetada.

Nesse sentido, porquanto, Lintner previa que a política de dividendos era impactada diretamente pelos impostos incidentes contra a empresa e, indiretamente, pelos impostos pagos pelos acionistas. Os impostos que incidiam em face da empresa, interagem com o fluxo de caixa que estará disponível para a distribuição.

O fator de primeira ordem para a escolha pela distribuição dos lucros, conquanto, é o lucro líquido registrado, por conseguinte, o fator secundário para a decisão, são as oportunidades de investimento disponíveis para a empresa. Observa-se que os impostos, assumem um papel de protagonismo na teoria de Lintner, apenas quando aqueles contribuem para a redução do lucro líquido.

[320] Tradução livre: "[...] quanto maiores as obrigações tributárias, menores os lucros líquidos reportados e menores os dividendos". LINTNER, 1956.

1.2.1 Teoria do pássaro na mão e estabilidade dos dividendos no longo prazo

Algumas conclusões foram extraídas da Teoria da Relevância dos Dividendos de Lintner: i) os investidores tendiam a preferir dividendos menores, mas certos e regulares ao invés de retenções com promessas de dividendos maiores no futuro ou com base na promessa de aumento do valor das ações; ii) os dividendos são estáveis no tempo, sendo que uma variação para baixo, poderia abalar a credibilidade dos gestores junto ao mercado e junto aos acionistas.

A proposição "i" ficou conhecida como Pássaro na Mão (*Bird in hands*), apesar de o *paper* de 1956 de Lintner tratar dessa preferência dos investidores de forma residual, posteriormente, Myron Gordon[321] e o próprio Lintner[322], reiteraram a proposição de preferência de recebimento de dividendos ao invés da promessa de valorização das ações e dividendos maiores no futuro.

Nessa proposta, os autores sugeriam que os investidores não são absolutamente indiferentes às alternativas: dividendos ou ganhos de capital, pois os acionistas tenderiam a optar pelo lucro presente e certo dos dividendos ao invés do lucro futuro, ainda que maior, mas incerto dos ganhos de capital (ao venderem suas ações por preço acima do preço pago na aquisição). Razão pela qual mais vale um pássaro na mão do que dois voando.[323]

Assim, os investidores dariam preferência e avaliariam melhor as empresas que distribuem dividendos com frequência, já as empresas com baixas taxas de *payout* seriam preteridas pelas primeiras.

Em outras palavras, caso a corporação registrasse lucro líquido passível de distribuição, seria do interesse dos acionistas que os lucros fossem distribuídos ao invés de aguardar uma valorização dos preços das ações, em um futuro desconhecido. A proposição sugere que é preferível a distribuição dos valores excedentes à retenção dos lucros, mesmo que com promessa de aumento dos preços das ações.

Se, por outro lado, as corporações decidirem financiar novos projetos com lucros retidos, os retornos futuros esperados dos acionistas terão de ser cada vez maiores, pois os riscos que incorrem e as incertezas dos ganhos também aumentam.

321 GORDON, Myron J. *Dividends, earnings, and stock prices*. ***The review of economics and statistics***, p. 99-105, 1959.

322 LINTNER, John. *Optimal dividends and corporate growth under uncertainty*. ***The Quarterly Journal of Economics***, v. 78, n. 1, p. 49-95, 1964.

323 *'A bird in the hand is worth two in the bush'*

Myron Gordon, nesta mesma linha, pouco tempo depois, publica um artigo estabelecendo três hipóteses, investigando qual é o produto que o investidor compra ao adquirir uma ação. O investidor pode estar comprando: i) dividendos e lucros; ii) apenas dividendos ou; iii) apenas lucros. Gordon destaca que alguns atributos são analisados para avaliar se certa ação vale o preço corrente, tais como, o *dividend yield*[324], o crescimento das vendas, ou a habilidade da administração.[325]

O investidor, na hipótese da aquisição de lucros, ignora a existência de dividendos, porque conhece do seu direito certo ao recebimento de dividendos por força da lei e da sua participação nos lucros da empreitada. Com base nisso, poderia se argumentar que o investidor, demonstraria preferência na retenção dos lucros, para aumentar o valor da ação, ao invés de distribuir, tendo em vistas o encargo tributário mais gravoso para os dividendos do que para os ganhos de capital. Se assim fosse, dividendos e lucros retidos se apresentariam como alternativas substitutivas. Todavia os resultados encontrados pelo autor indicam o contrário, ou seja, que existe diferença estatística entre um e outro.

A hipótese de que os investidores estão comprando dividendos, para Gordon é intuitivamente plausível, porque o investidor está comprando um pagamento futuro, uma remuneração periódica. Na hipótese dos dividendos, supõe-se que o investidor está comprando os dividendos futuros e ignorando o valor presente da aquisição, ou seja, o adquirente das ações dá mais valor à remuneração futura do que o preço pago no presente para a aquisição.

É de se supor que, se o investidor adquire dividendos, então o aumento dos dividendos é desejável. Pensando nisso, o autor argumenta que a principal causa de crescimento dos dividendos de uma corporação é a retenção dos lucros. Isto porque, o retorno do investimento e a retenção de uma fração dos lucros resultará em dividendos com uma "taxa de crescimento" somada aos dois primeiros, um verdadeiro acréscimo futuro.

O autor prediz que o investidor, quando avalia a ação, não está interessado na taxa de crescimento do dividendo, mas no crescimento real *(growth)*. Razão pela qual, uma taxa de crescimento alta, começa com um valor inicial baixo que será descontado em um futuro muito distante. Isto não será mais

[324] *Dividend yield* nada mais é do que o rendimento dos dividendos. Para se chegar ao *dividend yield* basta dividir os dividendos distribuídos pelo preço das ações correntes. Deve-se ter em mente que o retorno esperado pelo acionista também compõe outras formas de remuneração. BREALEY, Richard A. et al. ***Principles of Corporate Finance***. 12/e. McGraw-Hill Education, 2018.p. 90.
[325] Cf. GORDON, 1959.

interessante do que uma taxa baixa de crescimento, mas que possua um valor inicial alto.

Quando os lucros são retidos com o intuito de valorização, Gordon considera que a incerteza aumenta significativamente, a incerteza do pagamento futuro aumenta na proporção do tempo. Em outras palavras, quanto mais distantes se tornam os pagamentos, mais incertos serão e, por outro lado, as taxas de desconto também serão incertas no futuro. A incerteza do pagamento de dividendos, aumentam os riscos que o acionista incorre ao adquirir novas ações, porque permanecerá dependente das flutuações dos preços das ações.

Logo, a teoria do pássaro na mão sustenta que o investidor, ao adquirir uma ação, visa o ganho certo presente, representado na figura dos dividendos, ao invés do lucro futuro incerto na forma de ganhos de capital. Em outras palavras, o acionista mostra uma preferência quanto à forma de remuneração.

A proposição do item "ii", segundo Lintner, indica que os dividendos são bastante estáveis ao longo do tempo, tendo poucas variações quanto às taxas de distribuição. Lintner ampara essa tendência de manutenção estável dos dividendos no temor dos gestores de reduzir as taxas de distribuição. Essa proposição se coaduna com a do item "i", pois a preferência dos acionistas é pelo recebimento de dividendos, ainda que em porções menores.

O articulista alerta que, até mesmo entre os gestores que entendem que as empresas são entidades separadas e completamente autônomas das pessoas de seus acionistas, e, por isso, não tomam nota dos interesses deles, mostraram-se preocupados com redução injustificada dos dividendos. O receio do enfraquecimento da posição pessoal do gestor na corporação e para o mercado, alimentam o temor da retenção injustificada dos lucros. Uma vez que os dividendos só poderiam ser reduzidos em virtude do declínio dos lucros ou caso aparecesse alguma oportunidade de investimento. Se os lucros da empresa estão em declínio, então é deflagrada um problema de gestão, o que sinaliza aos potenciais investidores que o gestor não é capaz.

Ademais, a diminuição da proporção dos dividendos, abaixo da meta de pagamentos esperada, pode ser encarada pelos acionistas como uma atividade imprudente por parte do gestor (senão vier acompanhada da justificativa de mudança na condição financeira da empresa ou surgimento de oportunidade de investimentos), implicando em potenciais atritos entre a administração da corporação e os acionistas.

Essa proposição é corroborada quando se observa o comportamento das corporações estudadas, isto pois, dois terços das empresas, mantinham pagamentos regulares, consistentes com os pagamentos dos anos anteriores.

Em vista disso, os acionistas esperam uma taxa de retorno conforme dos pagamentos precedentes.

Segundo o estudo, caso as oportunidades de investimento se apresentem abundantes, não podendo ser financiadas com recursos próprios (mesmo que seguido de um aumento na taxa de *payouts*), os projetos remanescentes que seriam levados a cabo com recursos externos, passariam por uma reavaliação, a fim de se ter certeza da sua desejabilidade e da justificação para a busca de capital externo. Essa estratégia visa evitar a diminuição dos dividendos.

Portanto, quando os dividendos aumentam, a empresa deve garantir que os dividendos futuros serão estáveis e se manterão altos, indicando lucros compatíveis com as metas de distribuição. Em sentido oposto, se a companhia reduz seus dividendos, os pagamentos se manterão estáveis e baixos no futuro, indicando que os lucros da empresa são compatíveis com as metas de distribuição.

Conclui-se, pois, que os dividendos mantem uma certa estabilidade em relação aos anos anteriores, muito em virtude da pressão dos acionistas que querem receber pagamentos frequentes, ainda que baixos, ao invés de esperar pela valorização das ações no futuro. Esse comportamento é condizente com a teoria de que o risco do investimento aumenta na medida que os lucros permanecem retidos.

1.2.2 Efeito clientela

O efeito clientela é apreendido pelas duas teorias, tanto da irrelevância dos dividendos quanto da relevância. Entre os proponentes da teoria da irrelevância, Miller e Modigliani, teceram alguns comentários, baseados na hipótese da irrelevância, a respeito desse efeito. Contudo, optamos por inserir o efeito clientela como subtópico da teoria da relevância, porque também dialoga com esta.

O efeito clientela, também conhecida como teoria da preferência tributária, é observado entre corporações que instituem suas políticas de dividendos, frequência e montante dos *payouts,* levando em conta as preferências tributárias dos acionistas e o perfil dos investidores que almejam captar. A teoria propunha, essencialmente que, mesmo havendo alguma distorção na política de dividendos, as empresas e os acionistas ajustariam suas preferências a essas condições novas, principalmente, ao investir conforme suas prioridades quanto à forma de remuneração dadas as suas preferencias tributárias.

Supunha-se que as corporações com políticas de dividendos frequentes e altos, miravam, principalmente, acionistas com alguma espécie de alívio fiscal ou isenção das remunerações do capital ou acionistas sem direito de voto. Por outro lado, as empresas sem políticas de dividendos frequentes ou que não distribuem dividendos em hipótese alguma e retem todos os lucros, optam por angariar investidores com alíquotas do IR nas faixas mais altas.

Acredita-se que essas empresas que não pagam dividendos, fitavam acionistas que contribuíam nas faixas mais elevadas do IRPF. Tendo em vista que este perfil de acionistas prefere não receber dividendos, ao oposto disso, favorecem o aumento dos preços das ações pela retenção e melhora dos resultados da empresa, a fim de negociá-las no mercado secundário a preços maiores.

A hipótese do efeito clientela é aceita em muitos trabalhos acadêmicos, tanto entre os postulantes da teoria da relevância como da irrelevância dos dividendos. Contudo, no nosso entendimento, esse ser um efeito residual (para não dizer estratégia), como resposta à política fiscal, não se tratando de uma causa de primeira ordem para as empresas distribuírem ou não dividendos. Nesse sentido, também se colocam Black e Scholes.[326] O efeito clientela, não apresenta uma resolução para o problema dos dividendos ou o enigma dos dividendos, ela reitera um desvio do comportamento dos acionistas, investidores e empresas frente aos impostos.

O efeito clientela não consegue explicar por que as empresas distribuem dividendos e por que as estruturas de distribuição ocorrem de um determinado jeito, ou porque as empresas pagam dividendos mesmo incorrendo em outros custos de distribuição, que não são tipicamente, custos tributários. Os teóricos do efeito clientela também não indicam quais as preferências das empresas para atrair novos investidores, ao invés disso, indicam apenas as preferências dos investidores para aportar capital em uma empresa com certa política de dividendos.[327]

[326] BLACK, Fischer; SCHOLES, Myron. *The effects of dividend yield and dividend policy on common stock prices and returns*. ***Journal of financial economics***, v. 1, n. 1, p. 1-22, 1974.
[327] AUERBACH, Alan J. *Taxation, corporate financial policy and the cost of capital*. ***National Bureau of Economic Research***, 1982.

1.3 Sobre a irrelevância dos dividendos

A Irrelevância dos Dividendos, teorizada por Miller e Modigliani em 1961, contrapunham a tese de Lintner.[328]

Cumpre aqui relembrarmos o leitor, antes de darmos sequência na teoria da irrelevância dos dividendos, que os recursos destinados aos investimentos das empresas, provêm de duas matrizes diferentes. Em uma delas, a empresa pode assumir dívidas ou débitos, geralmente, representados por empréstimos bancários, emissão de debêntures e outros títulos que implicam no pagamento de juros. Em contrapartida, as empresas podem ser financiadas por capital próprio, geralmente representada pelos lucros retidos, reserva de capitais, valorização dos ativos ou pela emissão de novas ações. Essa proporção entre débito e capital próprio, chama-se estrutura de capital. A política selecionada pela empresa, que indicará para qual das fontes recorrer, se o débito ou o capital próprio, chama-se política de financiamento. As empresas podem adotar estruturas de capital totalmente constituídas por débito, assim como pelo capital próprio. Em vistas da limitação do escopo do trabalho e a extensão do tema, não nos embrincaremos nesse assunto, cabendo apenas fazer esclarecimentos gerais.

Miller e Modigliani (M-M) assumiam que, em um mercado de capitais perfeito, sem a presença de impostos; sem investidores marginais[329]; sem custos de transação; sem assimetria de informações; onde não há impostos sobre os ganhos de capital; todos os agentes que estão envolvidos no mercado são totalmente racionais; os acionistas e investidores pretendem sempre maximizar suas riquezas, sendo indiferentes quanto a forma com que essa riqueza chegará até eles; os acionistas e investidores tem uma "certeza perfeita", ou seja, que ele participará dos programas de investimento futuros e dos lucros futuros da empresa.

Nesse cenário hipotético, para o acionista, pouco importa quais os meios com os quais a empresa irá se financiar, se através do débito ou do capital próprio, por exemplo, empréstimos bancários ou emissão de novas ações, respectivamente. O único instrumento de financiamento, nesse cenário hipotético e que não tem qualquer relevância para os acionistas, por conveniência é

[328] MILLER, Merton H.; MODIGLIANI, Franco. *Dividend policy, growth, and the valuation of shares.* ***The Journal of Business,*** v. 34, n. 4, p. 411-433, 1961.

[329] Personagens que podem influenciar nos preços das ações das companhias e na política de distribuição. Os investidores marginais, determinam o custo do capital. Os Investidores marginais, devem possuir um número significativo de ações e com elas deve transacionar no mercado para conseguir influenciar nos preços das ações de uma determinada companhia.

chamado de *"shares of stock"*. Para os acionistas e investidores, o aumento constante do valor das ações (preços) e a potencialidade de lucratividade é o único esforço requerido das corporações. Enfim, a forma pela qual os acionistas e investidores aumentarão suas riquezas não tem qualquer relevância.

Nesse cenário hipotético, portanto, dividendos e ganhos de capital são substitutos perfeitos uns dos outros, sendo, para os acionistas, irrelevante, sob qual forma virá a remuneração. Assim, os acionistas e investidores que estiverem insatisfeitos com a política de distribuição de dividendos em uma determinada empresa, poderiam, simplesmente, vender suas ações com baixas taxas de retorno e investir em empresas que lhes ofereçam taxas de retorno melhores. Com esse movimento, as ações com baixas taxas de retorno seriam menos valorizadas pelo mercado e as com maiores taxa de retorno seriam mais bem aquilatadas pelo mercado. Em condições reais de mercado, na presença de impostos, M-M defendiam que a política de dividendos não afetaria as decisões das corporações de distribuir dividendos, pois elas desenvolveriam suas políticas conforme as preferências dos "investidores alvos", seguindo a tendência do efeito clientela.

Nesse mesmo sentido, os autores entendiam que as políticas de dividendos não afetariam as taxas de retorno dos acionistas, bem como a política de dividendos presente não determinariam o valor corrente dos dividendos, nem na forma como a empresa irá se financiar. Logo, a política presente de dividendos não influi na política de dividendos para o futuro.

Sem as assunções hipotéticas preliminares, Miller e Modigliani consideram que o valor das ações e da empresa, em condições reais, se darão com base no poder de lucratividade e a política de investimentos empreendidas pela corporação. O valor das ações e as taxas de retorno esperadas pelo acionista, não seriam determinadas pela política de dividendos ou com base em preferências individuais de cada acionista. Assim como não há correlação entre dividendos e valor da empresa.

Para M-M não importa como a empresa conseguiu os recursos ou se a firma distribuiu seus lucros aos acionistas, o valor da empresa dependerá, tão somente, da sua capacidade de conseguir lucros e do risco envolvido no processo. O valor da empresa está ligado às oportunidades de investimento com taxas de retorno acima do normal, o que reflete nos lucros esperados para o futuro. As oportunidades de investimento disponíveis não têm qualquer correlação com os dividendos.

Quando eliminadas as assunções preliminares de um mercado "perfeito", os impostos, mesmo que altos e escorchantes, não seriam capazes de alterar essa dinâmica, pois as oportunidades de investimento estariam disponíveis ou não, independente dos encargos tributários suportados pelos acionistas e pelas corporações.

Contudo, excluídas as assunções preliminares, apenas uma imperfeição de mercado seria capaz de produzir distorções nessa dinâmica, seria o prejuízo tributário dos dividendos em relação aos ganhos de capital quando do imposto de renda pessoal dos acionistas. Quando a empresa é autorizada a deduzir os juros pagos em razão da assunção de dívida, alinhado ao fato de a distribuição de dividendos não gerar qualquer espécie de vantagem tributária, então a política de financiamento e a estrutura de capital das empresas serão, preferencialmente, compostas por dívidas/débitos.

A distorção criada pela não equiparação dos encargos tributários, gerava uma preferência pelo financiamento pelo débito ao invés do capital próprio[330]. As empresas que eram financiadas com mais débito e menos com capital próprio *(equity)*, seriam, significativamente, mais lucrativas do que as empresas que só se financiavam com capital próprio, porque as primeiras teriam vantagens tributárias que maximizariam seus lucros. [331]

À época da elaboração do texto, nos Estados Unidos, os dividendos eram absorvidos pela renda total do beneficiário pessoa física, e, estava sujeito à tabela progressiva do imposto de renda com alíquotas de até 91% (como vimos nos capítulos anteriores, as alíquotas efetivas não chegavam nem perto da alíquota *statutory*). Enquanto isso, as ações negociadas e as recompras de ações estavam sujeitas à uma alíquota proporcional de 15%. Essa distorção, preconizava M-M, poderia alterar as escolhas dos acionistas e das corporações, que por sua vez, poderia afetar os preços e as políticas de dividendos.[332]

A política de dividendos não deveria ser elaborada, segundo a teoria da irrelevância, com base na tributação dos dividendos, uma vez que a retenção dos lucros, com o intuito de evitar o pagamento de tributos pelos acionistas e corporações, implicaria em dividendos futuros maiores.[333] Dessa forma, a retenção presente não é instrumento para planejamento tributário, mas

[330] HANLON, Michelle; HEITZMAN, *Shane. A review of tax research.* ***Journal of accounting and Economics***, v. 50, n. 2-3, p. 127-178, 2010.

[331] MILLER, Merton. *Debt and taxes.* ***Journal of Finance*** nº 32, 1977.

[332] *"Of all the many market imperfections that might be detailed, the only one that would seem to be even remotely capable of producing such a concentration is the substantial advantage accorded to capital gains as compared with dividends under the personal income tax."*. CF. MILLER; MODLIGLIANI, 1961.

[333] MILLER, Merton H.; SCHOLES, Myron S. *Dividends and taxes: Some empirical evidence.* ***Journal of Political Economy***, v. 90, n. 6, p. 1118-1141, 1982.

apenas uma postergação do recolhimento do imposto que, inevitavelmente, ocorrerá no futuro.[334] [335]

Ao fim e ao cabo, o texto paradigmático de Miller e Modigliani, arguia que a política de dividendos era irrelevante, pois: não atingia a política de investimentos ou a estrutura de capital; não tinha correlação com o valor das ações no mercado; os impostos e demais imperfeições de mercado não seriam capazes de alterar a política de dividendos e de investimentos, pois todas são absolutamente independentes (salvo os prejuízos tributários dos dividendos em relação aos ganhos de capital); o acionista é indiferente quanto à forma da sua remuneração; os acionistas insatisfeitos com a política de dividendos e com as taxas de retornos das ações adquiridas em uma determinada empresa, poderiam, caso queiram, simplesmente, negociá-las no mercado, conforme suas preferências tributárias e; os impostos e os custos de transação não causam qualquer distorção nesse mercado hipotético.

1.4 Dividendos como instrumento de sinalização positiva

Noutra esteira, o postulado da teoria da sinalização, prediz que os dividendos são distribuídos aos acionistas com o fim de informar ao mercado que a empresa está em vias de crescimento e de lucros futuros maiores. A teoria afirma que os dividendos contêm informações positivas ou negativas acerca da lucratividade e da saúde financeira da empresa.

A teoria fora abraçada tanto pela literatura da relevância dos dividendos, como também a literatura que sustenta a irrelevância dos dividendos. Para a primeira teoria, os *payouts* contendo informações positivas, aumentam o valor de mercado da empresa, enquanto para a teoria da irrelevância, as distribuições não conduzem ao resultado da primeira.

Duas são as premissas que guiam a teoria da sinalização: i) os dividendos permanecem estáveis e só sofrerão variações para cima quando a empresa puder garantir o pagamento de dividendos estáveis no futuro e; ii) as informações à disposição dos agentes internos *(insiders)* são muito mais precisas e completas do que as informações disponíveis aos acionistas, investidores

[334] Essa assunção, todavia, está ancorada na ideia de que as corporações não têm alternativas válidas senão a distribuição de seus lucros pelos dividendos.

[335] ABREU, Ari Ferreira de. **Um estudo sobre a estrutura de capital e a política de dividendos considerando a tributação brasileira**. Dissertação (Mestrado em Controladoria e Contabilidade: Contabilidade) – Faculdade de Economia, Administração e Contabilidade, Universidade de São Paulo, São Paulo, 2004.

e personagens externos. Tais informações, chegam aos agentes internos com maior celeridade do aos externos, personagens que não estão no cotidiano da empresa, como os acionistas. O acionista-controlador também pode ser considerado um interno que dispõe de informações completas, pois está engajado diretamente na atividade empresarial ou recebe as informações por canais diretos com os gestores e administradores.

Essa diferença de informações acessadas por cada uma das partes interessadas na empreitada, é denominada de assimetria de informações. Cada um dos personagens[336] envolvidos nos diversos setores de atuação, nutrem informações que não são acessadas por outros personagens. Enquanto os gestores e alguns acionistas conhecem, previamente, a condição financeira, a perspectiva de lucratividade, os projetos que são visados pela firma; os acionistas minoritários, os acionistas preferências, os potenciais investidores, instituições bancárias, credores, fornecedores entre outros, não têm acesso prévio sobre estas informações.

Bhattacharya argumenta que as informações imperfeitas e lacunosas que chegavam aos externos, não permite que eles conheçam plenamente os problemas e as condições financeiras da empresa, porquanto, os acionistas e os personagens externos, recebem informações inadequadas.

Nas palavras de Bhattacharya:

> *Consider a cross-section of projects owned by different firms. The projects are all perpetuities and their mean cash flows differ, but (outside) investors can not distinguish among them. The only people who know the true cash flow distribution of each project are the "insiders" for each project [...]."*[337]

Considerando que diferentes empresas, possem diferentes projetos e oportunidades de investimento, os externos não conseguem diferenciar e estabelecer critérios de seleção entre as diversas firmas e a qualidade dos projetos visados por elas. As únicas pessoas que detêm as informações necessárias acerca do fluxo de caixa, são os agentes internos. Estes, sim, conhecem

[336] O emprego da palavra "personagem" é uma tentativa deliberada para evitar a expressão "agente" ou "agente econômico" que, mais adiante, adquirirá conotação própria com a teoria da agência.

[337] BHATTACHARYA, Sudipto. ***Essays on financial theory***. *Thesis P.H.D, Massachusetts Institute of Technology, 1978. p. 80.* "Considere um 'corte' de projetos, pertencentes à diferentes empresas. Os projetos são todos perpétuos e seus fluxos de caixa médio diferem, mas os investidores (externos) não conseguem distinguir entre eles. As únicas pessoas que conhecem a distribuição verdadeira do fluxo de caixa para cada projeto são os internos [...]" (tradução livre).

plenamente as barreiras e as facilidades para levar a cabo certos investimentos e suas perspectivas de retorno.

Neste diapasão, os dividendos servem como uma forma de publicização de informações alojadas, destinadas ao mercado, fazendo conhecer das oportunidades de investimento vislumbradas adiante pela empresa e a sua capacidade para financiá-las. A publicização dessas informações privilegiadas, poderia conduzir ao processo de valorização da companhia pagadora de dividendos e que os dividendos futuros irão se ajustar aos lucros.

No sentido oposto, o anúncio de uma nova emissão de ações e a notícia da retenção dos lucros, transmite, em tese, uma informação negativa aos externos. No caso das emissões, porque novas ações redundam na diminuição da participação nominal dos acionistas atuais da empresa e maior pulverização das ações, bem como poderia indicar que a empresa não consegue arcar com os custos de novos projetos pelas suas "próprias forças", razão pela qual recorreria a capital de terceiros. No segundo caso, a retenção deixa de informar ao mercado sobre as perspectivas de crescimento e os projetos intentados, o "ocultamento" das informações poderia não ser bem interpretada pelos externos, assim como, aumenta os riscos incorridos pelos acionistas que deixam de ter acesso às informações alojadas.

Por isso, Gordon e Dietz ressaltam que o modelo da sinalização, prevê que as empresas podem e devem pagar dividendos, contudo, o modelo se apresenta contrário à ideia de pagar dividendos simultaneamente à emissão de novas ações, em vistas que sinalizam informações antagônicas. [338] A emissão simultânea ao pagamento de dividendos, é inconsistente com o modelo da sinalização, pois um sinaliza um resultado negativo e o outro um resultado positivo. Quando essas predições são levadas para a experiência, diversos estudos indicam que as empresas pagam dividendos e, simultaneamente, emitem novas ações. Poterba e Summers, citando o estudo de Edwards[339],verificou que cerca de 25% das empresas que pagavam dividendos no Reino Unido, emitiram ações no mesmo ano, enquanto 17% delas, emitiram

[338] Cf. GORDON; DIETRICH DIETZ (nota de rodapé 312), 2006.

[339] EDWARDS, Jeremy. *Does dividend policy matter?* ***Fiscal Studies,*** v. 5, n. 1, 1984. *Apud* POTERBA, James M.; SUMMERS, Lawrence H. *The economic effects of dividend taxation.* ***National Bureau of Economic Research,*** 1984.

novas ações, e, no mesmo período, aumentaram os montantes pagos aos acionistas na forma de dividendos.[340] [341]

Na teoria da sinalização, porquanto, conhecendo das imperfeições de mercado e acrescendo estas ao modelo, postula que as empresas, mesmo com custos de transação e impostos, distribuem dividendos como forma de sinalização e divulgação de informações relevantes ao mercado.[342] Essencialmente, os impostos não são considerados, a priori, um fator impeditivo à distribuição dos lucros.

Uma variante da teoria da sinalização, defendida por Easterbrook,[343] prevê que os dividendos sinalizam compromissos dos gestores e administradores em favor dos interesses de maximização do valor acionário, o que resultaria em melhores práticas de governança corporativa, e, portanto, são relevantes para aumentar o valor de mercado da companhia. Nesta projeção, os dividendos não se prestam para sinalizar lucros futuros, mas para incrementar as boas práticas de governança corporativa através do monitoramento externo. Deixaremos essa pauta para mais adiante.

Black, partindo da premissa de Lintner, estabeleceu que os dividendos noticiavam "boas novas" aos acionistas e investidores, pois, considerando que os gestores e os administradores não aumentavam os dividendos, sem ter a certeza de lucros maiores no futuro, nem tampouco, reduziam os dividendos com receio da insatisfação dos acionistas, um aumento dos dividendos transmitia a mensagem ao mercado de que os lucros futuros seriam mais elevados e não seriam reduzidos no curto prazo. [344]

Outra predição da teoria da sinalização, afirma que os administradores e gestores, relutam em reduzir os dividendos das companhias com receio de sinalizar ao mercado baixas perspectivas de crescimento e a prospecção dos lucros medíocres. Por isso, a distribuição dos dividendos, para sinalizar boas novas, deverá ser na mesma proporção dos dividendos do exercício anterior ou maior do que os dividendos passados. [345]

[340] FAMA, Eugene F.; FRENCH, Kenneth R. *Financing decisions: who issues stock?* ***Journal of financial economics***, v. 76, n. 3, p. 549-582, 2005.

[341] BRAV, Alon *et. al. Payout policy in the 21st century.* ***Journal of financial economics***, v. 77, n. 3, p. 483-527, 2005.

[342] BHATTACHARYA, Sudipto. *Imperfect information, dividend policy, and "the bird in the hand" fallacy.* ***The Bell Journal of Economics***, p. 259-270, 1979.

[343] EASTERBROOK, Frank H. *Two Agency-Cost Explanations of Dividends.* ***The American Economic Review***, *vol. 74, no. 4*, p. 650–659, 1984.

[344] Cf. BLACK (nota de rodapé 311), 1998.

[345] KUMAR, Praveen. *Shareholder-manager conflict and the information content of dividends.* ***The Review of Financial Studies***, v. 1, n. 2, p. 111-136, 1988.

Bhattacharya se filia a corrente da irrelevância de M-M e situa a sinalização das informações como causa de primeira ordem para a distribuição dos dividendos. Em Bhattacharya, os dividendos são propícios à sinalização de lucratividade dos ativos da empresa, porque os gestores assumem compromissos de distribuição dos lucros. A única forma, para o autor, de sinalizar alguma informação oculta para o mercado é através dos dividendos, porque são os métodos alternativos de distribuição dos lucros não alcançam os resultados desejados com a mesma eficiência que os dividendos, justamente pela falta de compromisso dos gestores em estabilizar os pagamentos. [346]

Citando um artigo de Healy e Palepu, Brealey Myers e Allen, evidenciaram que, entre as empresas que nunca haviam distribuído dividendos, na sua primeira distribuição, os lucros no primeiro período após o anúncio aumentaram em 43%. No mesmo estudo, os autores concluíram que as empresas que iniciaram distribuições, obtiveram resultados, em média, 4% maiores no preço das suas ações. Corroborando com a tese de que a distribuição de dividendos é acompanhada de um aumento no preço corrente das ações. [347]

No mesmo sentido, Fama e French, fazendo uma correlação entre impostos e financiamento, ressaltaram que os tributos são um dos elementos mais importantes para a tomada de decisão quanto aos projetos de financiamento, mas desempenham um papel secundário na política de dividendos. Segundo os autores, o estudo não encontrou respostas conclusivas sobre a relação entre impostos e financiamento (débito ou capital próprio) mas que os resultados levaram à opção pela alternativa da sinalização. Os tributos são fatores de ordem secundária para a escolha da política de dividendos, mas os efeitos (positivos ou negativos) da sinalização, são fatores de primeira ordem para a distribuição ou retenção dos lucros. Isto porque os dividendos indicam os lucros subsequentes e perspectivas sobre a lucratividade de determinado projeto. Os autores identificaram efeitos tributários diretos sobre as decisões, somente quando outras variáveis absorveram as informações sobre a lucratividade das decisões de financiamento. [348]

Gordon e Dietz destacam que há um custo ótimo de sinalização. Se as empresas alcançarem esse custo ótimo de sinalização, elas podem continuar

[346] Cf. BHATTACHARYA (nota de rodapé 342), 1979.

[347] HEALY, Paul M.; PALEPU, Krishna G. *Earnings information conveyed by dividend initiations and omissions*. ***Journal of financial Economics***, v. 21, n. 2, p. 149-175, 1988. *Apud* BREALEY *et al.* (nota de rodapé 324), 2018. p. 413.

[348] FAMA, Eugene F.; FRENCH, Kenneth R. *Taxes, financing decisions, and firm value*. ***The journal of Finance***, v. 53, n. 3, p. 819-843, 1998.

a manter os custos de distribuição, mesmo que os impostos sejam mais altos, o que torna o modelo da sinalização, parcialmente, indiferente às mudanças na legislação tributária e ao aumento do imposto de renda. Por outro lado, se os custos de sinalização não alcançam o patamar ótimo, os impostos afetam diretamente as decisões de pagar dividendos, culminando na redução dos *payouts*.[349]

Em artigo crítico ao modelo da sinalização, DeAngelo *et. al.*[350] descartam a utilização dos dividendos como prospecção e mecanismo transmissor de informações relevantes. Os autores ressaltam que os dividendos, no modelo da sinalização, revelam um viés excessivamente otimista por parte dos administradores e gestores quanto às perspectivas de crescimento da empresa, onde as previsões superestimam os ganhos futuros e as informações desalojadas pelos dividendos ao mercado.[351]

DeAngelo *et. al.*[352], apresentam seis hipóteses que indicam porque os dividendos não sinalizam os lucros esperados: i) os lucros presentes já informaram ao mercado as expectativas para os lucros futuros, sendo despiciendo que a empresa incorra em novos custos para sinalizar informações já disponíveis; ii) os dividendos distribuídos são, essencialmente, parte do fluxo de caixa livre, em razão da redução das despesas da empresa. Esse movimento de distribuição dos fluxo de caixa livre não permite aquilatar a lucratividade futura; iii) o aumento dos dividendos são respostas atrasadas de lucros passados, que não refletem em lucros favoráveis no futuro; iv) as empresas enviam mensagens equivocadas através dos dividendos, tais erros são justificáveis em razão das informações disponíveis mas não constatadas à época pela administração da empresa; v) o otimismo excessivo dos gestores quanto aos lucros futuros, impulsiona a distribuição de dividendos; vi) os gestores não assumem compromissos quando do aumento dos dividendos, o que pode afetar a confiabilidade dos sinais transmitidos no futuro. [353]

Destas seis hipóteses testadas, três possuíram significância nos resultados do estudo, são elas: a hipótese 'v', quanto ao excesso de otimismo para com a capacidade de geração de lucros futuros, mesmo que a empresa esteja

[349] Cf. GORDON; DIETRICH DIETZ, 2006.

[350] DEANGELO, Harry; DEANGELO, Linda; SKINNER, Douglas J. *Reversal of fortune dividend signaling and the disappearance of sustained earnings growth.* ***Journal of financial Economics,*** v. 40, n. 3, p. 341-371, 1996.

[351] *Ibid.*, 1996.

[352] DEANGELO; DEANGELO; SKINNER, *Op. Cit., 1996.*

[353] *Ibid.*, 1996.

enfrentando problemas, os problemas são notados com atraso pelos gestores, o que dá azo ao excessivo otimismo; a hipótese 'vi', isto é, pouco comprometimento com a distribuições futuras e; 'iv' erros da empresa e dos gestores ao transmitir os sinais ao mercado, ou seja, os sinais transmitidos chegam aos receptores de forma equivocada.

Completa DeAngelo *et. al.* que a importância da sinalização, entre as empresas estudadas, era insignificante. Os dividendos possuem conteúdo informacional apenas quando as empresas divulgavam lucros simultaneamente aos anúncios de distribuição de dividendos, ou quando, nos anos anteriores, as corporações registraram prejuízo. No primeiro caso, notou-se que os lucros presentes informavam a verdadeira condição da empresa, ao invés dos dividendos oriundos de lucros passados. Uma vez que a política de dividendos apresentava respostas tardias aos lucros, assim como constado por Lintner, pois a política de dividendos era reajustada em relação aos lucros tardiamente. Logo, apenas quando os lucros eram divulgados em simultaneidade aos dividendos, estes conseguiam transmitir o sinal desejado.

No segundo caso, as empresas que registraram prejuízos nos períodos anteriores, se beneficiaram com o sinal transmitido, mediante o anúncio da distribuição dos dividendos, haja vista, os dividendos sinalizavam recuperação econômica para os períodos subsequentes. Entre todas as alternativas, a última foi a que se apresentou como a mais consistente com a teoria da sinalização. O estudo observou que as empresas, efetivamente, valiam-se desse expediente para sinalizar ao mercado recuperação dos prejuízos.[354] O resultado também é consistente com o fato de a queda no preço das ações vir acompanhada da redução dos pagamentos de dividendos.[355]

Outrossim, Benartzi, Michaely e Thaler, contestam a teoria da sinalização e a sua significância na divulgação de informações através da distribuição de dividendos. Segundo os autores, apenas no primeiro ano após o anúncio do aumento dos dividendos, as corporações obtiveram lucros crescentes anormais, resultado não observado nos anos seguintes. O estudo revelou que o aumento dos dividendos, não condizia, em proporção, com o aumento dos

[354] O Estudo analisou dados de 145 empresas listadas na NYSE. As empresas selecionadas apresentaram lucros anteriores ao anúncio da distribuição de dividendos, depois desse evento, seus lucros, em verdade, caíram. Mesmos nos anos em que foram anunciados aumentos nos dividendos, os lucros posteriores, não apresentaram qualquer forma de aumento significativo em proporção ao incremento dos dividendos.

[355] WOOLRIDGE, J. Randall; GHOSH, Chinmoy. *Dividend cuts: Do they always signal bad news.* ***Midland Corporate Finance Journal***, v. 3, n. 2, p. 20-32, 1985.

lucros futuros esperados. Por sua vez, as empresas que anunciaram a redução dos seus dividendos ou a estabilização destes, obtiveram resultados negativos no primeiro ano seguinte ao evento, mas registraram lucros maiores nos anos subsequentes ao primeiro ano.[356]

O estudo verificou que as empresas que aumentaram os dividendos, garantiram lucros estáveis após o primeiro ano, diferentemente das empresas que não aumentaram os dividendos ou que reduziram os *payouts*.[357] O estudo conclui que as mudanças operadas no lucro das empresas, após o aumento de dividendos eram mínimos ou insignificantes.

A teoria de que os dividendos continham informações relevantes, passou a enfrentar críticas das quais não foi capaz de se desvencilhar.

Nas palavras de Gordon e Dietz:

> [...] O modelo da sinalização é consistente com algumas das evidências, mas não explica por que as firmas podem, simultaneamente, emitir novas ações e pagar dividendos; porque muitas firmas não pagam dividendos nem emitem novas ações; porque a taxa de dividendos se mantém tão estável [...]. A nova visão é inconsistente com ainda mais evidências passadas. [358]

A teoria da sinalização, muito citada entre os trabalhos voltados ao enigma dos dividendos, ainda é acolhida, contudo, ao que nos parece (assim como com o efeito clientela), apresenta uma entre tantas outras causas para a distribuição, mas não indica ser a causa de primeira ordem para a política de dividendos.

1.5 A relação entre impostos e dividendos: três teorias dominantes

Nos dois tópicos anteriores tentamos apresentar as grandes correntes que buscam desvendar porque as empresas pagam dividendos. As teorias suscitadas acimas, aproximam o leitor do embate teórico concernente à política

356 BENARTZI, Shlomo; MICHAELY, Roni; THALER, Richard. *Do changes in dividends signal the future or the past?* ***The Journal of finance***, v. 52, n. 3, p. 1007-1034, 1997.

357 *Ibid.*,1997.

358 Cf. GORDON; DIETRICH DIETZ, 2006. Tradução livre: [...] *The signaling model is consistent with some of the evidence, but cannot readily explain why firms might simultaneously issue new shares and pay dividends, why so many firms neither issue dividends nor new shares, why dividend payout rates are so stable [...]. The "new view" is inconsistent with yet more of the past evidence.*

de dividendos. As teorias discutidas acima, serão revisitadas ao longo de toda exposição daqui em diante. Agora que, temos uma visão ampla das principais teorias que circundam o enigma dos dividendos, cabe enfrentar a questão da tributação dos dividendos.

Como vimos, a política de dividendos pode ter implicações no valor das empresas, nos preços das ações, nas opções de financiamento e investimento e outras questões pendentes. O enigma dos dividendos torna-se ainda mais complexo, quando é acrescido o elemento "tributos". Na presença de impostos, devemos investigar em que medida as escolhas corporativas relacionadas à política de dividendos é afetada e quais as consequências da retenção dos lucros excedentes.

Antes de nos enveredarmos nesta tarefa, é mister frisar que até o ano de 2003, grande parte das hipóteses suscitadas pela literatura especializada não passavam de potencialidades teóricas acerca da tributação dos dividendos, em vistas que a legislação tributária (especialmente nos Estados Unidos) mantinha-se intocada nesse sentido.

1.5.1 A visão tradicional (*the old view*)

Os principais modelos desenvolvidos para explicar a correlação entre impostos e dividendos vão desde as proposições de M-M, até as duas principais teorias articuladas no final do século XX, conhecidas como nova visão (*new view*) e a visão tradicional (*the old view ou traditional view*). Dedicaremos atenção especial à visão tradicional neste tópico.

As proposições da teoria tradicional ou visão tradicional, tentam explicar a relação entre os impostos e os dividendos e os efeitos econômicos vários da imposição tributária em face dessa espécie de rendimentos do capital. Hanlon e Heitzman alertam que a teoria tradicional (assim como a nova visão) fundamenta suas proposições nos modelos de "*valuation*" (valoração das empresas ou avaliação das empresas).[359]

A teoria tradicional se assenta na ideia de que o pagamento de dividendos elevados é capaz de diminuir o custo do capital[360] e a taxa de retorno requerida

[359] Cf. HANLON; HEITZMAN (nota de rodapé 331), 2010.

[360] O custo do capital é o valor pelo qual o investidor aceita pagar ou valor esperado de retorno pelo investimento. O custo do capital nada mais é do que a taxa livre de risco (geralmente, mensurados pela poupança ou pelos títulos do governo) mais o prêmio pelo risco assumido (o quanto a mais o acionista precisa para compensar o tamanho do risco assumido). Segundo Martins, o custo do capital próprio é: "'[...] aquele percentual de retorno abaixo do qual os sócios não estariam interessados em entrar no negócio. Ele abrange não só a figura do juro que se obteria com a aplicação

pelo capital (tese presente nos trabalhos de Gordon, Feldsteins, Summers e Poterba). Nesse sentido, o custo do capital[361] varia conforme o método e o nível do financiamento adotado pelas empresas.[362]

Em artigo publicado na *The Review of Economic Studies*, em 1970, Feldstein introduz as bases fundamentais da visão tradicional. O autor observou que as empresas britânicas se mostravam responsivas às mudanças recentes nas políticas de dividendos (especificamente voltadas à retenção dos lucros) em relação ao grau de investimento corporativo em ativos permanentes, resultado que poderia indicar compatibilidade entre investimentos e retenção dos lucros.[363] Frente a esta relação curiosa, qual os efeitos dos impostos sobre as decisões corporativas voltadas à retenção ou distribuição dos lucros?

Para testar a vinculação dos impostos com as políticas distributivas das empresas, em razão das escassas reformas tributárias nos Estados Unidos, Feldstein valeu-se da experiência tributária adotada no Reino Unido no pós-guerra, onde a legislação fiscal induzia fortemente a retenção dos lucros, através do diferencial de alíquotas entre lucros retidos e lucros distribuídos.

As intenções do fisco britânico, mediante a adoção de tal expediente era nítida, por um lado, o IRPJ se mantinha entre 42,5% e 47,5%; os lucros distribuídos, por sua vez, atingiam alíquotas marginais entre 22,5% e 50% no IRPF do acionista beneficiário. Para as corporações que acatassem a política fiscal destinada às retenções, os lucros retidos eram tributados com alíquotas que variavam entre 2,5% e 10% no IRPJ.[364]

de menor risco no mercado [...] com o adicional decorrente do acréscimo de risco proporcionado pelo negócio. MARTINS, Eliseu. Avaliação de empresas: da mensuração contábil à econômica. **Caderno de estudos**, p. 28-37, 2000.

361 Dhaliwal define o Custo do Capital e o Prêmio pelo Risco como: Para todos os tipos de investimentos, os investidores esperam certos retornos, que compensem os valores despendidos no investimento. Assim, o custo do capital é o retorno esperado quando comparado com o retorno esperado em outras formas de investimento, com tempo e risco comparáveis. Para o caso de investimentos de risco, o custo do capital corresponde à taxa de juros livre de risco (*risk-free interest rate*), mais um *risk premium* apropriado para o risco incorrido. Por exemplo, se a taxa livre de risco é de 5% e o retorno esperado do ativo é 11%, então o *risk premium* do mercado é de 6%. Esse *risk free* do mercado, reflete a paciência e determina o valor do dinheiro para o investidor, bem como sua tolerância ao risco. DHALIWAL, Dan et al. *Dividend taxes and implied cost of equity capital.* ***Journal of Accounting Research,*** v. 43, n. 5, 2005.

362 GORDON, Myron J. *Optimal investment and financing policy.* ***The Journal of finance,*** v. 18, n. 2, p. 264-272, 1963.

363 FELDSTEIN, Martin S. *Corporate taxation and dividend behaviour.* ***The Review of Economic Studies,*** v. 37, n. 1, p. 57-72, 1970.

364 *Ibid.*, 1970.

A controvérsia quanto à retenção induzida dos lucros (poupança corporativa) é instaurada quando a legislação britânica abandona o diferencial de alíquotas para as diferentes destinações dadas aos lucros. Exsurge, pois, corrente que sustenta que o fim do diferencial de alíquotas não trouxera qualquer efeito adverso quanto às decisões de poupar, investir e distribuir. Por outro lado, a corrente de Feldstein sustenta que o diferencial de alíquotas trazia graves prejuízos quanto às decisões societárias e a política de dividendos. A indução tributária voltada à retenção, atinge a escolha do "tempo" *(timing)* para constituir poupança, podendo ter efeitos sobre o crescimento econômico e a estabilidade.

Na mesma linha de Lintner, Feldstein, assume que as políticas de dividendos deveriam atingir um nível ótimo ao equilibrar a proporção de distribuições e retenção de lucros, em um dado período. Esse nível ótimo, contudo, poderia ser estorvado por políticas fiscais direcionadas à retenção forçada dos lucros. Para que as corporações mantenham recursos retidos em um nível ótimo, necessário se faz observar os custos de oportunidade de reter os lucros. Segundo o autor, os custos de oportunidade, em termos de dividendos distribuídos, são diferentes para cada acionista, sendo, menores para os acionistas nas faixas mais altas do imposto de renda do que para os acionistas que estão nas faixas mais baixas do imposto de renda. Portanto, o custo de oportunidade de manter recursos retidos pode variar drasticamente, por causa da composição do quadro social de cada uma das empresas.

Ademais, as empresas têm uma taxa de ajustamento dinâmica descrevendo como os dividendos mudam quando a taxa atual ótima de dividendos não corresponde aos dividendos em vigor.

Do ponto de vista da empresa, assim como observado nos Estados Unidos por Lintner, o autor relatou que a falta de conhecimento pelas companhias quanto ao nível ótimo de distribuições de dividendos, pode resultar em um atraso na mudança das políticas de dividendos, por duas razões. A incerteza do nível ótimo de dividendos e o receio dos gestores de reduzir ou aumentar os dividendos, retardam as mudanças nas políticas de distribuição. As empresas não alteram suas políticas de dividendos repentinamente, a menos que a nova taxa de distribuição seja sustentável no médio-longo prazo e os lucros sejam substanciais no presente. O aumento repentino dos dividendos pode reduzir a quantidade disponível de recursos em caixa para investimentos, assim como uma queda brusca do nível de dividendos, apesar de produzir capital próprio, pode não ser utilizado, imediatamente, para projetos lucrativos acima da taxa de retorno, sem olvidar a desconfiança dos acionistas com a medida.

Nesse diapasão, é de se supor (estudos empíricos posteriormente confirmaram essa suposição) que os gestores têm maior receio de diminuir os dividendos do que de aumentá-los, quando ocorrem mudanças na legislação tributária. Outra observação pertinente é que, considerando as empresas relutantes em aumentar desproporcionalmente seus dividendos, primeiro elas devem ter certeza da sua receita e da quantidade de lucros que consegue gerar, sem essa certeza, dificilmente, a política de dividendos será alterada (sustentabilidade-substancialidade).

A medida indutiva tributária em favor da retenção forçada, com a intenção de incentivar a "indústria britânica"[365] e a poupança das empresas, demonstrou o nível de elasticidade dos dividendos face a tributação. Quando as alíquotas diferidas foram abolidas em 1958, as empresas passaram a distribuir dividendos próximo ao nível ótimo, com um aumento de quase 50% nas distribuições. O aumento nas distribuições, após o término das alíquotas diferidas, implicou em um aumento da proporção ótima de dividendos em relação à renda em mais de 40%. Apenas no primeiro ano, era esperado um crescimento acima dos 15% dos dividendos.[366]

Os resultados dão suporte à hipótese de que a política fiscal influencia o nível e o tempo para as corporações pouparem (reterem), redundando em alterações profundas nas projeções de crescimento e estabilidade. As alíquotas tributárias indutoras influem no custo de oportunidade dos lucros retidos e na proporção do lucro líquido máximo e do lucro bruto.

Feldstein, então, tece algumas considerações acerca da efetividade da medida indutora como política contracíclica, adotada pela administração tributária. Primeiro, deve-se ter em mente que as políticas de dividendos e políticas de investimento das corporações são retardatárias em relação às políticas fiscais, redundando em efeitos não esperados pelo legislador que visa induzir um determinado comportamento. Segundo, as empresas estão sujeitas a diferentes ciclos econômicos e com oportunidades de investimentos que variam de um para a outra. A indução tributária, pode lidar com um alto investimento durante períodos com baixa demanda agregada, mas lidar com baixo investimento em períodos de alta demanda agregada. Apesar disso, há evidências suficientes que indicam que os investimentos corporativos ocorrem com um atraso substancial, o que reduz o potencial contracíclico da medida tributária indutora.

[365] RUTTERFORD, Janette. *From dividend yield to discounted cash flow: a history of UK and US equity valuation techniques*. ***Accounting, business & financial history***, v. 14, n. 2, p. 115-149, 2004.

[366] Cf. FELDSTEIN, 1970.

Embora a medida indutora possa ser útil para redução da demanda agregada "forçando a poupança" nos grupos de acionistas com maior renda, o atraso relativo dos investimentos face à medida tributária só seria efetiva, caso não houvesse atrasos de reconhecimento dos ciclos econômicos e implementação da política fiscal pelo Estado, o que na prática não acontece. Por outro lado, uma medida tributária indutora à retenção dos lucros contínua, ou seja, que não tivesse prazo para ser revogada, implica em outros problemas de natureza corporativa, dentre eles, o equilíbrio das distribuições em um nível ótimo e custos de oportunidade de manter lucros retidos. Ao se estabelecer uma política fiscal que privilegia a retenção dos lucros, pressupõe-se que as oportunidades de investimentos serão uniformes para todas as empresas em perpetuidade, trata-se de uma suposição equivocada. Rutterford ressalta como a política de retenção forçada por meio da tributação diferida, deu origem à acumulação improdutiva de capital próprio. O pagamento de dividendos abaixo dos 25% dos lucros líquidos, aliado ao método de contabilização dos ativos, culminou na subvalorização das empresas Britânicas. Esse movimento, oportunizou a ascensão dos chamados *"asset strippers"* (compradores de empresas subvalorizadas que às adquirem muito abaixo do valor de mercado. Os *strippers* dilapidam os ativos corporativos ao vendê-los pelo preço corrente).[367]

Superado esse ponto, portanto, Feldstein passa a investigar em quais condições a medida fiscal produziria o efeito desejado de aumentar o investimento corporativo com os lucros retidos pela indução tributária, duas perguntas exsurgem: o aumento da disponibilidade de recursos em caixa, ou melhor, lucros retidos, necessariamente gera um aumento do investimento? E, o aumento da poupança corporativa induz a uma correspondente diminuição da poupança pessoal dos seus acionistas?

Se a resposta para a primeira pergunta for sim e a resposta para a segunda pergunta for não, a política fiscal de encorajar a poupança corporativa irá aumentar o investimento agregado. Se a resposta para as duas questões for sim, a política fiscal irá apenas induzir o deslocamento do investimento entre setores, corporativo e não-corporativo. Não haverá qualquer efeito sobre os investimentos, se a resposta para a primeira pergunta for não e para a segunda for sim. Isto significa dizer que para a política fiscal induzir o aumento do investimento real, ela deve induzir o investimento corporativo sem a consequência redução da poupança dos seus acionistas. Por outro lado, a indução

367 RUTTERFORD, *Op. Cit.*, 2004.

fiscal que mira a redução, unicamente, da poupança do acionista, não resultaria em aumento do investimento.

Por fim, conclui o autor que, uma política fiscal indutora de retenção dos lucros, pode corresponder a um aumento do investimento corporativo, através da poupança forçada, todavia, essa resposta à retenção só ocorrerá em certos casos, uma vez que as formas de poupança e a necessidade dela, são voláteis e cíclicas. O aspecto cíclico, todavia, não é rapidamente identificado e implementado pelo Estado, ocorrendo a destempo.

Feldstein observou com a abolição da norma tributária indutiva, as corporações alteraram suas políticas de financiamento, passando a empregar fontes internas e fontes externas de financiamento. Isto quer dizer que, as empresas britânicas não mais se financiavam apenas com lucros retidos, mas por intermédio de outros métodos, inclusive.

Em 1985, tomando como fundamento o trabalho de Feldstein, Poterba e Summers[368], publicaram artigo paradigmático sobre os efeitos dos tributos sobre os dividendos em uma economia aberta.

Poterba e Summers, no texto intitulado, "os efeitos econômicos da tributação dos dividendos", contestam os resultados apresentados pela teoria da irrelevância dos dividendos e da nova visão. Os autores sugerem que a dupla tributação dos dividendos distorce os investimentos corporativos (investimentos em ativos permanentes das empresas) e a alocação do capital de forma intertemporal e interseccional. Os dividendos compõem uma parcela do capital corporativo.

O encargo tributário das corporações, abrange não apenas o IRPJ, mas também os tributos incidentes contra os dividendos e ganhos de capital. A redução dos tributos sobre dividendos, para visão tradicional, culmina no aumento das taxas de *payout* pagos aos acionistas e no investimento corporativo com ativos permanentes. Isto porque, a taxa de *payout* e o nível do investimento corporativo são produtos da redução do custo do capital para as empresas.

Para a visão tradicional, a tributação dos dividendos, pode produzir ineficiências, tais como, distorções na alocação do capital entre os setores corporativos e não corporativos; distorção das decisões de consumo presente e futura, nas decisões quanto a poupança; distorções na política de financiamento e nos riscos assumidos. Logo, a política de dividendos é suficiente para alterar o valor de mercado da empresa.

[368] Cf. POTERBA; SUMMERS (nota de rodapé 339), 1984.

A visão tradicional amalgama a teoria da sinalização, os efeitos de clientela, os problemas de agência, como parte do cálculo para depreender os benefícios ocultos da distribuição de dividendos, por isso, no entendimento de Summers e Poterba, é a mais adequada para solucionar o enigma dos dividendos.

Nesta esteira, tanto corporações quanto acionistas, derivam razões favoráveis para pagar e receber dividendos, são os chamados benefícios inerentes da distribuição. Os benefícios da distribuição podem estar atrelados às teorias já discutidas por nós, não se sabe ao certo em que condições e quais delas serão avalizadas pelas empresas e acionistas, por isso todas são consideradas: sinalização, custos de agência, monitoramento externo, transmissão de informações entre outros. Para os acionistas, os benefícios, também são incertos, podem estar vinculados à redução do fluxo de caixa ocioso ou o controle externo exercido sobre o capital comum, ou, simplesmente, o aumento da poupança privada. Portanto, os dividendos possuem valor extra para acionistas e corporações.

Uma forma de aquilatar esse valor inerente dos dividendos, é assumindo que a taxa de desconto aplicada aos lucros das empresas, depende da taxa de *payout,* então, as empresas que distribuem uma fração considerável dos seus lucros, serão recompensadas com uma taxa de retorno requerida mais baixa do que as empresas que não distribuem seus lucros. Assim, as empresas com taxas altas de *payout,* podem abaixar suas taxas de retorno quando bem lhes convir, inclusive, deixando de pagar dividendos quando não puderem.

As corporações pagam dividendos para que o último dólar de dividendo pago, o benefício extra não-tributário do dividendo, seja igual ao seu custo extra associado à tributação. A empresa paga dividendos, porque os benefícios ocultos de o fazer compensam parte das desvantagens tributárias da distribuição. Enquanto isso, os tributos incidentes sobre esse rendimento, tornam a distribuição por esse canal menos atrativa à medida que os benefícios não-tributários da distribuição não compensam os custos seus tributários.

Em outras palavras, as vantagens tributárias decorrentes da retenção dos lucros (a retenção o método mais "barato" de financiamento com capital próprio, do ponto de vista tributário), são compensadas pela renúncia da dos benefícios da informação, monitoramento externo e mitigação dos conflitos de agência, decorrentes da distribuição.

Como os acionistas são beneficiados com os dividendos, eles avaliam positivamente as empresas com políticas de dividendos voltadas à distribuição e, quanto as empresas que são financiadas, exclusivamente, com lucros retidos, estas devem manter taxas de retorno muito altas, a fim de compensar a renúncia da distribuição.

A diferença fundamental da visão tradicional para a irrelevância dos dividendos e a nova visão, é que a escolha da política de dividendos pode afetar a taxa de desconto e o custo do capital. A visão tradicional inclui na valoração da empresa a política de dividendos adotada e atribui valor às distribuições.

A teoria tradicional prediz também que as empresas, efetivamente, se financiarão com a emissão de novas ações e com lucros retidos, como forma de investimento marginal. Portanto, as corporações têm políticas de distribuição ótimas, levando em conta o valor intrínseco dos dividendos e os custos de oportunidade de manter os lucros retidos (conforme as características dos acionistas no quadro social).

Tão logo, considerando que as empresas irão se financiar com a emissão de ações e serão beneficiadas pela distribuição dos dividendos, o custo do capital é afeto à tributação dos dividendos que, por conseguinte, terão profundos efeitos alocativos sobre oferta e demanda por capital. O aumento das alíquotas para dividendos, desencoraja o investimento porque a alíquota efetiva sobre as receitas destinadas aos investimentos também sofre com a majoração dos tributos.

A redução dos impostos sobre os dividendos, tornam as empresas mais solícitas para aumentar suas taxas de *payouts*. Então, presume-se que o custo do capital também será reduzido, com isso, o gasto corrente com investimento em ativos permanentes é expandido.

Na visão tradicional, a redução das alíquotas dos dividendos, implicaria em maior intensidade de capital investido. Como a oferta de capital é elástica, a redução das alíquotas dos dividendos expande o suprimento de capital, culminando na redução da taxa de retorno requerida pelo acionista depois do imposto.

A redução da tributação dos dividendos também pode ser sentida no preço das ações, com dois possíveis efeitos: i) em períodos em que as empresas pagam dividendos, o retorno antes do imposto, cresce para compensar o investidor das suas obrigações tributárias subsequentes (IRPF); ii) mesmo em períodos em que nenhum dividendo é pago, o retorno requerido pelo acionista sobre ações com alto rendimento passa a ser menor do que ações com baixo rendimento, como resultado dos benefícios ocultos da distribuição, seja ele qual for.

Do lado da política de financiamentos, a visão tradicional sustenta que a emissão de novas ações continua sendo uma fonte marginal de financiamento, ou seja, em períodos em que as empresas não podem emitir novas ações, elas assumem empréstimos para financiar novos projetos e quando for possível emitir novas ações, elas se redimem do débito assumido anteriormente. Assim, o investimento marginal será financiado com a emissão de novas ações.[369]

Além da equiparação entre custo e benefício, a redução das alíquotas tributárias auxilia as empresas a distribuir seus lucros em um nível ótimo, sem que os lucros sejam retidos por pressão da política fiscal (uma espécie de poupança forçada), o que mantém a proporção entre débito e capital própria em um valor aceitável.

Tomando como modelo a experiência britânica[370], Poterba e Summers observaram que: quando a legislação tributária era mais propícia ao pagamento de dividendos, as taxas de *payout* eram elevadas e os ativos das empresas britânicas eram bem avaliados. Por outro lado, quando a política fiscal britânica, privilegiou a retenção dos lucros, as taxas de *payout* eram baixas, sem o correlativo investimento. Os resultados obtidos evidenciam uma correlação entre impostos, valorização dos ativos e política de dividendo.

Brittain[371] alcançou os mesmos resultados ao observar as corporações norte-americanas entre os anos de 1920-1960. O estudo mostrou que as companhias reduziram suas taxas de *payout* quando a legislação tributária onerava a distribuição dos dividendos e favorecia a retenção dos lucros (movimento esse que culminou no acúmulo excessivo de capital improdutivo, período que ficou conhecido como "reter e reinvestir" nos dizeres de Lazonick e O'sullivan). Brittain notou uma depreciação dos dividendos após o aumento do IRPF. [372]

Sumarizando os preceitos defendidos pela visão tradicional: o imposto sobre os dividendos, pode resultar em um aumento (ou diminuição) do valor da empresa, pois ao invés de transferir encargo tributário ao acionista, o tributo tem implicações na taxa de desconto da empresa. Isto significa dizer que, quanto maior a taxa de *payouts*, menor o custo do capital e maior o valor

[369] CARROLL, Robert; HASSETT, Kevin A.; MACKIE III, James B. *The effect of dividend tax relief on investment incentives*. ***National Tax Journal***, v. 56, n. 3, p. 629-651, 2003.

[370] A legislação tributária do Reino Unido, passara por, pelo menos, cinco grandes reformas até data da publicação do artigo. Quando o texto foi publicado, o modelo vigente era o sistema de imputação de crédito, no final da década de 90, uma outra reforma tributária eliminou o sistema de imputação no Reino Unido.

[371] BRITTAIN, John A. *The tax structure and corporate dividend policy*. ***The American economic review***, v. 54, n. 3, p. 272-287, 1964. *Apud* POTERBA; SUMMERS., 1984.

[372] LAZONICK, William; O'SULLIVAN, Mary. *Maximizing shareholder value: a new ideology for corporate governance*. ***Economy and society***, v. 29, n. 1, p. 13-35, 2000.

da empresa. Os recursos marginais para investimentos são obtidos através da emissão de novas ações. O encargo tributário da corporação é a soma do IRPJ mais os impostos que recaem sobre os acionistas. O imposto sobre os dividendos desencoraja a distribuição de dividendos constantes, resultando no retardo da oferta de capital no mercado mobiliário.[373]

1.5.2 A nova visão (*the new view*)

A nova visão, teoria desenvolvida por Mervyn King em 1977,[374] posteriormente difundida pelos trabalhos de Auerbach[375] e Hassett[376], contrapunha as propostas da visão tradicional sobre a tributação dos dividendos e seus efeitos econômicos, ao estabelecer que todos os investimentos serão financiados, exclusivamente, com capital próprio dos lucros retidos.

King nota que, em texto publicado em 1974, ao estudar a relação entre políticas de financiamento e impostos, quando os ganhos de capital têm alíquotas mais baixas do que o IRPF, todos os investimentos serão financiados com capital próprio a partir da retenção dos lucros. King percebeu também que as alterações na legislação tributária, influenciam as decisões quanto às políticas de financiamento.[377]

Em 1977, King passa a investigar: i) como a taxa de *payout* depende do sistema tributário e; ii) quais os elementos determinantes para se alcançar a taxa de *payout* ótima, e, se é razoável a manutenção das taxas de *payout.*[378] Seguindo a lógica do artigo de 1974, o autor pressupõe a perpetuação da legislação tributária no tempo em face do IR sobre os dividendos. Caso a legislação tributária venha a ser reformada, pressupõe-se que as alterações terão caráter permanente.

O resultado básico encontrado pelo autor indica que os impostos sobre dividendos, oneram apenas a pessoa do acionista, sem qualquer relação com o nível de investimento em ativos. Como o encargo recai, tão somente, sobre

[373] AUERBACH, Alan J.; HASSETT, Kevin. ***The 2003 dividend tax cuts and the value of the firm: An event study.*** 2005.

[374] KING, Mervyn A. ***Public policy and the corporation***. *London: Chapman and Hall; New York: Wiley*, 1977.

[375] AUERBACH, Alan J. *Wealth maximization and the cost of capital.* ***The Quarterly Journal of Economics***, v. 93, n. 3, p. 433-446, 1979.

[376] AUERBACH, Alan J; HASSETT, Kevin A. *On the marginal source of investment funds.* ***Journal of Public Economics***, v. 87, n. 1, p. 205-232, 2003.

[377] KING, Mervyn A. *Taxation and the Cost of Capital.* ***The Review of Economic Studies,*** Vol. 41, No. 1, p. 21-35, 1974.

[378] Cf. KING, 1977.

o acionista, a gestão da empresa é completamente indiferente à alíquota do imposto do beneficiário do dividendo. O imposto não impedirá ou obstará a distribuição dos dividendos.

Auerbach, corrobora com os resultados básicos de King, segundo ele os impactos do imposto de renda pessoa física e dos ganhos de capital do acionista, na presença do diferencial de alíquotas dos ganhos de capital e dividendos, a maximização da riqueza acionária, não está atrelada à maximização do valor de mercado da firma e que as fontes de financiamento do capital próprio não são irrelevantes. [379]

Considerando que na presença de impostos penalizantes em desfavor dos acionistas, tantos estes quanto as empresas que distribuem, preferirão o método da retenção dos lucros com pagamentos maiores de dividendos futuros. À medida que os lucros retidos geram lucros maiores futuros, os impostos são incorporados no aumento do valor da ação e dos dividendos futuros.

Neste trabalho, o autor sustenta que o custo do capital, na presença de impostos sobre a renda do acionista, não depende diretamente da política de *payout* da corporação ou dos tributos sobre os dividendos. Haja vista que as ações têm um valor de mercado inferior à diferença entre o custo de reprodução dos ativos da empresa e o valor de mercado de suas obrigações de dívida, fenômeno esse que o autor chama de capitalização. O valor de mercado do capital próprio capitaliza todos os tributos esperados no dividendo corrente e no dividendo futuro, até mesmo as empresas que não pagam dividendos, também capitalizam os tributos esperados para o futuro, quando serão distribuídos.

O modelo apresentado pela nova visão, sugere que os lucros retidos são as fontes marginais de investimento corporativo, todas as retenções serão, categoricamente, distribuídas no futuro, momento no qual serão tributados os rendimentos do beneficiário. [380]

Os dividendos são esperados como elementos residuais, após a aplicação nos investimentos necessários, que serão financiados, exclusivamente, com lucros retidos (tal qual previsto pela teoria do *peacking order* desenvolvida por Myers e Majluf[381]), feito isto, os dividendos poderão ser distribuídos aos acionistas. Logo, desde que a política fiscal permaneça constante no tempo, a tributação dos dividendos não traz qualquer refluxo econômico, seja na escolha

[379] Cf. AUERBACH, 1979.

[380] Cf. AUERBACH; HASSETT, 2003.

[381] MYERS, Stewart C.; MAJLUF, Nicholas S. *Corporate financing and investment decisions when firms have information that investors do not have.* ***Journal of financial economics***, v. 13, n. 2, p. 187-221, 1984.

das fontes de financiamento, ou no aumento do custo do capital ou nos investimentos em ativos.

Se a política fiscal for temporária, surgem incertezas quanto às taxas de retorno desejadas pelos acionistas, e, por conseguinte, as decisões de investimento, retenção e distribuição de dividendos serão igualmente incertas. Assim, as políticas de dividendos, financiamento e o custo do capital poderão ser alteradas.

Como já previra King, todas as decisões corporativas são tomadas baseadas na certeza da política fiscal permanente. Se a legislação tributária se mantiver constante no tempo, os efeitos negativos dos impostos sobre acionistas e investidores se cancelarão mutuamente. Tendo em vista que os dividendos são, para a nova visão, os únicos meios de distribuir os lucros, ficarão encurralados na companhia, caso escolha retê-los.

A única forma, segundo a nova visão, de distribuir os lucros corporativos, é através do pagamento de dividendos. Nesta senda, a hipótese de que as empresas recompram ações para se furtarem à obrigação tributária é descartada pela teoria.

Auerbach e Hassett assumem que, apesar de os programas de recompra de ações se apresentarem como uma forma alternativa de distribuição dos resultados, eles não são substitutos perfeitos dos dividendos, porque lhes falta o benefício oculto contido nos dividendos. Os programas de recompra somente serão substitutos perfeitos aos dividendos, quando não estiverem sujeitos à custos não-tributários de assimetria de informação, e, quando as vantagens de recomprar ações, superarem os custos de adquirir as informações sobre o verdadeiro valor da empresa. Auerbach e Hassett sustentam que o método é utilizado com finalidades diversas, salvo como alternativa substitutiva aos dividendos. As recompras podem servir como meio para equilibrar o preço das ações no mercado (quando subvalorizadas, por exemplo) ou aumentar a participação social dos acionistas atuais.

A conclusão lógica à intercambialidade dos dividendos e recompras de ações, acrescida ao fato de a política fiscal constante no tempo, é que os dividendos ficam encurralados*(trapped)* na empresa e, em vistas disso, a única alternativa para remunerar os acionistas é a distribuição de dividendos, mesmo com impostos escorchantes. Caso a companhia opte pela retenção dos lucros, nada mais faz do que retardar a distribuição dos dividendos e o recolhimento dos tributos, que por sua vez, inevitavelmente, incidirão na pessoa do acionista. Por isso, a retenção dos lucros não é um meio adequado de planejamento tributário, mas um mero atraso no recolhimento do tributo.

O modelo desenvolvido por Auerbach, Hassett e King, porquanto, assume que a tributação dos dividendos não trará qualquer efeito distorcivo quanto às escolhas de poupar, investir e quanto à seleção entre as fontes de financiamento.

Poterba e Summers endereçam várias críticas à nova visão. Mormente, porque a teoria se aplica a um número bastante restrito de firmas, sendo que o financiamento integral de todos os investimentos através da retenção dos lucros corresponde à exceção e não a regra. O modelo da nova visão também é limitado pelas das características dos investidores, que deverão ser mais tolerantes ao risco incorrido. As propostas apresentadas pela Nova Visão, vinculam-se a uma estratégia que pode ou não ser adotada pela corporação.

Segundo Poterba e Summers, apenas as empresas maduras[382] e grandes se encaixariam no modelo proposto por King, Auerbach e Hassett, uma vez que apenas as empresas grandes gozam de lucros líquidos excessivos, após a incidência do IRPJ, capazes de satisfazer todas as necessidades corporativas com os lucros marginais retidos. Apenas as empresas maduras podem financiar seus projetos com lucros retidos, exclusivamente.[383] Enquanto isso as companhias que não percebem de lucros líquidos vultuosos, devem recorrer frequentemente ao mercado para buscar recursos, seja emitindo novas ações ou assumindo dívidas.

Ademais, para que os acionistas se mantenham indiferentes à política de dividendos e tolerantes ao risco, as fontes de investimento devem estar disponíveis no futuro em proporções maiores do que no presente, somente as empresas maduras e grandes podem fornecer essa garantia.

Outro problema observado por Poterba e Summers na nova visão, diz respeito ao fato de que os acionistas são remunerados com retornos maiores antes do imposto, para compensar as obrigações tributárias dos acionistas,

[382] Tese desenvolvida por Mueller acerca da teoria dos ciclos de crescimento das empresas. Nos estágios iniciais de vida, elas investem todos os seus limitados recursos em projetos potenciais de inovação e que incrementem lucratividade. Subsequentemente, a empresa atravessa o estágio de *"growth undertaking risky ventures"*, expandindo suas bases de consumidores e explorando os mercados em potencial. Até que enfim, a companhia chega a fase de maturidade, é quando a habilidade de crescimento através da inovação é drasticamente reduzida e os fluxos de caixa gerados pelas operações vigentes excedem as oportunidades de investimento lucrativas. ATIA, Ola. ***Cash dividend policy and firm risk: UK evidence.*** *University of Salford (United Kingdom)*, 2016.

[383] Essa hipótese é confirmada pelas evidências, inclusive através de textos publicados por Auerbach, após o ano de 2003, quando se constatou que algumas empresas eram mais responsivas ao modelo tradicional. As únicas empresas que responderam ao modelo de *New View*, eram as empresas maduras, com lucros líquidos exorbitantes que superavam as despesas correntes.

quando, em verdade, os retornos antes e depois dos tributos influirão nos custos de capital da empresa.[384]

Poterba e Summers, também refutam a hipótese do encurralamento, no sentido que não há canais livres de tributos ou *tax efficient* para remunerar os acionistas, senão através dos dividendos. A exemplo disso, os autores citam, além dos programas de recompra de ação, as ofertas públicas de aquisição, o pagamento de juros entre tantas outras.

1.5.3 Conflitos de agência: repercussões na governança corporativa

Além das duas primeiras abordagens, cujo objetivo último é apresentar respostas adequadas ao problema do *dividend puzzle* e a relação entre impostos-dividendos (em suas múltiplas vertentes), acima transcritas, um terceiro modelo, com os mesmos fins, ganhou notoriedade no final do século passado, conhecida como teoria de agência.

A teoria da agência, por sua vez, esculpe suas premissas em outro fundamento bastante sensível ao enigma dos dividendos, que tem repercussões para além da tríade impostos-investimentos-financiamento. A teoria da agência aborda o problema dos dividendos sob o matiz dos conflitos internos e externos à sociedade empresarial, os dividendos funcionam como um dos instrumentos apaziguadores dos conflitos sociais.

A teoria da agência tem suas origens remotas nos escritos de Berle e Means, publicado em 1932, no original sob o título de *"The Modern Corporation and Privite Property"*, traduzido para o português como a "Sociedade Anônima e a Propriedade Privada".[385]O texto deu origem ao que ficou conhecido como estrutura de propriedade. Não nos delongaremos em detalhar todos os pormenores do livro de Berle e Means, apenas suas ideais centrais e a importância deste para o nosso trabalho.

Em suma, o texto faz uma divisão cristalina entre as estruturas de controle e de propriedade, uma vez que as estruturas da propriedade privada tradicionalmente prevista pelos economistas e juristas já não mais correspondem à realidade das sociedades empresariais modernas. Os autores notaram que, em razão do modelo de propriedade difusa e anônima, marcada pela dispersão da propriedade acionária em micro participações, cada ação correspondendo

[384] Cf. POTERBA; SUMMERS, 1984.

[385] BERLE, Adolf Augustus; MEANS, Gardiner Coit. **A moderna sociedade anônima e a propriedade privada**. Editora Nova cultura, São Paulo, 1987.

a uma unidade diminuta da empresa, a propriedade encontra-se pulverizada entre vários acionistas anônimos entre si.

Em verdade, o nome do tipo societário, já denota uma de suas características mais evidentes, a saber, o absoluto anonimato dos seus sócios. Os adquirentes de ações de uma dada companhia não dialogam entre si sobre os destinos da sociedade, os acionistas permanecem anônimos, mas detêm uma pequena representação unitária do empreendimento comum. Esse fenômeno foi observado ainda em 1932, por Berle e Means.

À medida que a participação acionária é pulverizada (propriedade difusa), o exercício do controle e gestão da empresa, portanto, ficam severamente comprometidos. Se todos os acionistas pudessem exercer diretamente a gestão da empresa, a atividade almejada nunca poderia ser cumprida, pois muitos personagens com poderes decisórios e com título de "proprietários", tomariam parte na mesma atividade, tornando-a totalmente ineficiente.

O diagnóstico do fenômeno dispersivo, forçou os acionistas a introduzir um terceiro personagem na sociedade. Os proprietários acionistas, portanto, empregam terceiros para gestão das atividades empresariais em nome dos primeiros, enquanto isso, os acionistas, integralizam o capital social e assumem os riscos da empreitada.

Nesse contexto, os acionistas têm uma postura passiva em relação as atividades desenvolvidas dentro do organismo-empresa e os gestores, que possuem conhecimentos técnicos específicos, são os responsáveis pela gestão de fato, enquanto os proprietários (pulverizados em micro participações) observam à distância as decisões e assumem os riscos da empreitada ao integralizar parte de suas poupanças pessoais.

Para ilustrar o problema, suponhamos que um empreendedor individual abre seu próprio restaurante, no qual toma todas as decisões relevantes de compra e venda, gerencia o caixa, faz a contabilidade, redige os contratos e anotações nos livros da empresa. Conforme o negócio cresce, o empreendedor solicita a seus familiares e parentes que o auxiliem na gestão do restaurante, momento no qual, os poderes decisórios são dispersos para mais de um indivíduo.

Conforme o negócio cresce, parentes e amigos pedem para fazer parte da atividade, integralizando o capital social, os novos sócios são recompensados com quotas de participação e o lucro proveniente do exercício, caso a empresa registre resultados positivos.

Quando os recursos de amigos, familiares e de instituições bancárias não são mais suficientes para expandir, tão logo, o empreendedor original, que ao longo do projeto de expansão perdeu suas atribuições e autonomia na gestão, aventa a abertura de capital aos outros sócios, diluindo ainda mais a participação.

Quando a empresa abre capital e passa a negociar ativos ao público, os sócios comuns, antes, restritos à uma empresa familiar, passam a dividir espaços e poderes com outros acionistas que nem sequer conheciam. Com a expansão da companhia, torna-se impossível, que o empreendedor individual original, administre todas as atividades, em estados diferentes, até mesmo em outros países. Portanto, neste estágio, não resta outra alternativa, senão empregar gestores profissionais. O gestor profissional intermediará a comunicação entre todas as partes interessadas na empreitada, desde os acionistas pulverizados, os sócios fundadores, trabalhadores, fornecedores, clientes etc. O terceiro contratado, assumirá, efetivamente, o controle da companhia, enquanto os acionistas serão meros expectadores.

O exemplo serve para ilustrar a separação entre controle e propriedade vislumbrada por Berle e Means.

Berle e Means notaram que o processo de dispersão acionária, cada acionista representando uma parcela diminuta do capital total da corporação, era inevitável. Os autores verificaram que as 15 maiores empresas que possuíam ativos listados na bolsa, seus acionistas dispunham de não mais do que 2,74% do capital total.

A propriedade das grandes corporações era tão difundida que o número de acionistas podia chegar a 60 mil, ainda nos anos 30. Alguma dessas empresas, tinham participação acionária em outras empresas de capital aberto, igualmente disperso, formando cadeias de participação recíproca quase infinitas.[386] à medida que alguns desses acionistas mantinham ações em uma corporação que participava de outra, os desafios para o controle e gestão eficiente se agravavam.

Merle e Beans destacam que alguns processos contribuíram para o aumento da dispersão acionária nos Estados Unidos, entre os processos dispersivo podemos elencar a autorização para a aquisição de participações acionárias por parte dos consumidores e a participação nos resultados para os trabalhadores, como uma espécie de salário.

Em meio a esse contexto de dispersão da participação social, típica da separação entre controle e propriedade, em 1976, Jensen e Meckling, estabeleceram as premissas do que ficou conhecido como teoria de agência. Jensen

[386] Cf. BERLE; MEANS, 1987.

e Meckling postulam que a estrutura de propriedade pulverizada engendra custos aos principais-contratantes (acionistas) para monitorar os agentes--contratados (gestores e administradores). [387]

Para compreender a hipótese desenvolvida por Jensen e Meckling, primeiro é imperioso entender a natureza da firma. A firma, em consonância à tese dos autores, como função precípua, deve buscar o equilíbrio nas relações originalmente conflitantes entre as partes, contratantes e contratados (*Nexus contracts*).

O conflito de agência, portanto, se instaura como uma consequência esperada dentro da organização social. Isto porque, se cada uma das partes agisse em nome próprio (sem contratos com atribuições e limites) e fora da estrutura social, organizada por meio de contratos celebrados entre os interessados, os conflitos de interesses dos vários personagens da cadeia produtiva, inviabilizariam o exercício da própria atividade perseguida. Assim como os serviços e produtos mais triviais para o sucesso da empreitada, tornar-se-iam extremamente caros, pois os envolvidos necessitariam adquirir produtos e serviços à preço de consumo.

A corporação, como organismo vivo e distinto da pessoa dos sócios, é tratada por Meckling e Jensen como uma ficção jurídica que não representa a verdadeira natureza da firma. A constituição da empresa, longe de ser uma personalidade distinta dos seus sócios, funciona como uma forma de reunir contratos de diferentes partes com objetivos comuns e com baixo custo. Caso os contratos firmados estivessem fora da estrutura social, novos empreendimentos seriam completamente inviabilizados por desacordos e conflitos entre os vários agentes que não estão vinculados à uma única organização com regras contratuais uniformizadas.

Isso explica a relação entre os personagens internos e externos. Os personagens (chamados de principais) são os contratantes, aqueles que reúnem os agentes (contratados). As vontades dos principais-contratantes, são elevadas acima das vontades e interesses dos agentes-contratados, pois, os últimos estão à serviço dos primeiros.

Considerando que os acionistas (principais-*outsiders*) e os gestores (agentes-*insiders*) pretendem maximizar suas riquezas e utilidades em geral, é certo que os interesses de ambos, em um determinado momento, entrarão

[387] JENSEN, Michael C.; MECKLING, William H. Teoria da firma: comportamento dos administradores, custos de agência e estrutura de propriedade. **Revista de Administração de Empresas**, v. 48, n. 2, p. 87-125, 2008.

em conflito. Esse conflito inevitável, usualmente, assume a forma de um descompromisso do agente com a maximização do valor acionário. Os conflitos de agência, nem sempre são materializados pelo descompromisso dos agentes, os conflitos podem se desdobrar de outras maneiras, como vermos mais afrente.

Os conflitos de agência se instauram quando os principais (acionistas/proprietários) contratam agentes (gestores e administradores) para, em nome dos primeiros, cumprir com os compromissos que os acionistas não conseguem executar por sua conta. A inaptidão dos principais/acionistas na persecução da atividade comum se deve ao fato de os poderes estarem fragmentados, como previsto por Berle e Means. O problema da descentralização dos poderes de gestão do sócio original é agravado à medida que as decisões são tomadas através do voto direto majoritário.

Os acionistas-principais, sem poderes ou com poderes paupérrimos, estão restritos ao monitoramento dos agentes contratados. Entretanto, tal monitoramento, também é deveras reduzido em razão da pulverização da participação do acionista e pelo fraco poder nominal do voto em assembleia.[388]

Fama e Jensen, em 1983, expandiram a teoria da firma, do trabalho de Jensen e Meckling, para introduzir a figura dos "demandantes residuais". Nessa linha de trabalho, Fama e Jensen, sugerem que a profissionalização e especialização dos gestores corporativos, associada à falta de informação técnica dos acionistas, traduz a separação entre propriedade e controle, e, que, naturalmente, deslinda em conflitos de interesses.[389]

Assumindo que as relações entre as partes estão sob a égide do *nexus contracts,* os contratantes assumem o risco da diferença entre as entradas esporádicas de recursos em caixa e os pagamentos e benefícios compensatórios dispensados aos agentes *(residual risck bears* ou *residual claimants).* Os demandantes residuais, entre eles, os contratantes-acionistas, possuem direitos alienáveis e com baixo poder de monitoramento direto sobre os agentes-contratados. [390]

Fama e Jensen, caracterizam os acionistas como um dos reclamantes residuais com menos restrições contratuais, entre outros reclamantes residuais (credores e detentores de título de crédito), justamente por poderem alienar suas ações, os acionistas conseguem compartilhar o risco incorrido no negócio.

[388] Cf. JENSEN; MECKLING, 2008. Obs. publicação original de 1976.

[389] FAMA, Eugene F.; JENSEN, Michael C. *Separation of ownership and control.* ***The journal of law and Economics,*** v. 26, n. 2, p. 301-325, 1983.

[390] Cf. FAMA; JENSEN, 1983.

No que diz respeito à tomada de decisões corporativas, Fama e Jensen distinguem as decisões de gestão ou decisão dos administradores (*decision management*) das decisões de monitoramento ou decisões de controle, que estão vinculadas à ratificação e monitoramento de desempenho da implementação das escolhas.

Os conflitos entre as partes se desenrolam, especialmente, no processo decisório, no qual as decisões de gestão e implementação não são diretamente acompanhadas pelos reclamantes residuais. Os acionistas participarão apenas das decisões de ratificação e monitoramento, ambas são prejudicadas pelas dificuldades envolvendo o voto e os conflitos de interesses entre os próprios acionistas.

O resultado prático da instauração do conflito entre os principais e os agentes, é a incidência de custos de monitoramento e execução, estes são majorados pelos custos de vinculação com demais contratos celebrados pela companhia. [391]

Os custos advindos destes conflitos entre os agentes (*insiders*) e os principais (*outsiders*) é denominado por Jensen e Meckling de custos de agência, que nada mais é do que o resultado da soma dos seguintes elementos: despesas com monitoramento, despesas com concessão de garantias contratuais e custos residuais.

À primeira vista, a resposta óbvia para o problema de agência é simples, a saber: a cumulação de funções (controle e propriedade) em um único personagem. Entretanto, mesmo considerando que a cumulação possa trazer benefícios imediatos como redução dos custos, monitoramento da execução e de ratificação das decisões internas, por outro lado, são renunciados os benefícios da especialização do gestor e o compartilhamento dos riscos entre os diversos indivíduos envolvidos no processo de assunção de risco, o que pode desaguar na perda de eficiência. A pulverização das ações traz efeitos negativos do ponto de vista do monitoramento, mas, por outro, gera um compartilhamento do risco assumido pelos demandantes e traz vantagens de acesso ao capital pelas corporações. [392]

Com o fito de reduzir parte desses custos, os principais se dispõem a fazer concessões aos seus agentes. Os contratos aos quais os agentes se vinculam, portanto, devem vir munidos de cláusulas compensatórios e de desempenho.

[391] *Ibid.*, 1983.

[392] Os dois benefícios da concentração de controle e propriedade, contudo, dependem intrinsicamente, que os interesses do acionista-controlador (em alguns casos, o acionista-majoritário) se alinhem com os interesses dos acionistas minoritários.

Usualmente, as cláusulas de desempenho são estatuídas na forma da valorização das ações ou a participação do gestor nos resultados da empresa. Os contratos de desempenho são uma espécie de garantia para os acionistas no que concerne ao alinhamento de propósitos com os gestores.

Quando os investidores potenciais e acionistas, ingressam na empreitada, incorrerão nos custos de monitoramento e nos custos residuais de compensação dos agentes. Segundo Easterbrook os principais conflitos de agência entre os *insiders* (administradores e gestores) e os *outsiders* (acionistas e demais interessados), decorrem da falta de interesses comuns. [393]

Easterbrook destaca que, em um mercado com defeitos e imperfeições, distante daquele previsto por M-M, os administradores dos recursos corporativos e todos os agentes, pendem ao cometimento de equívocos durante o processo de tomada de decisões, especialmente, pelo fato de os agentes não participarem diretamente dos resultados positivos (com ações e/ou com participação nos dividendos). Os administradores e gestores, perseguirão seus próprios objetivos pessoais, por vezes em desacordo com os objetivos dos acionistas. [394]

Tendo isso em mente, os acionistas passam a dispensar incentivos contratuais, compensatórios, para que os agentes alinhem seus interesses aos interesses dos principais, incorrendo, os últimos, em custos de monitoramento e custos contratuais, na medida em que devem garantir compensações vultuosas aos agentes. Os contratos compensatórios, normalmente, previnem os gestores de administrar as corporações sem considerar o preço das ações e o mercado do qual faz parte.

Os acionistas incorrem em custos tanto ao dispensar aos gestores compensações vultuosas ao alcançar metas contratuais, como também ao prevenir conflitos de agência futuros, através de cláusulas contratuais garantistas, auditorias externas, auditorias internas, diversificação dos conselhos, distribuição de dividendos e outros métodos de responsabilidade social.

1.5.3.1 As consequências da relação conflituosa entre acionistas e gestores

Os acionistas, em suas relações com os agentes, incorrem em diversos custos, não apenas os custos contratuais preventivos, mas também outros custos relacionados ao comportamento dos agentes. Podemos ilustrar esse custo, citando o problema do agente que é avesso ao risco, por exemplo.

[393] Cf. EASTERBROOK (nota de rodapé 343), 1984.

[394] Cf. EASTERBROOK, 1984.

Ainda utilizando o exemplo do empreendedor individual, fundador da sua própria rede de restaurantes, suponhamos que o empreendedor continue exercendo poderes de gestão. Estabelecemos, pois, que o acionista-controlador (ou gestor) deve prestar contas aos acionistas sobre como está usando o guiando o empreendimento.[395] Digamos que o acionista-controlador original, por apego ao empreendimento ou por vínculo emocional com a empresa, torne-se avesso ao risco e rejeite todos os projetos arriscados, mesmo quando estes investimentos possam lhe proporcionar maiores retornos no futuro. O empreendedor com poderes ativos, pode ser avesso ao risco, porque receia que os projetos ensejem em prejuízo contábil ou falência.

Segundo Easterbrook, os agentes e/ou acionistas-controladores, determinam a proporção de risco envolvido e assumido nos projetos da empresa (com a estrutura de capital, proporção entre débito e capital próprio), as escolhas voltadas à projetos mais seguros, implicam em renúncias aos benefícios dos projetos mais arriscados que, são, geralmente, encabeçados pelos acionistas-principais. [396] Os acionistas devem arcar com os custos de ter afrente da gestão, um agente ou acionista-controlador avesso ao risco.

A tendência de declínio da importância nominal do acionista-controlador, pode redundar em outro conflito de agência, a confusão entre o patrimônio do acionista-controlador com o patrimônio da firma, à medida que sua percepção sobre o que é merecido com aquilo que efetivamente recebe não corresponde aos seus anseios. [397]

No conflito de agência, originalmente, idealizado por Eastebrook, Jensen e Meckgling, os gestores podem adotar duas posturas antagônicas aos interesses dos acionistas-principais, a saber: por um lado o superinvestimento e/ou de subinvestimento. Em ambos os casos, tem-se que a atividade desenvolvida pelo *insider* é ineficiente e improdutiva.

No primeiro, entende-se que para benefício próprio, relacionado à *status* ou reconhecimento pessoal ou manutenção da relação de dependência,

[395] No nosso exemplo, a expressão acionista-controlador refere-se ao acionista que cumula propriedade e controle. Diferentemente da legislação nacional que prevê no artigo 116 da Lei nº 6.404/76 que define acionista controlador como a pessoa natural ou jurídica, ou grupo de pessoas vinculadas por acordo que, sob seu controle, ou sob o controle comum, lhe é assegurado o direito à maioria dos votos em assembleia-geral e poder para eleger os administradores da companhia. Nesse sentido, o acionista controlador deve se valer do direito de majoritário para "usar efetivamente seu poder" com o fim de dirigir as atividades sociais e orientar os órgãos de funcionamento.

[396] Cf. EASTERBROOK, 1984.

[397] Cf. JENSEN; MECKLING, 2008.

os gestores retêm os lucros corporativos com o único fim de "construir impérios" (*Empire Builds*) que são totalmente ineficientes e que não tem qualquer relação com as atividades desenvolvidas pela empresa ou com o conhecimento especializado do gestor.

Lazonick e O'sullivan, designam essa tendência, própria da década de 60, como "mania da conglomeração". A mania da conglomeração se materializava pela aquisição do maior número possível de pequenas e médias empresas, sem que as empresas adquiridas tivessem relação direta com a atividade desenvolvida pela corporação adquirente. Duas são as principais explicações apresentadas para o fenômeno: a falta de oportunidade de investimentos imediatos da empresa adquirente, que torna os lucros retidos ociosos, conquanto, os recursos ociosos passam a ser alocados em projetos improdutivos e contra os interesses dos acionistas; os gestores e acionistas-controladores intentavam preservar o seu *status quo*, como uma forma de desenvolver relação de dependência dos acionistas para com o gestor ou acionista-controlador, tornando-o indispensável. [398]

Uma consequência da "construção de impérios" que agrava os conflitos de agência, diz respeito ao gestor entrincheirado. O gestor entrincheirado objetiva se perpetuar no cargo, independente do desempenho da empresa. Para tal, se vale de artimanhas de entrincheiramento com o intuito de criar uma relação de dependência pessoal. O entrincheiramento pode ser atribuído também à falta de eficiência dos mecanismos de controle e da governança corporativa sobre os gestores e administradores, induzindo a decisões ruins que beneficiam os interesses destes.

Outra forma de manifestação do superinvestimento corporativo, são os denominados *pet project* ou projetos de estimação. No tópico destinado à reforma de 2003, exploraremos mais afundo o tema.

O segundo comportamento dos gestores e administradores, está vinculada à aversão ao risco, citada acima, através do chamado subinvestimento. O subinvestimento corresponde ao investimento corporativo abaixo do ótimo, seja por comodidade da função do gestor ou por apego ao empreendimento de uma vida, como no exemplo citado.

Outro conflito que se instaura entre acionistas e gestores, é o chamado "perigo moral". Considerando que os gestores e acionistas controladores detém mais informações e melhores informações do que os acionistas, encontram-se, os primeiros, tentados a explorar essa assimetria de informações

[398] Cf. LAZONICK; O'SULLIVAN (nota de rodapé 373), 2000.

para conseguir vantagens pessoais em detrimento dos acionistas e do capital social. A assimetria de informações entre agentes e principais redunda no "perigo moral".

Brito e Silva, considerando a estrutura de capital na teoria de agência e o modelo de *trade-off*, argui que se as empresas geram fluxos de caixas excessivos, os dividendos devem ser distribuídos para evitar o "perigo moral" (*moral hazard*) decorrente dos gastos não-produtivos dos gestores. Além de incentivar os gestores a maximizarem o valor da firma, tendo em vistas que passarão a enfrentar constrições de acesso a determinados recursos que, sem a distribuição, ficariam desimpedidos para serem acessados a qualquer momento.[399]

A teoria da agência, prediz que os gestores, nem sempre, utilizarão os recursos da forma mais eficiente, assim pois, a distribuição dos lucros aos seus acionistas, além de limitar o fluxo de caixa disponível, provavelmente desperdiçado, também, serve como meio para maximizar a eficiência do que está à disposição para investimento. Por outra banda, os acionistas, quando estão em posse dos dividendos, poderão reinvesti-los em outras companhias que tenham projetos lucrativos e com oportunidades reais de investimento.

Logo, os conflitos dentro da corporação, entre os acionistas e gestores, entre acionistas e acionistas ou entre acionistas e credores externos, é um fato inseparável da própria natureza da firma.

1.5.3.2 A distribuição dos dividendos para minimizar conflitos de agência

Para a teoria de agência, um dos métodos para minimizar parte dos conflitos se dá a partir da distribuição dos dividendos. A política de dividendos, passa a estar vinculado a estratégias de governança corporativa. Para a teoria de agência, a política de dividendos e a altas taxas de *payouts* servem para minimizar as várias imperfeições de mercado, entre essas imperfeições os conflitos de agência e a assimetria de informações entre gestores e acionistas.[400]

Ainda com o auxílio dos textos de Jensen, a teoria da agência, postula que a remuneração dos acionistas, seja qual for o meio para tal, reduz o montante de recursos desobstruídos em posse dos agentes, e, por conseguinte, reduz o poder destes sobre os acionistas. A distribuição dos lucros e a alta das taxas de *payout*, força a busca por recursos no mercado de capitais, permitindo

[399] SILVA, Júlio Cesar G. da; BRITO, Ricardo D. Testando as previsões de *trade-off* e *pecking order* sobre dividendos e dívida no Brasil. **Estudos Econômicos**, v. 35, n. 1, São Paulo, p. 37-79, 2005.
[400] *Ibid.*, 2005.

o monitoramento externo pelo mercado e investidores externos (seja pelo capital próprio de terceiros ou pelo débito).[401]

Jensen defendeu o movimento de "expelir" *(disgorge)* os lucros em favor dos acionistas, como instrumento de limitação do poder dos gestores e para evitar o desperdício do capital social. [402]

Quando, segundo Jensen, as corporações geram fluxos de caixa excessivos em relação às suas oportunidades de investimento, os conflitos entre acionistas e gestores se intensificam, engendrando em desperdícios (superinvestimento) e investimentos abaixo do custo de capital (subinvestimento). Nestes casos, a alternativa ótima, seria a distribuição desses recursos ociosos ou o endividamento como forma de pressionar os gestores a manterem seus compromissos de distribuição e a proporção débito-capital próprio em um nível ótimo.[403]

Easterbrook descarta a hipótese de que a distribuição de dividendos se preta para prever os lucros futuros (contrariando as proposições da teoria da sinalização), mas considera que a distribuição de dividendos opera como um mecanismo de monitoramento externo do mercado atento e interessado nos destinos da empresa. Esse monitoramento externo, de certa forma, sinaliza a pré-disposição dos agentes em maximizar o valor acionário.

Easterbrook propunha que os agentes podem alterar a proporção dos investimentos de risco, um dos meios pelos quais os agentes o fazem é através da política de dividendos. Ao fazer a opção pela retenção dos lucros, os agentes reduzem a proporção do débito-capital próprio, reduzindo os riscos e remunerando os detentores de títulos de dívidas (credores). Por outro lado, quando optam pela distribuição de dividendos, os agentes remuneram os acionistas em detrimento dos credores. Bem como, a distribuição dos dividendos funciona como uma espécie de ajustamento à proporção do débito e do capital próprio.[404]

Nessa conjuntura, Easterbrook sugere que à medida que as empresas distribuem seus lucros aos acionistas, se mantendo ativa no mercado em busca de capital, os custos de monitoramento e a aversão ao risco dos acionistas-controladores e dos gestores são reduzidos.

[401] JENSEN, Michael C. *Agency costs of free cash flow, corporate finance, and takeovers.* ***The American economic review***, v. 76, n. 2, p. 323-329, 1986.

[402] *Ibid.*, 1986.

[403] Cf. JENSEN, 1986.

[404] Cf. EASTERBROOK, 1984.

Ademais, a distribuição constante de dividendos, beneficia o monitoramento externo pelo mercado: investidores em potencial, instituições bancárias, credores. Os interessados, portanto, passam a ter acesso à informações relevantes a respeito da empresa, periodicamente. Quando, por outro lado, os agentes optam pela retenção dos lucros, tais informações relevantes não são publicizadas.

Quando as companhias não distribuem dividendos e enfrentam problemas de entrincheiramento com seus gestores, as informações relevantes são mantidas em sigilo, e, a liquidez do caixa, garante ao gestor o controle da proporção débito-capital próprio, permitindo que aquele possa controlar as ações da companhia.[405]

Assim, a distribuição de dividendos e a busca por capital constante, garante o escrutínio externo e a publicidade de certas informações relevantes, e, por conseguinte, acionistas e investidores poderão monitorar o comportamento dos agentes *(iniders)*.[406]

John e Knyazeva, na mesma senda, são categóricos quanto ao papel da política de dividendos para mitigar conflitos de agência. A política de dividendos garante aos acionistas que os agentes internos estão compromissados com os interesses comuns, os compromissos de remuneração abrandam os conflitos entre os internos e os externos. Quando, porém, esse compromisso não é cumprido pelos gestores, o mercado retalia a corporação que perde credibilidade.[407]

Ao contrário do que ocorre com as recompras de ações, os dividendos são compromissos de longo prazo. Os dividendos, por serem estáveis no tempo, fundamentalmente, são mais eficientes no combate aos problemas de agência, porque escapam à natureza discricionária dos programas de recompra, que podem ser revogados a qualquer momento.

Os autores confirmam a forte conexão entre governança corporativa e política de dividendos[408], especialmente para aquelas firmas com fluxo de

[405] LONCAN, Tiago Rodrigues; CALDEIRA, João Frois. Estrutura de capital, liquidez de caixa e valor da empresa: estudo de empresas brasileiras cotadas em bolsa. **Revista Contabilidade & Finanças**, v. 25, p.46-59, 2014.

[406] Cf. EASTERBOOK, 1984.

[407] JOHN, Kose; KNYAZEVA, Anzhela. *Payout policy, agency conflicts, and corporate governance.* **SSRN**, 2006.

[408] John e Knyazeva, observaram uma relação negativa entre governança corporativa e política de dividendos, conforme as empresas tinham melhores práticas de governança corporativa, o *payouts* de dividendos e recompras de ações eram reduzidos. A relação é positiva com relação às oportunidades de investimento, vez que conforme as oportunidades de investimento se deterioram, a distribuição de dividendos aumenta.

caixa disponível, sem destinação específica. Para John e Knyazeva os pagamentos de dividendos devem ser mais recorrentes e em montantes maiores, para aquelas corporações cujas práticas de governança corporativa são deficientes.

O estudo demonstra como as empresas com fracos instrumentos de governança corporativa, valem-se da distribuição de dividendos como meio para evitar o desperdício de recursos disponíveis no caixa. Os dividendos, se prestam para reduzir o montante de recursos subótimos à disposição dos gestores e administradores, bem como forma de combate ao entrincheiramento dos gestores ou acionistas-controlares.[409]

As corporações com práticas flexíveis de governança corporativa, intentam sinalizar que cumprem com os compromissos de distribuição e, por conseguinte, "expelem" os recursos ociosos em favor de seus acionistas. Esse diagnóstico, dá conta que os dividendos têm um efeito sinalizador, sinalização essa que não se confunde com a prospecção de lucros futuros, mas de cumprimento de compromissos assumidos pelos gestores em favor dos acionistas.[410]

Segundo Knyazeva e John, a distribuição de resultados através do método das recompras de ações, seria em tese, mais eficiente como forma de monitoramento externo. Isto porque, as recompras de ações são meios voláteis de remuneração dos acionistas, partindo de uma posição discricionária do gestor, as recompras garantem compromissos de curto prazo e não prevê estabilidade futura. Em outro viés, a distribuição de dividendos, representam compromissos de longo prazo, são mais eficientes para fins de governança corporativa e como forma de combater os conflitos de agência, sendo preferível, como *modus* de monitoramento interno.

Os dividendos indicam que os interesses comuns pendem favoravelmente aos acionistas e que os compromissos de remuneração serão honrados. Quando os compromissos de remuneração são observados, os acionistas são munidos com as informações relevantes acerca das finanças da empresa, capacitando-os ao monitoramento interno.

A distribuição dos dividendos surge como método de propagação de informações relevantes, para assegurar o monitoramento interno/externo e para limitar os recursos disponíveis aos gestores, em suma, o instituto serve para proteger os acionistas de potenciais excessos dos administradores dos

[409] BERGER, Philip G.; OFEK, Eli; YERMACK, David L. *Managerial entrenchment and capital structure decisions. **The journal of finance***, v. 52, n. 4, p. 1411-1438, 1997.

[410] JOHN; KNYAZEVA, *Op. Cit.*, 2006.

recursos comuns. As cláusulas distributivas são especialmente caras aos acionistas minoritários e os acionistas sem direito de voto, pois são os principais mais distantes do exercício da atividade, com menos canais diretos para os agentes.

Ainda não se sabe ao acerto, se a distribuição dos dividendos é proteção como resultado ou meio. Explico, se os dividendos são distribuídos como resultado da proteção legal favorável ao acionista beneficiário, a proteção legal é meio que permite o resultado distribuição de dividendos. Em outras palavras, os dividendos correspondem à materialização da proteção legal do acionista, efetivamente.

Por outro lado, se a distribuição dos dividendos for "meio", então ele serve como dispositivo substitutivo à proteção legal ou estatutária em benefício do acionista. Digamos que em um ambiente hostil ao acionista e aos direitos acionários, os dividendos garantem aos acionistas minoritários e sem direito de voto, uma parcela remuneratória compatível com o risco assumido. No caso de dividendos como meio, em ambientes hostis aos direitos acionários, são os dividendos que minimizam parte das incertezas dos investidores potenciais que, ao entrarem na sociedade, não receberão qualquer proteção legal ou estatutária, mas tão somente a proteção remuneratória.

Podemos incluir nessa categoria de dividendos como meio, os dividendos distribuídos em sociedades empresariais com níveis baixos de governança corporativa. Nesses casos, os dividendos substituem outras práticas de governança corporativa, no extremo oposto, os dividendos substituem leis protetivas.

La Porta *et. al.*, ponderando sobre a vinculação entre proteção legal e política de dividendos, suscitaram duas prováveis hipóteses para a distribuição de dividendos, em consonância à teoria da agência: i) como forma de reduzir o uso ineficiente do investimento marginal, sendo, a política de dividendos, o resultado positivo da proteção legal dispensada aos acionistas minoritários e sem direito de voto (dividendos como resultado de proteção legal) ou; ii) como forma substitutiva da proteção legal, *per si,* isto é, em uma legislação na qual o acionista tem pouca ou nenhuma proteção legal (dividendos como meio em substituição à proteção legal).[411]

[411] LA PORTA, Rafael *et. al. Agency problems and dividend policies around the world.* ***The journal of finance,*** v. 55, n. 1, p. 1-33, 2000.

Preambularmente, La Porta *et al*[412]., parafraseando as previsões da teoria de agência, verificam que as distribuições de dividendos operam tanto como "meio" ou como "resultado". Nos dividendos como "resultado" quanto maiores os direitos protetivos em favor dos acionistas minoritários e sem direito de voto, maiores as taxas de *payout*.

As proposições da teoria de agência, por outro lado, também sugerem que os dividendos serão distribuídos como "meio" substitutivo à proteção legal, estatutária ou face aos fracos instrumentos de governança corporativa com o intuito de mitigar os conflitos de agência. Os dividendos, conforme previsto por Easterbrook, também servirão como uma forma de monitoramento externo, outra tentativa de contornar as carências legais ou falhas na governança corporativa (dividendos como meio).[413]

La porta *et. al.*, analisando dados de diversos países, concluiu que a qualidade da proteção dos acionistas minoritários em cada legislação, tem correlação com o nível de distribuição de dividendos. As legislações mais protetivas aos interesses dos acionistas, refletem o aumento da taxa de distribuição de dividendos, vindicando a hipótese 'i' como a correta, ou seja, dividendos são resultados da proteção legal em favor dos acionistas.

A exemplo do relatado, países com tradição legal anglo-saxã, possuem cláusulas legais e estatutárias mais protetivas do que países de tradição *civil-law* de matriz franco-germânica. As empresas situadas em países com tradição anglo-saxã, são as empresas que reportaram taxas de *payout* mais altas quando comparadas às coirmãs franco-germânicas.[414]

O estudo, verificou que, mesmo com sistemas legais protetivos, quando os acionistas prospectam boas oportunidades de investimento e crescimento para a empresa, há a opção deliberada pela retenção dos lucros como meio de financiamento. Todavia, quando as oportunidades de investimento são baixas e os instrumentos de governança corporativa são fracos, os acionistas

[412] Os autores assinalam que em certos países, como no Brasil, onde o dividendo é obrigatório, os legisladores optaram por essa estratégia como mecanismo para acoimar as companhias a distribuírem seus lucros, ressaltando a importância dos dividendos para prevenir conflitos de agência.

[413] Um dos casos citados pelo texto de La Porta et. al. diz respeito à companhia Velcro, na qual os acionistas não tinham qualquer direito de dissentir da política de dividendos, o que conduziu à superacumulação de lucros retidos, sem finalidade específica pela companhia, sendo que cerca de dois terços das ações estavam concentradas na posse da família Cripps. A corporação, à época, argumentava que a distribuição de dividendos ficaria suspensa para um futuro "previsível". Muitos dos acionistas, que não tinham direito de retirada com reembolso dos valores da ação, recorreram ao judiciário para resolução da contenda.

[414] LA PORTA *et. al.*, *Op. Cit.*, 2000.

se mostram contrários à retenção dos lucros. Esse resultado se alinha aos predicados da teoria de agência.

Nos termos do que predizia Easterbrook, Gomes, outrossim, aponta que as empresas intentam criar reputação de boas pagadoras de dividendos, e, por consequência, afastar a imagem de expropriadoras de capital minoritário. Para construir a reputação de boa pagadora, não basta apenas que a legislação forneça direito de proteção aos acionistas, mas também que as corporações adotem políticas ativas de distribuição de dividendos constantes.[415]

No nosso entendimento, a tese predominante para a distribuição constante dos dividendos é aquela encabeçada por Jensen e Meckling, sobretudo por Jensen, qual seja, a limitação do fluxo de caixa disponível para o agente e os acionistas-controladores, que ficou conhecida como "teoria do fluxo de caixa livre".[416] As demais hipóteses aqui debatidas, são hipóteses secundárias ou são consequências da primeira.

1.5.3.3 Os impostos para teoria de agência

Até aqui exploramos as principais previsões concernentes à teoria da agência e a sua correlação com o enigma dos dividendos. Como veremos neste tópico, a política de dividendos e os benefícios concorrentes, minimização dos conflitos de agência, custos de monitoramento ou melhor alocação dos recursos corporativos, são diretamente influenciados pela política fiscal.

Jensen previa que a tributação mais gravosa dos dividendos, desincentivaria as distribuições dos dividendos aos acionistas.[417] Com a introdução de tributos sobre os dividendos e outras formas de distribuição do fluxo de caixa livre, os agentes e acionistas-majoritários que determinam as políticas de dividendos, enunciam novas escusas para a suspensão ou redução dos *payouts* ou para retenção total dos lucros.

As escusas são fundamentadas no fato de a distribuição de dividendos encerrar custos para as empresas pagadoras. A alternativa mais "barata" em um mundo sem tributos, é a retenção de todos os lucros. Na presença de tributos, os custos decorrentes da distribuição dos dividendos são elevados na mesma proporção da imposição tributária. Porquanto, se a retenção dos lucros, sem a incidência de qualquer imposto, já é a alternativa mais "barata" para fazer uso do lucro excedente, na presença de impostos, é certo que

[415] GOMES, Armando R. Going public with asymmetric information, agency costs and dynamic trading. **Paper ID,** p. 9-97, 1997.

[416] Cf. JENSEN (nota de rodapé 404), 1986.

[417] Cf. JENSEN (nota de rodapé 404), 1986.

a política distributiva se tornará a alternativa mais custosa entre as disponíveis. Os custos tributários e não-tributários da distribuição, criam prerrogativas para que esse método seja preterido em favor de outros métodos.

Na presença de tributos incidentes sobre as distribuições, as empresas continuarão remunerando seus acionistas, mas não distribuirão os dividendos conforme sua potencialidade em um nível ótimo. Isto porque, alternativas mais "baratas" exsurgirão para "expelir" o fluxo de caixa livre, ou, simplesmente, os recursos serão retidos sem destinação específica.

As empresas, considerando alternativas para contornar a distribuição dos dividendos, podem simplesmente aumentar o nível do débito em relação ao capital próprio, quando assumem débitos, os juros devidos, poderão ser deduzidos do IRPJ, enquanto isso, os dividendos distribuídos somente acarretam novas obrigações tributárias.[418] [419]

Jensen sustenta que a emissão de títulos de dívida, no mercado de capitais (assemelhado às debêntures), pode ser um substituto aos dividendos como forma de limitar os poderes dos gestores e assegurar o cumprimento dos compromissos de distribuição futura, porque essa medida confere aos acionistas poder para decidir a proporção entre débito e capital próprio.[420]

Morck, por outra banda, alerta que um efeito imediato da tributação dos dividendos, para as empresas engajadas em distribuí-los, é a assunção de débitos bancários como forma de amortização dos tributos provenientes da distribuição. A fim de manter seus dividendos em patamares estáveis, as corporações assumem débitos por empréstimo (dedutíveis do imposto de renda), então parte da distribuição de dividendos se dará, efetivamente, como se fosse pagamento de juros aos acionistas e os juros deduzidos do IRPJ, servirão para amortizar os custos da distribuição dos dividendos.[421]

Desai e Dharmapala arguem que tributação e governança corporativa possuem laços estreitos. Considerando um cenário no qual a legislação tributária preveja alíquotas progressivas altas para os acionistas e que o encargo tributário penalize a distribuição dos dividendos, acionistas e gestores se engajarão

[418] MOSER, William J. *The effect of shareholder taxes on corporate payout choice*. ***Journal of Financial and Quantitative Analysis***, v. 42, n. 4, p. 991-1019, 2007.

[419] Desai e Dharmapala, notaram que os impostos afetavam as escolhas de financiamento e política de dividendos tanto de empresas maduras (grandes) como das chamadas *"startups"*. DESAI, Mihir A.; DHARMAPALA, Dhammika. Tax and corporate governance: an economic approach. In: SHÖN, Wolfgang (Ed.). **Tax and corporate governance**. Springer, Berlin, p. 13-30, 2008.

[420] Cf. JENSEN (nota de rodapé 404), 1986.

[421] Cf. MORCK; YEUNG (nota de rodapé 293), 2005.

em encontrar formas várias para evasão fiscal. Com isso, em sistemas tributários complexos associada à ação deliberada de evasão e planejamento tributário perpetrada por acionistas-controladores e gestores, estão postas as condições ideais para o entrincheiramento dos gestores e para a falta de publicidade das informações relevantes. Quando gestores e acionistas-controladores, deliberadamente, fitam evadir ou reduzir suas obrigações tributárias, as estratégias empregadas para tal não são divulgadas ao mercado ou aos acionistas. O processo de evasão, naturalmente, oculta informações prestimosas para todos os interessados.[422]

Jacob e Michaely demonstram que, em um cenário sem qualquer conflito de agência entre acionistas e entre acionistas e gestores, os impostos sobre os dividendos desempenham um papel de primeira ordem quanto à determinação da política de dividendos, mas os problemas de agência, na presença de impostos, são um dos mitigadores à sensibilidade ao tributo. A ideia de mitigação da sensibilidade tributária por força dos conflitos de agência, decorre do fato de que várias forças conflitantes atuam no processo de tomada de decisão quanto ao que fazer com o lucro. À medida que várias forças entram em conflito, é certo que as empresas serão menos sensíveis à alterações na legislação tributária. As diferentes preferências tributárias dos acionistas, reduzem a elasticidade do imposto, assim, quando houver desacordo entre acionistas quanto à política de dividendos, menor será a responsividade ao tributo. Um segundo aspecto que, na presença de conflitos de agência, mitiga a responsividade às alterações tributárias, é a dificuldade de encontrar alternativas substitutivas ao pagamento de dividendos, por falta de coordenação entre os acionistas (esse problema é preponderante entre sociedades de propriedade dispersa e altamente pulverizada). Contudo, para nossos objetivos, o estudo está prejudicado, pois dá enfoque nas médias e pequenas empresas, nas quais o sócio exercita todas as atividades empresariais, quando muito, o poder decisório é repartido com outro sócio, exsurgem conflitos entre poucos sócios.[423]

Isso implica dizer que, para a teoria da agência, a redução dos impostos sobre os dividendos, reduz os custos da distribuição e "encarece" a retenção dos lucros, tão logo a maior distribuição do fluxo de caixa livre mitiga parte dos efeitos negativos da retenção, dentre os quais, os conflitos de agência.

[422] Cf. DESAI; DHARMAPALA, 2008.

[423] JACOB, Martin; MICHAELY, Roni. *Taxation and dividend policy: the muting effect of agency issues and shareholder conflicts*. **The Review of Financial Studies**, v. 30, n. 9, p. 3176-3222, 2017.

As majorações tributárias, por outro lado, desincentivam as políticas de dividendos voltadas à distribuição com taxas de *payouts* altas e estáveis, bem como propicia um ambiente perfeito para o engajamento em estratégias de evasão e planejamento tributário que agravam os problemas de agência.

A política de dividendos distributiva é hábil para reduzir o fluxo de caixa livre e mitigar os conflitos de agência. A adoção da política nestes termos, pode redundar no aumento do valor de mercado ao conferir *status* de boa pagadora, sobretudo, quando a política de dividendos é *tax efficient* (minimiza o montante pago em tributos). [424] Caso contrário, os acionistas deverão recorrer à dívida para forçar a gestão da empresa a distribuir o fluxo de caixa livre.

1.5.3.4 Conflitos de agência fora dos Estados Unidos

Apesar de os trabalhos sobre a estrutura de propriedade pulverizada e controle externo, destacarem-se na literatura corporativa norte-americana, os conflitos de agência ao redor do mundo não se manifestaram em conformidade ao que fora previsto por Berle e Means ou por Jensen e Meckling.

A estrutura de propriedade dispersa, que cinge controle e propriedade pulverizada, conforme fora observado nos Estados Unidos, Reino Unido e, parcialmente, no Japão, não seguiu as mesmas tendências ao redor do mundo. A dispersão acionária inevitável de Berle e Means, se mostrou um fenômeno bastante particular do contexto anglo-saxão, à margem destes, as estruturas de propriedade são extremamente concentradas, em alguns casos superconcentradas.

La Porta *et. al.* ao estudar as estruturas de propriedade entre os países desenvolvidos, evidenciaram que, com exceção das economias com forte proteção aos interesses dos acionistas, a grande maioria dos países tinham suas principais corporações controladas por famílias, grupos econômicos ou pelo Estado.[425]

A concentração e a superconcentração do direito de voto são, tradicionalmente, viabilizadas pelas estruturas de pirâmide corporativa ou através da administração direta.[426] [427] Mais adiante, veremos a dinâmica do caso Brasileiro, que apresenta um grau surpreendente de concentração acionária.

[424] GUAN, Jenny Xinjiao; LI, Oliver Zhen; MA, Jiameng. *Managerial ability and the shareholder tax sensitivity of dividends*. ***Journal of Financial and Quantitative Analysis***, v. 53, n. 1, p. 335-364, 2018.

[425] LA PORTA, Rafael *et. al. Corporate ownership around the world.* ***The journal of finance,*** v. 54, n. 2, p,471-517, 1999.

[426] Cf. MORCK; YEUNG, 2005.

[427] MORCK, Randall. *Why Some Double Taxation Might Make Sense: The Special Case Of Inter-Corporate Dividends.* ***University of Alberta Center for Financial Research Working Paper,*** n. 03-01, 2003.

La Porta *et. al.* notaram que ao redor do mundo a regra é a concentração e a exceção é a pulverização acionária. Os níveis de concentração acionária são ainda mais severos entre as economias em desenvolvimento, porém estas não foram objeto de estudo. Cabe frisar que os resultados estão defasados pelo decurso do tempo, pois retrata a estrutura de propriedade do começo do século XXI. Contudo, se comparado com o grau de dispersão acionária verificada já na década de trinta nos Estados Unidos e Reino Unido, os resultados são, verdadeiramente, alarmantes.

O estudo demonstrou que entre 27 países industrializados ao redor do mundo, cerca de 63% das empresas listadas no mercado mobiliário são controlados por famílias, pelo Estado, ou por grupos diversos. Apenas 36% das maiores empresas dos países desenvolvidos, possuem propriedade dispersa pela pulverização acionária. Em outros termos, cerca de um terço das maiores empresas do mundo são de propriedade pulverizada.

Ainda no final da segunda guerra mundial, por exemplo, Áustria, Singapura e Itália, 70%, 45% e 40% das empresas eram controladas pelo Estado, seja por controle direto ou como acionista majoritário, respectivamente. Essa prevalência do Estado na gestão corporativa começou a ser amenizadas após as privatizações das décadas de 80 e 90.[428]

Os resultados indicaram que nos países, cuja legislação concedia proteção aos acionistas, especialmente, com preferência no recebimento dos dividendos e demais remunerações do capital, o capital votante era mais disperso do que nos países onde a legislação não protegia os acionistas na participação nos resultados.

No caso da propriedade dispersa, os países com legislação protetiva representavam 48% do total, países com pouca ou nenhuma proteção, o capital votante ou o controle direto era, majoritariamente, concentrado, entre famílias ou o Estado, 34% e 22%, respectivamente.

Esses números recrudescem no caso das empresas "médias", as quais, em países com pouca ou nenhuma proteção ao acionista, o nível de dispersão acionária é reduzidíssimo, entre as empresas médias, as que são controladas por famílias salta para 45%. Entre as empresas médias, apenas 13% delas são pulverizadas. Em países com proteção legal aos acionistas, por outro lado, 38% têm suas ações pulverizadas. [429]

[428] Cf. LA PORTA; LOPEZ-DE-SILANES; SHLEIFER, 1999.

[429] *Ibid.* 1999.

O mesmo vale para empresas cujo Estado participa, nos países com pouca ou nenhuma proteção ao acionista, a participação do Estado é de 20% e nos países com legislação protetiva esse número cai para 9%.

Parte da literatura sustenta que um certo grau de concentração, atenua os custos de monitoramento e garante uma "melhor governança corporativa", dentre os quais, podemos mencionar Jensen. Cabe, contudo, acentuar que a percepção de graus ótimos de concentração acionária em Jensen é diversa daquele praticado ao redor do mundo, pois, familiarizado com a pulverização estadunidense, a concentração acionária é relativamente baixa no contexto em que se encontrava Jensen. Quando este fala em concentração, não chega perto da concentração acionária praticada nas economias desenvolvidas e em desenvolvimento.

Shileifer e Vishny, igualmente, atribuíam aos acionistas majoritários (especificamente, os investidores institucionais), um papel imprescindível no controle e monitoramento dos gestores. Entretanto, o mesmo alerta feito para com Jensen, vale para os autores, que consideravam majoritários aqueles que detivessem uma porção bastante reduzida do capital total, entre 5% e 15%.[430] Os acionistas majoritários, para os autores, desempenham função primordial nas relações corporativas, pois intermediam as relações entre acionistas e gestores.

A hipótese defendida por La Porta *et. al.* para a pulverização das ações é de que os países com proteção legal, em favor dos acionistas minoritários e sem direito de voto, é o fator determinante para a dispersão acionária.

Duas outras hipóteses são levantadas para a formação de estruturas de propriedade concentradas: i) ausência de dupla tributação dos dividendos no caso de distribuição de dividendos entre corporações (inter-corporativos), pois os impostos entre corporações (inter-corporativos) seriam, em tese, capazes de desmanchar as pirâmides familiares[431]. Caso a legislação tributária permita o uso da contabilidade consolidada de uma empresa para que a outra obtenha vantagens fiscais para as empresas que participam, também é apresentado como um dos possíveis fatores para concentração ou; ii) a pulverização do capital acionário pode estar relacionada à liquidez do mercado de capitais, em mercados com baixa liquidez, os donos dos títulos os mantêm inutilizados/estagnados. [432]

430 SHLEIFER, Andrei; VISHNY, Robert W. *Large shareholders and corporate control.* ***Journal of political economy***, v. 94, n. 3, Part 1, p. 461-488, 1986.

431 Cf. MORCK, 2003.

432 Tese essa defendida por Amar Bhide, na qual sugere que os Estados Unidos têm liquidez no mercado de capitais porque a legislação estadunidense favorece os investidores e acionistas minoritários, o que faz com que as firmas permaneçam atuantes no mercado, adotando posturas ativas de distribuição.

As duas hipóteses, contudo, são descartadas por La Porta *et. al.*, que atribuem o fenômeno da pulverização acionária ao grau de proteção legal dispensada em países anglo-saxões, especialmente, em sistemas legais com tradição no *common law*.

Resultados parecidos foram encontrados por Faccio e Lang, ao estudar a estrutura de propriedade das empresas listadas na Europa. A pesquisa evidenciou que cerca de 44,29% de todas as empresas listadas em países europeus são concentradas e controladas por acionistas, geralmente, famílias. As empresas menos concentradas, são britânicas ou irlandesas. As empresas mais concentradas são empresas médias e pequenas, enquanto as mais dispersas, são as grandes empresas. [433]

Faccio e Lang observaram que cerca de 54% das empresas europeias (fora do Reino Unido e Irlanda) possuem apenas um único acionista controlador. Mais de dois terços das empresas controladas por famílias, tem algum gestor-administrador da família. Diferentemente dos resultados encontrados por La Porta *et. al.*, Faccio e Lang constataram menos empresas eram controladas pelo Estado e um número maior de empresas com estruturas de propriedade dispersa.

Os direitos de fluxo de caixa dos acionistas últimos (em estruturas de pirâmide) eram mais altos em países como Alemanha (48,54%), Áustria (47,16%) e França (46,68%). Os direitos de fluxo de caixa dos acionistas são menores entre países como Irlanda (18,82%), Reino Unido (22,94%), seguido pelos países Nórdicos. Os direitos de voto dos acionistas últimos, também maiores nos países franco-germânicos, como Alemanha (54,50%) e Áustria (53,52%), e os países com menos concentração dos direitos de voto, também são os países anglo-saxões, Irlanda (21,55%) e Reino Unido com (25%).

La Porta *et. al*, endossam que em países em desenvolvimento e/ou com pouca proteção aos acionistas, as estruturas de propriedade podem ser mais concentradas como forma de proteção interna à sistemas legais hostis. Por isso, nem sempre a concentração acionária pode ser encarada com

A legislação norte-americana oferece garantias para que a riqueza dos investidores se mantenha em circulação, desencorajando que os títulos se concentrem em uma única empresa. Especialmente, ao favorecer os direitos dos acionistas minoritários. Os acionistas que estão na gestão das empresas, enfrentam diversas constrições para a negociação de ativos que são contrários aos interesses dos minoritários. Assim, a legislação norte-americana, favorece a fragmentação dos portifólios e proteção aos acionistas minoritários, garantindo certa liquidez ao mercado. Ademais, verifica-se uma constância nos preços e nas atividades, o que atrai muitos investidores (profissionais ou não). BHIDE, Amar. *The hidden costs of stock market liquidity*. ***Journal of financial economics***, v. 34, n. 1, p. 31-51, 1993.

[433] FACCIO, Mara; LANG, Larry HP. The ultimate ownership of Western European corporations. Journal of financial economics, v. 65, n. 3, p. 365-395, 2002.

desconfiança ou como um fator negativo. A concentração pode se prestar como escudo contra hostilidades do mercado ou contra hostilidades legais contra os direitos acionários.

A exemplo do relatado, Dami, Borges e de Souza Ribeiro analisando a concentração acionária no Brasil, concluem que a concentração está vinculada às instabilidades do mercado e ao crescimento da receita líquida, este último é dado como medida de "*performace*" é menor entre as empresas dispersas do que nas empresas concentradas. É correto afirmar que existe relação positiva entre concentração acionária e "*performace*" e que há relação de dependência entre instabilidade do mercado e concentração acionária.[434]

Confirmando a tese de expropriação de capital dos minoritários, Qian, Pan e Yeung, analisando o estado de coisas da proteção acionária na China, verificaram que, além do clássico problema de agência de Jensen e Meckling (acionista contra gestores) a principal forma de conflito de agência em mercados com concentração acionária, inclusive na China, se dá entre os acionistas controladores ou majoritários contra os acionistas minoritários e acionistas sem direito de voto. Assinala o texto que as estruturas de concentração, tencionam para a expropriação dos acionistas minoritários, situação essa agravada quando a legislação societária e fiscal, não fornece mecanismos de proteção aptos à elidir o problema. Dentre as principais formas de expropriação do capital minoritário verificadas no contexto chinês, destacam-se o chamado *self-dealing* e o *tunneling*. No primeiro, o acionista controlador gerencia a corporação conforme seus interesses pessoais e contra o interesse dos demais acionistas; o segundo, por sua vez, diz respeito ao direcionamento dos ativos corporativos com o fim de obtenção de benefícios pessoais. [435]

Concluímos, pois, nesta instância, nossa revisão bibliográfica acerca dos principais aspectos que tangenciam o enigma dos dividendos, as políticas de dividendos, a função dos dividendos para as corporações, a taxa de *payout* e os dividendos e sua relação com a governança corporativa e as hipóteses do porquê as empresas pagam dividendos. As respostas à estas indagações, não são conclusivas, especialmente, quando se acrescenta ao enigma os tributos. Na última parte do capítulo, revisamos a literatura especializada sobre dispersão acionária e como esse é um fenômeno peculiar do contexto anglo-saxão.

[434] DAMI, Anamélia Borges Tannus; ROGERS, Pablo; DE SOUSA RIBEIRO, Kárem Cristina. Estrutura de propriedade no Brasil: evidências empíricas no grau de concentração acionária. **Contextus–Revista Contemporânea de Economia e Gestão,** v. 5, n. 2, p. 21-30, 2007.

[435] QIAN, Meijun; PAN, Hongbo; YEUNG, Bernard Yin. Expropriation of minority shareholders in politically connected firms. **Finance and Corporate Governance Conference.** 2011.

CAPÍTULO 3

1. Algumas evidências sobre tributação dos dividendos no estrangeiro: o caso paradigmático do JGTRRA de 2003

Como fizemos menção anteriormente, o ano de 2003 foi um marco para desvendar os mistérios do enigma dos dividendos e os efeitos econômicos e jurídicos da tributação dos dividendos. Em 2003, as proposições expostas no capítulo anterior enfraqueceram, foram confirmadas ou totalmente descartadas.

Os resultados obtidos a partir da promulgação da *Job Growth and taxpayer relief act* 2003 (JGTRRA) apesar de divergentes e pouco conclusivos, aproximam algumas hipóteses antes consideradas antagônicas. A teoria de que os acionistas, corporações e os personagens interessados são absolutamente indiferentes à política de dividendos parece ter sido afastada do debate acadêmico definitivamente.

É mister fazermos um breve apanhado de como se dava a tributação dos dividendos antes da JGTRRA (na Legislação federal), para então, conduzirmos o leitor para as alterações perpetradas a partir de 2003 pela reforma da legislação tributária.

Antes da *Jobs Growth and Taxpayers Relief Act* o contribuinte estadunidense recolhia o IR sobre os dividendos percebidos obedecendo as alíquotas da tabela progressiva do IRPF. Porquanto, a tributação dos dividendos, seguia os ditames das regras ordinárias do Imposto de Renda Pessoa Física global. O imposto de renda do beneficiário de dividendos, antes da JGTRRA, independente da sua qualquer natureza, nomenclatura ou origem, remuneração do capital ou do trabalho, eram computadas em sua totalidade e sobre elas incidiam as alíquotas progressivas nos moldes do *Comprehensive income tax.*

A tabela progressiva, tal qual a progressão no Brasil, previa um montante que não estava sujeito à incidência, ou seja, um mínimo que escapa ao IR.

No outro extremo, a progressividade podia alcançar patamares bastante elevados, especialmente após as reformas tributárias da Administração Clinton.

No ano de 2002, o contribuinte das faixas mais altas do imposto, recolhia aos cofres públicos 38,6% da sua renda; no ano de 2001, o contribuinte recolhia, 39,1% da sua renda. Significa dizer que, antes de 2003, o acionista beneficiário de dividendos, poderia recolher até 39,1% em 2001 e 38,6% em 2002. Quanto aos ganhos de capital realizados, contudo, incidia uma alíquota proporcional de 20%, nos anos anteriores à JGTRRA.

Poterba assinala que o contribuinte, antes da JGTRRA, nas alíquotas mais altas do IR, acresceria ao seu patrimônio em dividendos, após a incidência tributária da alíquota progressiva, cerca de 61,5% do que recebera, enquanto o acionista que realizava ganhos de capital, acresceria, após a incidência tributária, 80% do que recebera.[436]

Essa disparidade criou um diferencial de alíquotas penalizante contra os dividendos. A distância entre o encargo tributário dos dividendos e dos ganhos de capital, fora, outrora, ainda mais sensível, contudo, em meados da década de 70, as corporações e os acionistas, alteraram suas preferências, para privilegiar a distribuição dos resultados por outros métodos (período esse apelidado de "desaparecimento dos dividendos").[437] O efeito imediato da tributação, com previsto pelo efeito clientela, era a opção enviesada dos acionistas, situados nas alíquotas mais altas do IR, em direção às corporações com baixas taxas de distribuição em relação ao preço das ações adquiridas (*low dividend yields*).[438]

No final do primeiro mandato da Administração G.W. Bush, foi encaminhado à câmara baixa uma proposta de lei para a reforma do IR que, por sua vez, afetaria o estado de coisas da tributação dos dividendos.

A proposta de reforma foi endereçada ao congresso sob o argumento que o desmembramento da tributação dos dividendos do imposto de renda ordinário, agora, com alíquota proporcional e equivalente à dos ganhos de capital, em uma espécie de tributação cedular, reduziria o custo do capital, encorajaria o aumento dos *payouts* e aumentaria os investimentos à médio-longo prazo.[439]

[436] POTERBA, James. *Taxation and corporate payout policy*. **American Economic Review**, v. 94, n. 2, p. 171-175, 2004.

[437] FAMA, Eugene F.; FRENCH, Kenneth R. *Disappearing dividends: changing firm characteristics or lower propensity to pay?* **Journal of Financial economics**, v. 60, n. 1, p. 3-43., 2001.

[438] DHALIWAL, Dan; LI, Oliver Zhen; TREZEVANT, Robert. *Is a dividend tax penalty incorporated into the return on a firm's common stock?* **Journal of Accounting and Economics**, v. 35, n. 2, p. 155-178, 2003.

[439] Cf. POTERBA,2004.

Sem olvidar que o próprio nome da lei denota quais eram os objetivos da proposta: "empregos e crescimento" *(job and growth)*.

O título III sec. 301, alínea 'a' da JGTRRA procedeu às alterações aqui apreciadas. A alíquota do imposto sobre os ganhos de capital foi reduzida de 20% para 15%. Na sec. 302, alínea 'a', (11): o dividendo submetido ao novo regime da lei, deveria atender a certos critérios, que tornavam o dividendo qualificado. O beneficiário do dividendo qualificado seria, portanto, elegível para o novo regime tributário.

Os beneficiários elegíveis para receber dividendos qualificados, deveriam atender os seguintes critérios: i) receber dividendos de corporações domésticas; ii) receber dividendos de corporação estrangeira, mas qualificada pela lei; iii) receber dividendos que não foram expressamente excluídos do novo regime de tributação, como aqueles distribuídos por corporações que no ano fiscal da distribuição ou no ano fiscal anterior, estavam isentas de recolher o imposto das seções 501 e 521.[440]

As empresas estrangeiras qualificadas pela lei, são aquelas que: i) foram incorporadas (*Inc.*) em uma "possessão dos Estados Unidos" ou; ii) com sede em países com acordos tributários firmados com os Estados Unidos para a erradicação da dupla tributação; iii) corporações que negociam ativos no mercado de capitais norte-americano;[441]

Por fim, a *Jobs Growth Tax Relief*, abduziu os dividendos da tabela progressiva do IRPF ordinário, para agora, figurar com alíquota destacada de 15%, em equivalência aos ganhos de capital.

Para os contribuintes de baixa renda que estavam sujeitos a alíquotas abaixo da proposta pela lei (15%), a alíquota do imposto seria de 5%. Para os contribuintes na base da tabela progressiva do IRPF, em 2008, a alíquota fora reduzida para 0%.

A nova política fiscal, implementada pela Administração Bush, contudo, não seria permanente, mas transitórias, por se tratar de uma medida contracíclica. Inicialmente, o prazo de vigência da norma era circunscrito, até o ano de 2010. No primeiro mandato da Administração Obama, quando o prazo em questão encontrou seu termo, o prazo foi prorrogado, agora para o ano de 2013. Ainda sob a Administração Obama, no ano de 2013, a JGTRRA perdera o caráter de norma transitória para se fazer permanente.[442]

440 CONGRESS. ***Jobs and growth tax relief reconciliation act of 2003***. Disponível em: <https://www.congress.gov/bill/108th-congress/house-bill/2>. Acesso em: 2 fev. 2022.

441 Sec. 302, (c), (I) e (II).

442 YAGAN, Danny. *Capital tax reform and the real economy: The effects of the 2003 dividend tax cut.* ***American Economic Review***, v. 105, n. 12, 2015.

O estado corrente da tributação dos dividendos, ao que nos é conhecido, abrange um duplo sistema, por um lado, os dividendos podem ser tratados como ordinários ou como dividendos qualificados. Sobre os dividendos qualificados, os alívios da JGTRRA continuam em vigor, com alíquotas que variam entre 0%, 15% ou 20%, a depender do montante recebido. O dividendo, quando não for qualificado, será recolhido em consonância às alíquotas da tabela progressiva do imposto de renda.

Para que o dividendo seja qualificado: i) deve ser pago por corporação americana ou estrangeira elegível; ii) não pode ser expressamente excluído pela lei para figurar como qualificado, como com os depósitos de mútuo; corporações isentas ou cooperativas de agricultores; dividendos de seguridade social mantidos pela corporação e; dividendos pagos por corporações estrangeiras à acionistas americanos, quando aquelas não são elegíveis; iii) dividendos que atendam à critérios temporais de manutenção (*"holding period")*.[443]

A JGTRRA operou a redução mais drástica nas alíquotas do imposto sobre os dividendos que se tem notícia. Até o ano de 2003, economistas e financistas americanos se apropriavam da experiência legislativa de outros países para diagnosticar os reais efeitos, comportamentais e econômicos da tributação dos dividendos, a partir de então os estudos voltaram-se para o contexto norte-americano.

Passaremos, pois, a investigar quais os resultados obtidos, após a promulgação da JGTRRA, os impactos desta para os acionistas e corporações. Alertamos que por nossa incompetência técnica nas matérias aqui abordadas, traremos apenas os resultados e conclusões obtidos pela literatura especializada, razão pela qual, não podemos valorar a qualidade das pesquisas ou os métodos empregados, tampouco submeter os resultados à contraprova.

1.1 O enigma dos dividendos com o advento da JGTRRA: consensos e divergências

A JGTRRA fora, incialmente, proposta com o intuito de acurar e incentivar o investimento corporativo, reduzir o custo do capital e fomentar a circulação de capitais entre as empresas. Quanto aos fins programáticos da norma, esses foram os mais contestados pela literatura. Como passaremos a expor.

[443] IRS. ***About Publication 550, Investiment income and Expenses***. *Availible in*: https://www.irs.gov/forms-pubs/about-publication-550. 1 jan.2022.

Dhaliwal, Krull e Oliver Li, observaram de fato uma redução do custo do capital e aumento do investimento, entretanto, consideraram o resultado insignificante, reprimindo, parcialmente, a tese da visão tradicional. Conforme a visão tradicional, os efeitos do alívio fiscal sobre os dividendos seriam sentidos no médio-longo prazo. Os efeitos da JGTRRA foram imediatos, contudo, não no sentido de intensificação do capital produtivo.[444]

Nos primeiros meses após a promulgação da lei, a queda do custo de capital, registrada por Dhaliwal, Krull e Oliver Li foi, em média, de 9,75%. Depois de eliminar algumas variáveis que poderiam interferir nesse valor, os autores verificaram uma redução de 1,02% do custo do capital. O valor da redução do custo do capital é tratado pelos autores como irrisório.[445] Os efeitos sobre o custo do capital foram imediatos, desde quando a norma entrou em vigor.

As evidências apresentadas pelo estudo, à primeira, parecem contraditórias, pois, depois da JGTRRA, todas as empresas, inclusive aquelas que não distribuíram dividendos nos períodos subsequentes, se beneficiaram de alguma forma com a redução do custo do capital. A redução do custo do capital foi mais intenso entre as empresas que não pagaram dividendos do que para aquelas que pagaram dividendos após a reforma.

Acrescentando todas as variáveis possíveis, os autores concluíram que as empresas que pagaram dividendos obtiveram uma redução do custo do capital de 1,65% e 1,14% para as empresas que pagaram dividendos no primeiro quadrimestre após a promulgação da JGTRRA, contrariando a hipótese de que a distribuição de dividendos reduz o custo do capital.

Duas hipóteses foram suscitadas para explicar esse fenômeno: i) a redução dos tributos beneficia todas as empresas, independente da distribuição. Tributos menores potencializam os investimentos de todas as empresas; ii) o *dividend yield* não deve ser utilizado como parâmetro para medir a relação entre impostos e custo do capital (contrariando a visão tradicional). Nenhuma das duas alternativas apresentaram respostas satisfatórias, segundo a pesquisa.[446]

Os autores apontam algumas causas para a baixa significância da relação custo do capital e tributação dos dividendos, a saber: i) o custo do capital não responde às alterações legais do imposto porque as empresas com mais investidores institucionais (isentos ou com autorização para deduzir do IRPJ os dividendos recebidos), absorvem os tributos sobre os rendimentos do capital.

[444] DHALIWAL, Dan; KRULL, Linda; LI, Oliver Zhen. *Did the 2003 Tax Act reduce the cost of equity capital?* ***Journal of Accounting and Economics***, v. 43, n. 1, p. 121-150, 2007.

[445] Cf. DHALIWAL; KRULL; LI, 2007.

[446] Cf. DHALIWAL; KRULL; LI, 2007.

A absorção do tributo se dá, fundamentalmente, pelo preço dos ativos negociados, vez que os acionistas institucionais são indiferentes aos tributos; ii) se os acionistas e corporações encontraram outras formas de remunerar os acionistas, "*Tax efficiency*", antes da JGTRRA, então a redução das alíquotas tributárias, não teve o efeito desejado no custo do capital; iii) os efeitos da lei sobre o custo do capital não foram tão acentuados, porque, os interessados (acionistas, investidores e corporações) conheciam do caráter transitório da lei, por isso não responderam à reforma.

O item 'i' é consistente com a parte da literatura que argui que os acionistas não são responsivos aos tributos. As explicações para tal fenômeno está atrelada aos acionistas majoritários, que por sua vez são responsáveis por determinar a política de dividendos através do voto. Considerando, pois, que os acionistas majoritários, via de regra, são investidores institucionais (isentos ou autorizados a deduzir os dividendos recebidos no seu próprio imposto de renda) eles serão indiferentes às penalidades tributárias dos dividendos, preferindo-os, inclusive.[447] Nesse sentido, as preferências tributárias dos acionistas individuais, não são relevantes para a determinação da política de dividendos. Logo, os investidores institucionais capitalizam todas as penalidades tributárias dos dividendos, visto que não respondem às políticas fiscais. A capitalização dos tributos se dá, para os acionistas institucionais, dentro dos retornos esperados pelas ações.[448]

Poterba, por outro lado, enxerga as alterações da JGTRRA com otimismo. O encargo médio da alíquota sobre os dividendos, foi reduzido em dois pontos percentuais com a "*Economic Growth and Tax Relief Reconciliation Act*" ou EGTRRA de 2001, mas com a JGTRRA de 2003, previa-se uma redução do encargo médio em 11,9 pontos percentuais. [449]

Relembrando os fundamentos da teoria tradicional, Poterba, constata que tanto os impostos sobre os dividendos quanto os ganhos de capital afetam o encargo tributário total, por isso, ambos influem no custo do capital. Assumindo também que a distribuição de dividendos responde de forma elástica aos aumentos de tributos, a JGTRRA representaria, à longo prazo, um aumento de 24% na distribuição de dividendos. Isso demonstra o quão elástico são os dividendos frente aos impostos.

[447] Cf. BRAV, Alon *et. al.*, 2005.

[448] Cf. DHALIWAL; TREZEVAN; LI., 2003.

[449] Cf. POTERBA, 2004.

O economista constatou também que a JGTRRA resultou em um aumento no número total de distribuições entre todos os setores da economia, entre empresas de diferentes tamanhos e graus de "maturidade". No primeiro quadrimestre após a promulgação da reforma, empresas como a Microsoft, iniciaram ou aumentaram os pagamentos de dividendos. Somente no índice *Standard and Poors'*500 (S&P500), as empresas que aumentaram dividendos, comparadas às empresas que reduziram seus *payouts* foi de 38,7%, enquanto no ano de 2001, foi de 29,8%.[450]

Se, por um lado, a JGTRRA refletiu um aumento dos *payouts* de dividendos, seria de se supor que, a relação seria inversamente proporcional à previsão de aumento dos investimentos, porque a distribuição de dividendos implica em uma redução dos recursos disponíveis em caixa. Entretanto, Poterba objeta essa conclusão, uma vez que os lucros, após o tributo, somados à emissão de novas ações é igual aos dividendos mais investimentos. Em outras palavras, ocorre um movimento circular de distribuição de dividendos e aumento do investimento e emissão de novas ações, indicando que dividendos e investimentos se somam.[451]

As empresas que mais distribuíram dividendos foram aquelas que possuíam gestores com participação nos lucros. Confirmando as tendências previstas pela teoria da agência e da visão tradicional, após a promulgação da JGTRRA, Nam e Wang, observaram que 1.101 empresas na *Standard & Poor's* (S&P500) aumentaram suas taxas de distribuição ou pagaram dividendos pela primeira vez. O exemplo mais notável, ocorreu com a *Goldman Sachs Group Inc.,* onde foi reportado um aumento de 108% no montante de dividendos.[452]

Tomando como base os anos de 1993 a 2002 e depois o ano de 2002 a 2003, não se verificou em período anterior à JGTRRA um aumento tão significativo de distribuições entre as empresas listadas no mercado mobiliário norte-americano. Após a promulgação da JGTRRA, 41,7% das empresas, aumentaram seus dividendos, percentual esse sem paralelo nos anos de 1993 a 2002.[453]

Auerbach e Hassett observaram que tanto a visão tradicional quanto a nova visão possuem hipóteses consistentes com os acontecimentos ocorridos

[450] Esses resultados, contudo, não são conclusivos, pois, em anos anteriores, a proporção de empresas que pagaram dividendos em relação às que não pagaram, foi maior.

[451] Cf. POTERBA, 2004.

[452] NAM, Jouahn; WANG, Jun; ZHANG, Ge. The impact of dividend tax cut and managerial stock holdings on firm's dividend policy. **Global finance journal**, vol. 21, issue 3, p. 275-292, 2010.

[453] *Ibid.,* 2004.

após a JGTRRA, a depender das características das empresas afetadas.[454] Sob a perspectiva da nova visão, apenas uma redução constante e permanente dos tributos sobre os dividendos poderia, remotamente, ser capaz de aumentar o valor das empresas. Visto que a distribuição de dividendos é uma transferência de riquezas para os donos, não é esperado que os tributos impactem diretamente no valor da empresa. A taxa de distribuição de dividendos, destinado aos acionistas, independe do valor da firma. Para a visão tradicional, a tributação dos dividendos, é capaz de influir no valor da empresa, porque, ao invés de uma mera transferência do montante aos acionistas, a tributação dos dividendos afeta a sua taxa de desconto. Com isso, aumentando a taxa de distribuição e reduzindo a taxa de desconto, maior será a percentagem acrescida ao valor da firma. Ademais, com o declínio da taxa de desconto, a política de investimento ótima da empresa, poderia ser alcançada.

Auerbach e Hassett, separaram as empresas em graus de "maturidade", as empresas que em algum momento de sua história pagaram dividendos, foram classificadas como "maduras" e as empresas que nunca pagaram dividendos, foram classificadas como "imaturas".

As empresas imaturas, em tese, não se beneficiaram das reduções dos impostos, pois retem todos os lucros da atividade, mas não emitem novas ações. O valor de mercado delas é dado a partir dos dividendos futuros esperados (o preço das ações negociadas presentemente e as oportunidades de investimento). Em vistas disso, as empresas imaturas seriam indiferentes às políticas de dividendos correntes e os impostos incidentes contra seus acionistas.

Os resultados do estudo, contudo, afastaram a predição de indiferença aos tributos das empresas imaturas, assim como das empresas imaturas. Até mesmo as empresas imaturas, que nunca distribuíram dividendos antes, responderam, em algum grau à reforma tributária. Os impactos da reforma, segundo Auerbach e Hassett, seriam ainda maiores, caso a JGRRA se fizesse permanente (quando o artigo foi escrito, a reforma tinha prazo para expirar).

Os resultados demonstraram que as empresas imaturas se beneficiaram mais da JGTRRA do que as empresas maduras, gerando retornos anormais entre 3,7% e 8,6% e aumentaram seu valor de mercado. Entre as empresas maduras, por outro lado, o valor destas não foi tão expressivo quanto as primeiras, a responsividade destas ficou abaixo do esperado. Entretanto, as empresas maduras que estavam prestes a emitir novas ações, estas obtiveram retornos anormais, se beneficiando da minoração do imposto. Para cada

454 Cf. AUERBACH; HASSETT (nota de rodapé 378), 2005.

um porcento de aumento na probabilidade de emitir novas ações, associava-se a um retorno anormal de 0,2%.[455]

Segundo os autores, a responsividade das empresas frente à tributação dos dividendos depende de duas variáveis comportamentais: como os dividendos variam em relação ao investimento e o fluxo de caixa, isto é, como as empresas utilizam os lucros retidos para investimento e; as características da empresa, ou seja, qual o nível de acesso aos recursos externos, por exemplo, qual o grau de acesso ao mercado de capitais. A responsividade das empresas à tributação, dependem, essencialmente, do que a empresa pretende fazer com os lucros retidos, se elas têm acesso às fontes de financiamento.

Igualmente, Yagan, tecendo considerações sobre o impacto da reforma tributária materializada pela JGTRRA, destaca a importância do setor corporativo para a economia americana, pois, as empresas dentro do escopo do trabalho, empregavam cerca de metade de todos os trabalhadores do setor privados nos Estados Unidos. [456]

O autor, ao contrário dos proponentes da teoria tradicional, não constatou um aumento significativo nos investimentos corporativos após a reforma, razão esta que levou o articulista a concluir que os "investimentos" foram meras realocações de recursos. Segundo ele, as corporações tiveram um aumento de 21% em seus "investimentos", leia-se, realocações entre acionistas e corporações que já estavam no quadro social. Os "investimentos", eram realocados dentro do mesmo grupo econômico por meio do pagamento de dividendos inter-corporativos.[457]

O autor também não verificou um aumento dos investimentos em virtude da mitigação dos conflitos de agência, conforme postulado pela teoria da agência. Quando as corporações foram divididas por tamanho, maturidade, crescimento, lucratividade e relação débito e capital próprio, a reforma parece não ter atingido os efeitos sob as quais foi idealizada. Porquanto, Yagan descarta tanto a hipótese da visão tradicional quanto da teoria da agência e se filia à corrente da nova visão, sugerindo, pois, que os dividendos permanecem encurralados na corporação e as políticas de dividendos não trazem qualquer benefício à corporação, seja no preço das ações, valor de mercado etc.

A reforma de 2003, serviu, segundo Yagan, como uma janela de oportunidade para distribuição dos lucros encurralados aos acionistas, incorrendo,

[455] Cf. AUERBACH; HASSETT, 2005.
[456] Cf. YAGAN (nota de rodapé 441), 2015.
[457] Cf. YAGAN, 2015.

conquanto, em encargos tributários menores e *tax efficient*. A tese de mera realocação de recursos, é corroborada pelo fato de a reforma ter trazido uma data para expirar, essa incerteza motivou uma distribuição desenfreada nos primeiros meses e anos, como forma de engajamento em uma espécie de planejamento tributário apressado, antes que o imposto pudesse ser majorado.[458]

Como a reforma de 2003 ocorreu pouco antes das eleições presidenciais e, o então presidente e candidato G.W. Bush, estava na corrida eleitoral, criou-se um ambiente de insegurança quanto ao efetivo prazo de vigência da JGTRRA. Caso o então presidente ganhasse as eleições, seria certo que a lei chegaria a termo no prazo pré-estabelecido, se, o presidente G.W. Bush não ganhasse, eram grandes as chances de a JGTRRA ser revogada antecipadamente em um possível governo Democrata. A continuidade da norma, dependia fortemente da reeleição do então presidente Bush (indicativo de uma majoração antecipada, anterior à data prevista).

Porém, a hipótese estabelecida por Yagan, quanto a insegurança da reeleição, foi dissipada assim que o presidente foi reeleito, momento no qual as distribuições continuaram em patamar elevado.

Como vimos nos tópicos anteriores, quase todas as teorias que buscam respostas ao problema dos dividendos, propunham que a redução dos tributos resultaria na elevação da taxa de *payout*, salvo a nova visão e a teoria da irrelevância dos dividendos. A incapacidade da nova visão de explicar a crescente na taxa de *payouts* após a JGTRRA e o gradual desaparecimento dos dividendos nos períodos imediatamente anteriores à reforma[459], tornou-se flagrante.

Tendo isso em conta, Yagan elabora três possíveis hipóteses para preencher essa lacuna teórica da nova visão: i) a reforma de 2003, aumentou o valor do capital próprio das corporações, por isso, os detentores de ativos ilíquidos podem ter aumentado os pagamentos de dividendos como forma de balancear seus portifólios ou para otimizar o seu consumo; ii) a reforma pode ter induzido os controladores a usar as políticas de distribuição para assegurar sua própria liquidez, contra os interesses dos acionistas minoritários; iii) as alíquotas mais altas do imposto sobre os dividendos incentivam os acionistas-controladores a evadir ou evitar tributos, pagando lucros como se fossem compensações contratuais, ou seja, transmutando a denominação da renda para outra cujo tratamento tributário se apresentasse mais ameno. A reforma de 2003, reduziu as vantagens desse comportamento evasivo.

458 Cf. YAGAN, 2015.

459 Cf. FAMA; FRENCH (nota de rodapé 436), 2001.

Depois da reforma, as distribuições, antes disfarçadas com outras nomenclaturas por motivos de redução do encargo, passaram a receber o tratamento formal adequado à sua denominação tributária. [460]

Alguns estudos, voltados aos efeitos desencadeados pela JGTRRA, indicam que o aumento das distribuições está relacionado à uma espécie de janela de oportunidade para distribuições *tax efficient* identificadas por gestores habilidosos. A habilidade dos gestores em identificar as janelas de oportunidade são cruciais para o aumento ou diminuição da sensibilidade dos acionistas frente às alterações tributárias. As habilidades individuais dos gestores incorporam parte das penalidades tributárias, o que torna os acionistas mais sensíveis às alterações na legislação, por vezes, demandando distribuições por métodos alternativos (substitutivos) aos dividendos, quando a legislação penaliza a distribuição de dividendos, por exemplo. A JGTRRA demonstrou as empresas com esse perfil de agentes, foram as mais responsivas a reforma.[461]

Em um dos estudos mais abrangentes sobre o evento de 2003, Chetty e Saez demonstraram como a reforma tributária operou diversas mudanças comportamentais em suas múltiplas dimensões.[462]

Um número sem precedentes de distribuições foi reportado após a reforma; as empresas que pagavam dividendos ocasionalmente, passaram a pagar dividendos regulares; mesmo entre aquelas empresas não pagavam mais dividendos há pelo menos duas décadas, anunciaram distribuições após a reforma tributária; os dividendos especiais[463], até então pouco usados como forma de remuneração, voltaram a fazer parte das distribuições.

O estudo, abrange o período entre 1980 e 2004. O segundo semestre de 2003, consequente à reforma, foi, de todo o lapso temporal selecionado pela pesquisa, aquele que tivera a maior taxa de distribuição de dividendos. Nos seis primeiros quartos de meses após a reforma, houve um incremento de mais de 20% nos dividendos regulares. Das 100 principais empresas listadas na NYSE e NASDAQ, em todos os setores corporativos, todas anunciaram que iniciariam distribuições de dividendos após a JGTRRRA. Em média, antes da reforma, o anúncio de iniciações de dividendos estava estancado

[460] GORDON, Roger H.; SLEMROD, Joel B. *Are "Real" Responses to Taxes Simply Income Shifting Between Corporate and Personal Tax Bases?.* ***Does Atlas Shrug?: The Economic Consequences of Taxing the Rich***, p. 240, 2000. *Apud* YAGAN., 2015.

[461] Cf. GUAN; LI; MA (nota de rodapé 424), 2018.

[462] CHETTY, Raj; SAEZ, Emmanuel. *Dividend taxes and corporate behavior: Evidence from the 2003 dividend tax cut.* ***The quarterly journal of economics,*** v. 120, n. 3, p. 791-833, 2005.

[463] Dividendo de oportunidade, trata-se de dividendos de ocasião.

em 4.3 por quadrimestre, após a reforma, a média de anúncios subiu para 29 por quadrimestre.

Antes da reforma tributária da Administração Bush, apenas 7 firmas pagaram dividendos especiais aos seus acionistas (dividendos esporádicos e sem compromisso de pagamentos futuros), depois da JGTRRA, esse número subiu para 18. Mesmo assim, os dividendos especiais não superaram marcas históricas atingidas no final dos anos 80.

As corporações que já pagavam dividendos regulares, reportaram aumentos no montante total de distribuições, conforme asseverado acima. Os dividendos que há muito tinham perdido sua posição como principal método de remuneração dos acionistas, voltou a figurar como o meio mais usual de distribuição.

Vamos fazer um pequeno parêntese nesse ponto, pois, segundo Fama e French, antes da década de 70, cerca de 66,5% das distribuições de lucros se dava mediante a distribuição de dividendos, em 1999, apenas 20% das distribuições ocorriam por esse método.[464] Bagwell e Shoven, igualmente, notaram, entre os anos de 1977 e 1986, um crescimento de 824% nos métodos alternativos de distribuição de lucros, a saber: recompras, pagamentos de juros, aquisições e pagamentos de reservas de capitais. Em 1977, segundo Bagwell e Shove, os dividendos representavam cerca de 80% das distribuições totais, quando começaram a declinar rapidamente.[465]

Volvendo novamente ao nosso assunto principal, em relatório publicado pelo tesouro estadunidense referente ao ano de 2000, citado por Saez e Chetty, atesta que cerca de dois terços dos contribuintes que recebem dividendos estavam entre os 10% contribuintes mais ricos. Com esses dados em mãos, mesmo sabendo da importância da tributação desses contribuintes conforme suas capacidades contribuintes, especialmente, tendo em conta o papel redistributivo do imposto, os autores acentuam três das principais ineficiências econômicas ocasionadas pela tributação dos dividendos com alíquotas elevadas, senão vejamos: i) potencial redução da poupança individual; ii) redução do estoque de capital circulante na economia e; iii) indução forçada da retenção dos lucros corporativos, redundando em ineficiências de investimento, conforme sugerido pela teoria da agência.[466]

[464] Cf. FAMA; FRENCH, 2001.

[465] BAGWELL, Laurie Simon; SHOVEN, John B. *Cash distributions to shareholders.* ***Journal of Economic perspectives,*** v. 3, n. 3, p. 129-140, 1989.

[466] Cf. CHETTY; SAEZ, 2005.

A responsividade das empresas à reforma se concentrou em dois perfis, naqueles cujos gestores tinham incentivos fortes para distribuir dividendos (*pay-for-perfomace*) a fim de maximizar o valor acionário e naquelas onde os acionistas tinham fortes incentivos para demandar a distribuição. Por razões auto evidentes, esses recursos demandados, estavam retidos na corporação que, em virtude da redução da penalidade tributária infringida aos dividendos, passaram a ser distribuídos aos demandantes.

Saez e Chetty, notaram que, assim como Yagan, as empresas que tinham gestores com *Stock Options* ou ações da companhia, eram mais afetas a distribuir seus lucros do que aquelas na qual os gestores não tinham qualquer compensação pela distribuição. A responsividade tributária, conforme constatado, está diretamente relacionada aos incentivos ofertados aos gestores para agir com alinhamento de interesses para com os acionistas, corroborando com os remédios de supressão aos problemas de agência sugeridos por Jensen e Meckling em um cenário com pulverização de ações entre muitos acionistas. Mesmo entre as empresas com muitos acionistas institucionais (indiferentes aos tributos, em tese) foi observado um notório aumento dos *payouts* depois da JGTRRA.[467]

As empresas sem acionistas com poderes para demandar a distribuição dos lucros, também foram as empresas menos responsivas à reforma de 2003.

Noutro giro, vislumbrou-se que a distribuição de dividendos está diretamente vinculada à força dos acionistas majoritários e dos acionistas que ocupam cadeiras de decisão, pois, nas empresas com acionistas majoritários fortes, mesmo que com acionistas institucionais fracos, houve responsividade à reforma tributária para distribuir dividendos. Por outro lado, as empresas que possuíam acionistas institucionais sem incentivos para requerer dividendos, essas empresas não se engajaram na distribuição dos lucros. Enquanto isso, as empresas com acionistas majoritários fortes e acionistas institucionais fortes, com incentivos para demandar dividendos, as duas forças se anularam. Nesses casos, a decisão de reter ou distribuir, passou a depender da pressão exercida pelos acionistas marginais e em qual sentido se voltaria.

Assim como previsto pela teoria da agência, nas empresas com muitos acionistas pulverizados sem participação direta e relevante na gestão da empresa, mas com agentes e acionistas majoritários sem qualquer incentivo compensatório para distribuir, não responderam à reforma tributária. Corrobo-rando, pois, com a previsão de que vontades dos acionistas minoritários

[467] Cf. CHETTY; SAEZ, 2005.

são ignoradas quando não se tem meios contratuais para coagir a distribuição e alinhar os interesses dos internos com o dos externos.

Os problemas de agência, estão, para principais e agentes, frente à responsividade tributária, como um fator de primeira ordem para a opção da política de dividendos, e, nesse sentido, os tributos exercem papel preponderante para minimizar ou agravar os conflitos.

O problema de agência é agravado quando os lucros retidos estão ociosos em empresas estagnadas ou sem perspectiva de crescimento. A realocação do capital ocioso para empresas em crescimento e com necessidade de recursos, redesenhou o mercado de capitais após a JGTRRA 2003. A má alocação dos recursos, em empresas estagnadas, pode representar uma perda significativa de bem-estar social, haja vista que há falta de investimento nas companhias em crescimento.

Saez e Chetty concluíram que a reforma trouxe uma melhor alocação do capital, em consonância às predições da visão tradicional. As motivações por trás da distribuição de dividendos, dependem significativamente dos incentivos estatutários dispensados aos agentes com poder de decisão e o alinhamento de interesses dos acionistas majoritários com os minoritários.[468]

O estudo demonstrou que as empresas saudáveis, com estabilidade financeira e com maior lucratividade foram as que mais responderam à reforma, pois são as empresas com muitos lucros retidos e menores oportunidades de investimentos. Esse resultado indica um alinhamento da teoria da agência com a visão tradicional e, contraria as previsões da nova visão.[469]

A hipótese relativa às oportunidades de investimento, igualmente, parece ter sido corroborada após a JGTRRA, visto que a heterogeneidade das corporações pagadoras estava associada à estagnação de crescimento, ou seja, empresas com pouca ou nenhuma oportunidade de investimento, foram as mais sensíveis à reforma de 2003. A contraprova é robusta, pois as empresas com muitas oportunidades de investimento não responderam a reforma como as primeiras, os lucros permaneceram retidos como meio de financiamento dos projetos subsequentes.

Logo, as firmas sem necessidade premente de recursos em caixa foram as que mais responderam à reforma, visto que tinham recursos ociosos retidos e pouca prospecção de crescimento com os recursos retidos.

[468] Cf. CHETTY; SAEZ, 2005.

[469] Cf. CHETTY; SAEZ, 2005.

Os impostos, nesse cenário, também, desempenham papel preponderante, um vez que (ao que tudo indica) os lucros permaneceram retidos por força, sobretudo, das penalidades tributárias decorrestes do pagamento de dividendos. Assim que a política fiscal equivale os dois principais métodos de distribuição dos lucros, os recursos são imediatamente desalojados como dividendos.

O dado que efetivamente denota a proporção do impacto dos tributos sobre as decisões de *payout,* está no montante total distribuído após a reforma, senão vejamos: antes de 2003, foram reportados anúncios de pagamentos de 13 milhões de dólares a título de dividendos, após a reforma, esse número alcançou os 205 milhões de dólares.[470] Significa dizer que, apenas nos seis primeiros meses após a reforma tributária, o montante de dividendos distribuídos suplantou todas as maiores distribuições de lucros da década de 90, somados.

Para ilustrar, apresentaremos os gráficos disponibilizados por Chetty e Saez acerca dos impactos da reforma no mercado de capitais e distribuições de dividendos, antes e depois da JGTRRA. O Gráfico 1 mostra a quantidade de iniciações de dividendos regulares todos os meses entre 2001 e 2004.

Gráfico 1 – Iniciações de Dividendos regulares por mês (2001-2004)

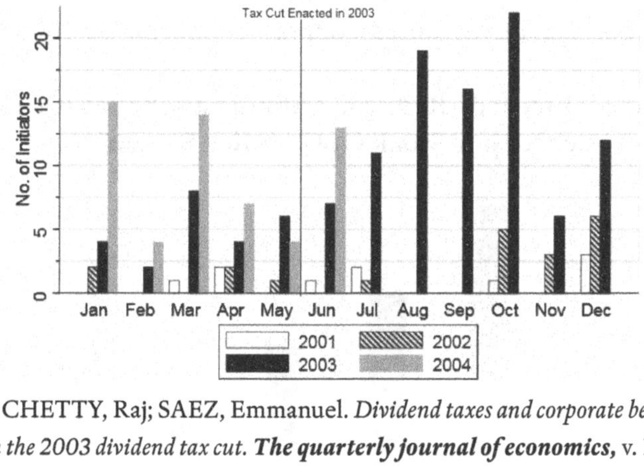

Fonte: CHETTY, Raj; SAEZ, Emmanuel. *Dividend taxes and corporate behavior: Evidence from the 2003 dividend tax cut.* ***The quarterly journal of economics,*** v. 120, n. 3, 2005 .

Do lado dos executivos com ações da empresa, a Gráfico 2 demonstra a relação entre iniciações e as ações comuns mantidas por esses agentes.

470 Cf. CHETTY; SAEZ, 2005.

As colunas vermelhas, correspondem aos resultados das iniciações após a reforma, enquanto as colunas listradas em azul são as iniciações de dividendos antes da reforma:

Gráfico 2 – Efeito da Redução tributária sobre as iniciações: recorte por propriedade mantida por Executivos

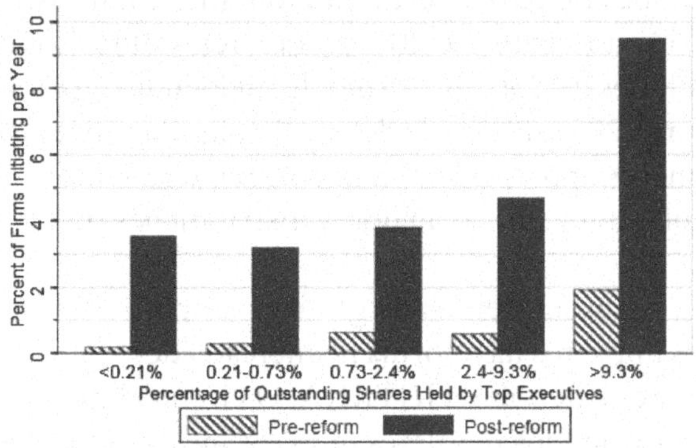

Fonte: CHETTY, Raj; SAEZ, Emmanuel. *Dividend taxes and corporate behavior: Evidence from the 2003 dividend tax cut*. ***The quarterly journal of economics***, v. 120, n. 3, 2005.

A Gráfico 3 demonstra a relação entre as iniciações de dividendos e as *Stock Options* dos executivos, antes e depois da reforma de 2003:

Gráfico 3 – Efeito da Redução tributária sobre as iniciações: recorte por Stock Options dos Executivos

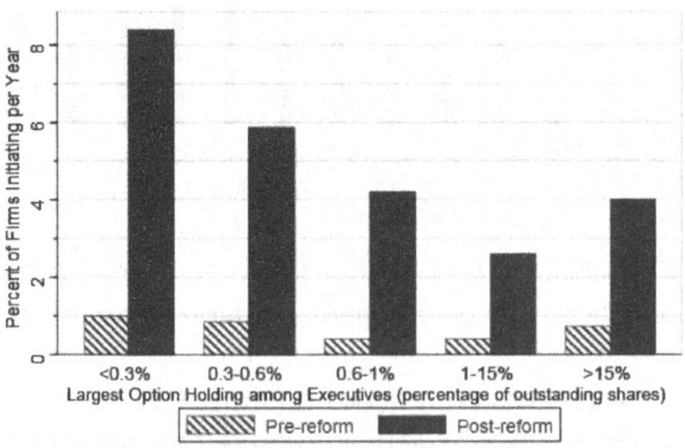

Fonte: CHETTY, Raj; SAEZ, Emmanuel. *Dividend taxes and corporate behavior: Evidence from the 2003 dividend tax cut*. ***The quarterly journal of economics***, v. 120, n. 3, 2005.

A Gráfico 4 demonstra a relação entre iniciações de dividendos e ações detidas por acionistas institucionais. As colunas vermelhas correspondem ao percentual de iniciações de dividendos após a reforma e as colunas azul listradas, ao percentual de iniciações de dividendos antes da reforma de 2003 :

Gráfico 4 – Efeito da Redução tributária sobre as iniciações: recorte por Propriedade de Acionistas institucionais

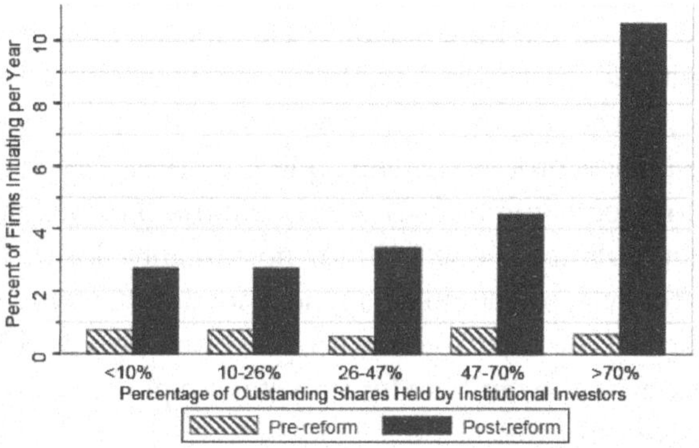

Fonte: CHETTY, Raj; SAEZ, Emmanuel. *Dividend taxes and corporate behavior: Evidence from the 2003 dividend tax cut.* ***The quarterly journal of economics,*** v. 120, n. 3, 2005.

A teoria da agência, para Chetty e Saez, é confirmada, em artigo publicado sete anos após a reforma de 2003. Nesse texto, os autores trazem uma visão alternativa às já conhecidas visão tradicional e nova visão, fundada na teoria da agência.[471]

A teoria de agência alternativa, proposta pelos articulistas, dá conta de que a reforma de 2003 incentivou a distribuição dos dividendos ao invés de fomentar investimentos em *pet projects.* Os "projetos de estimação", são "pseudo-investimentos" que não trazem benefícios à sociedade empresarial, mas fortalecem, tão somente, o gestor responsável.

O modelo apresentado pelos autores, conclui que os impostos incidentes sobre os dividendos criam uma espécie de peso morto[472], mesmo quando a fonte do investimento marginal é a retenção dos lucros (nova visão).

[471] CHETTY, Raj; SAEZ, Emmanuel. *Dividend and corporate taxation in an agency model of the firm.* ***American Economic Journal: Economic Policy,*** v. 2, n. 3, p. 1-31, 2010.

[472] Peso morto, em resumo, nada mais é do que uma receita tributária que não supera os custos econômicos negativos advindo da exação. Ou seja, o Fisco não arrecada o suficiente para compensar a perda de bem-estar social.

O imposto altera e distorce a estrutura de capital no sentido *trade-off*: investimentos ineficientes em projetos *pet* com lucros retidos que são mantidos pela ausência de pagamento de dividendos.

Ademais, quando há a combinação de contratos ruins, com poucas cláusulas compensatórias de desempenho e governança corporativa deficiente, os tributos se tornam um dos fatores de primeira ordem para decisões de *payout* e aumento do custo de eficiência.[473] Mesmo para aquelas firmas com algum empecilho de acesso ao capital de terceiros ou que tenham constrições de fluxo de caixa, em tese, são beneficiadas pela redução dos impostos sobre os dividendos. A redução dos tributos implica no aumento do número de emissão de ações e investimentos produtivos, como observado após a reforma de 2003.

O modelo de agência proposto, sugere que as corporações com fluxo de caixa abundante e ocioso, enfrentarão barreiras tributárias por ocasião da distribuição dos lucros acumulados, o que redunda no aumento dos projetos *pet* (superinvestimento). Todavia, o modelo de agência dos autores não se aplica para as corporações cujo fluxo de caixa é constrito, pois estas haverão de reter os lucros e emitir novas ações, como também fora constatado por Auerbach e Hassett.[474]

Nas palavras dos autores:

> Nossa análise sugere que a principal fonte de ineficiência, a partir do aumento das alíquotas do imposto sobre os dividendos, é a má alocação do capital pelos administradores, devido ao monitoramento reduzido, não pela distorção geral no nível de investimento como enfatizado pelo modelo visão tradicional. [...] se os problemas de agência são prevalentes, a tributação dos dividendos deve ser pouco utilizada, se o governo tiver outras ferramentas.
>
> [...]No nosso modelo, uma redução dos impostos sobre os dividendos, aumenta a eficiência ao melhorar a alocação do capital: firmas com excesso de caixa, investem menos após a redução dos tributos, enquanto as empresas com constrição de caixa, investem mais. [...].[475]

[473] Cf. CHETTY; SAEZ, 2010.

[474] *Ibid.*, 2010.

[475] Tradução livre do original: *Our analysis suggests that the main source of inefficiency from increasing the dividend tax rate is the misallocation of capital by managers because of reduced monitoring, and not the distortion to the overall level of investment emphasized in the old view" model. [...] if agency problems are prevalent, dividend taxation should be used relatively little if the government has other tools. [...] In our model, a dividend tax cut raises efficiency by improving the allocation of capital: firms with excess cash holdings invest less following a tax cut, while cash-constrained firms invest more.*

Conclusão parecida às encontradas em Gordon e Dietz, no qual os dividendos irão reduzir as chances de financiar projetos com baixo retorno (ou projetos *pet*). Os autores indicam que a assembleia e o conselho de administração, manterão em caixa um nível ótimo de recursos para o caso de oportunidades de investimento imediatas, mas todo o restante deverá ser distribuído, caso contrário, os acionistas minoritários podem ter seu capital expropriado.

Os impostos incidentes sobre a distribuição dos lucros, além de majorar os custos para a emissão de novas ações, também majora os custos para distribuir dividendos com a finalidade de limitar o poder arbitrário dos agentes internos. A penalização tributária da distribuição tem correlação com a retenção dos lucros e a má utilização dos lucros retidos em projetos *pet* ou na construção de impérios.[476] Gordon e Dietz, considerando o estado de coisas antes e depois da JGTRRA, concluíram que os *payouts* diminuem conforme a alíquota sobre os dividendos aumenta e os *payouts* aumentam conforme a alíquota do imposto diminui.

Wang e Guo obtiveram resultados semelhantes, no sentido de mitigação dos conflitos de agência e realocação do capital inerte, após reforma que reduziu o IR para acionistas beneficiários de dividendos na China. O imposto antes da reforma era de 20% e caiu paraa 10% após a reforma. O estudo verificou que após a reforma, as taxas de *payout* aumentaram significativamente, inclusive entre as companhias que tinham acionistas institucionais. O estudo constatou também uma mitigação dos conflitos de agência entre acionistas minoritários e majoritários relacionada à política de dividendos.[477]

Fenômeno análogo foi constatado com a reforma tributária Suíça, que autorizou a distribuição de reservas de capital aos acionistas livre de IRPF. As empresas que puderam distribuir suas reservas aos acionistas por esse método (chamado de *Capital Contribution Principle- CCP*), reportaram um aumento significativo na taxa de *payout* após a reforma; no montante total de pagamentos; aumento no preço das ações negociadas pelas empresas autorizadas.[478]

476 Cf. GORDON; DIETRICH DIETZ, 2006

477 WANG, Chun Fei; GUO, Yunnan. *Do dividend tax cuts lead firms to increase dividends: Evidence from China*. ***China Journal of Accounting Research***, v. 4, n. 4, p. 197-209, 2011.

478 ISAKOV, Dušan; PÉRIGNON, Christophe; WEISSKOPF, Jean-Philippe. *What if dividends were tax-exempt? Evidence from a natural experiment*. ***The Review of Financial Studies***, v. 34, n. 12, 2021.

O gráfico 5 ilustra as consequências, antes e depois da reforma tributária, nas taxas de *payout*, no montante total dos dividendos, no *dividend yield* e a percentagem de empresas pagadores:

Gráfico 5 – Impacto da redução tributária: *payouts; dividend payout*; *payout* total; *dividend yield*; percentual de empresas pagadoras

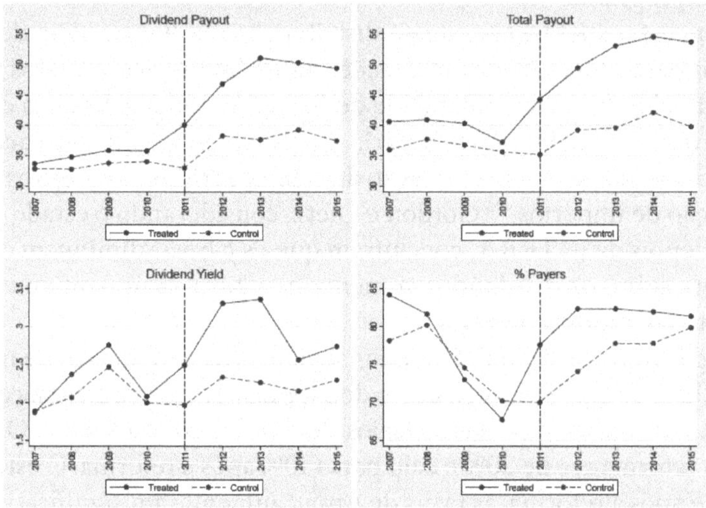

Fonte: ISAKOV, Dušan; PÉRIGNON, Christophe; WEISSKOPF, Jean-Philippe. *What if dividends were tax-exempt? Evidence from a natural experiment.* ***The Review of Financial Studies,*** v. 34, n. 12, 2021.

As linhas pontilhadas azuis representam as empresas afetadas pela reforma, ou seja, aquelas que noticiaram a existência de reservas de capital à autoridade tributária, autorizadas a distribuir CCP livre de impostos aos acionistas. As linhas pontilhadas vermelhas, representam as empresas que não foram afetadas pela reforma.

As empresas que mais distribuíram suas reservas de capital pelo método CCP, foram aquelas que, sabidamente, estavam engajadas em combater conflitos de agência e instrumentos fracos de governança corporativa. As empresas mais sensíveis à reforma, segundo Isakov e Pérignon, foram as empresas pulverizadas, enquanto as empresas concentradas não se mostraram tão sensíveis às alterações na legislação tributária. [479]

[479] Cf. ISAKOV; PÉRIGNON, 2021.

3.1.1 Competição internacional e decisões quanto à formação do portifólio após a JGTRRA

A reforma operada pela JGTRRA produziu efeitos, igualmente, no fluxo de ações negociadas por companhias estrangeiras. Resgatando nossa explanação a despeito das mudanças gerais introduzidas pela JGTRRA, a reforma também impactou empresas e acionistas estrangeiros, pois a nova lei estabeleceu requisitos para o recebimento de dividendos qualificados, pagos por corporações estrangeiras como se nacionais fossem.

As empresas estrangeiras que cumprirem os requisitos, serão consideradas empresas estrangeiras qualificadas, a saber: i) foram incorporadas (*Inc.*) em uma "possessão dos Estados Unidos" ou; ii) com sede em países com acordos firmados com os Estados Unidos para a erradicação da dupla tributação; iii) corporações que negociam ativos no mercado de capitais norte-americano.

Desai e Dharmapala, observando o movimento dos investidores em um cenário de tributação internacional, notaram uma mudança expressiva nos ativos estrangeiros *Foreign Portiolio Investment (FPI)* após a reforma de 2003. O estudo não pode ser considerado conclusivo a despeito dos efeitos dos tributos sobre a formação e as escolhas de portifólios, pois a análise é permeada por diversas variantes que podem enviesar os dados, mas serve como parâmetro para compreender os impactos da JGTRRA.[480]

A JGTRRA, criou, efetivamente, dois grupos de empresas estrangeiras afetadas pela reforma, as elegíveis e as não elegíveis. Em uma das categorias, as empresas com sede em países com acordos tributários com os Estados Unidos, voltados à erradicação da dupla tributação, podem distribuir dividendos qualificados, tão logo, os acionistas que percebem dividendos dessas companhias são agraciados com o tratamento tributário dispensado pela JGTRRA. As empresas que não atendem a nenhum dos critérios acima elencados ou que estão sediadas em países sem acordos tributários com os Estados Unidos, não são abraçadas pela reforma.

O estudo avalia as respostas dos investidores estadunidenses com investimentos em empresas estrangeiras qualificadas e não qualificadas, antes e depois da reforma de 2003.

Desai e Dharmapala concluíram que os efeitos da JGTRRA, no que tange à escolha de portifólio dos acionistas americanos, é forte para aqueles países que possuem relação com a economia americana. Quando os benefícios

[480] DESAI, Mihir A.; DHARMAPALA, Dhammika. *Dividend taxes and international portfolio choice.* ***The Review of Economics and Statistics***, v. 93, n. 1, p. 266-284, 2011.

da diversificação do portifólio são baixos, os acionistas são mais responsivos às diferenças tributárias entre países.

Os efeitos da JGTRRRA são fortes quanto à magnitude, pois os ativos de investidores norte-americanos em países com acordos internacionais firmados para erradicação da dupla tributação, cresceu mais de 90% logo após a promulgação da lei, ao mesmo tempo que os ativos de investidores americanos em países sem acordo firmado (fora do novo enquadramento introduzido pela JGTRRA), caíram drasticamente.

Esse resultado, segundo Desai e Dharmala, significa uma elasticidade indubitável em direção à realocação de capital em países nos quais poderia obter tratamento tributário favorecido. A conclusão pode ser endereçada diretamente à JGTRRA porque, antes desta, não se tem notícia de uma realocação de capitais tão expressiva em direção a um grupo específico de empresas em países específicos.[481]

Os resultados indicam que a tributação dos dividendos exerce pressão suficiente sobre as escolhas dos acionistas e investidores quanto à formação dos portifólios em um cenário internacional. Os resultados também demonstraram a significância da realocação de capitais, motivadas pela redução da alíquota do IR, o que confirma parcialmente a mobilidade do capital em relação aos impostos em um curto período.

No final da década de 90, Hines e Hubbard, ao analisar o comportamento das multinacionais norte-americanas e suas políticas de dividendos, perceberam que a decisão de repatriar dividendos está diretamente relacionada à política fiscal adotada no país da repatriação.

O estudo demonstrou que para cada 1% de redução na alíquota dos impostos sobre os dividendos, aumentava-se em 4% a taxa de *payout no* país da repatriação. Hines e Hubbard, concluíram que a decisão das multinacionais de repatriar seus lucros, percebidos em jurisdições fiscais alienígenas, tem relação direta com a alíquota do imposto de renda dos beneficiários de dividendos no país sede, refutando, categoricamente, a nova visão em matéria de tributação dos dividendos em um cenário internacional. [482]

[481] Acerca da elasticidade da Oferta e da Demanada por capital, *vide* STIGLITZ, Joseph E. ***La economia del sector público***. Antoni Bosch, Tercera edición, traducción Esther Rabasco y Luis Toharia, 2000. p. 527 e; MANKIW, Gregory. **Introdução à economia**. Tradução Allan Vidigal Hastings, Cengage Learning, 6° ed. São Paulo, 2013. p. 88 e seguintes.

[482] HINES JR, James R.; HUBBARD, R. Glenn. Coming home to America: Dividend repatriations by US multinationals. In: RAZIN, Assaf; SLEMROD, Joel (Eds.). **Taxation in the global economy.** University of Chicago Press, p. 161-208, 1990. *Apud* DESAI, Mihir A.; FOLEY, C. Fritz;

Resultado parecido com o encontrado por Desai, Foley e Hines que notaram uma redução do nível ótimo na taxa de pagamentos de dividendos quando os impostos no país da sede são elevados. Os lucros, advindos do exterior, já tributados alhures, sujeitos a uma nova imposição tributária no país sede, implica na redução do fluxo financeiro entre as subsidiárias no exterior e a matriz, ou seja, ocorre um enviesamento antagônico à repatriação dos lucros. Nesse ponto, a tributação dos dividendos tem relação intima com a tendência de manutenção dos lucros no estrangeiro.[483]

Para contornar a imposição tributária doméstica, as multinacionais adotam diversos meios para repatriar seus lucros, tais como pela alteração da natureza jurídica do dividendo, pagando-os como juros ou *royalties* aos acionistas.[484]

No tópico seguinte abordaremos as principais peculiaridades do contexto brasileiro e os desafios a serem suplantados pela legislação tributária em caso de uma iminente reforma tributária mirando a reinstituição do imposto de renda para os beneficiários de dividendos.

1.2 Constatações e peculiaridades do caso brasileiro

Diferentemente do que foi apresentado até então, o caso brasileiro conta com algumas peculiaridades que, naturalmente, afastam as respostas talhadas para outras jurisdições. As peculiaridades do contexto brasileiro decorrem da lei, do sistema tributário e da dinâmica do mercado de capitais. Passaremos a considerar tais peculiaridades com a finalidade de tentar responder ao problema de pesquisa por nós estabelecido no começo do trabalho.

1.2.1 Controle, propriedade, concentração e propriedade piramidal

Autores como La Porta *et. al.*, Faccio e Lang, como vimos acima, sublinham a questão da concentração acionária fora dos Estados Unidos e Reino Unido, sobretudo em países em desenvolvimento. No caso brasileiro, não poderia ser diferente, são inúmeros os trabalhos ressaltando o grau de concentração do capital votante (direitos de controle) para poucos indivíduos ou famílias no

HINES JR, James R. Repatriation taxes and dividend distortions. **National tax journal**, v. 54, n. 4, p. 829-851, 2001.

483 DESAI, Mihir A.; FOLEY, C. Fritz; HINES JR, James R. *Repatriation taxes and dividend distortions.* ***National tax journal,*** v. 54, n. 4, 2001.

484 GRUBERT, Harry. *Taxes and the division of foreign operating income among royalties, interest, dividends and retained earnings.* ***Journal of Public economics,*** v. 68, n. 2, 1998. *Apud* DESAI; FOLEY; HINES JR. *Op. Cit.*, 2001.

Brasil. Nestes termos, a máxima "uma ação, um voto" quase nunca se aplica, razão pela qual a separação em classes de ações com e sem direito de voto e as estruturas de propriedade que subvertem o controle direto, limitam demasiadamente a extensão do brocardo.

Somado a isso, nos países desenvolvidos, cerca de 25% das empresas têm alguma espécie de arranjo piramidal. O mesmo vale para o contexto nacional que, além do elevado grau de concentração acionária, apresenta estruturas de propriedade piramidal (EPP) ou elementos que indiquem arranjos piramidais.

Para fins de melhor assimilação do leitor, quando um acionista controla uma corporação através de outra corporação na qual não detêm participação suficiente para ser o acionista controlador, está formado uma espécie de arranjo piramidal. Trata-se de um controle indireto exercido por um indivíduo, grupo ou família. O acionista com controle indireto, que o exerce através de uma estrutura piramidal, é chamado de acionista controlador último.

A motivação por trás da formação de estruturas de propriedade piramidal é controvertida, mas pode ser explicada pelos benefícios das políticas de distribuição em favor o acionista último, como método para contornar as obrigações tributárias ou como forma de planejamento tributário em favor das empresas participantes do capital social de outras empresas. Podem, também ser destacadas outras tantas justificativas para a formação dessas estruturas, como por exemplo, a maior facilidade de apropriação dos direitos de controle sem o respectivo investimento; vantagens no financiamento, especialmente em mercados em desenvolvimento; facilitação da transferência de recursos inter-corporativos; ou como mecanismo de proteção contra a tomada de controle hostil. [485]

Quanto a facilidade de transferência de recursos inter-corporativos, justificativa esta, parcialmente aceita, estabelece que as vantagens tributárias, gozadas por empresas que participam do quadro social de outras empresas, favorece a transferência de dividendos livre de imposto de renda para os acionistas últimos. A resposta apresentada por Morck, conjuga a premissa maior de distribuir dividendos livre de impostos com as vantagens tributárias ao distribuir dividendos através de outras empresas.[486] Segundo Morck, após o *New Deal (1932)*, a legislação federal norte-americana, passou

[485] BORTOLON, Patrícia Maria. Porque as empresas brasileiras adotam estruturas piramidais de controle. **BASE-Revista de Administração e Contabilidade da Unisinos** (ISSN: 1984-8196), v. 10, n. 1, p. 2-18, 2013.

[486] Cf. MORCK (nota de rodapé 427), 2003.

a prever a tributação dos dividendos inter-corporativos a uma alíquota de 7% para cada distribuição, movimento esse que desincentivou a concentração acionária e a ascensão dos acionistas últimos, por conseguinte, a estrutura de pirâmide. Ao instituir a alíquota de 7% para cada distribuição de forma cumulativa, o acionista último recebia dividendos com tributos cumulativos acima daqueles previstos para a distribuição direta. A política fiscal de tributação cumulativa, somente atingirá seus objetivos, caso a estrutura de propriedade piramidal seja extensa e com muitas empresas imersas na cadeia. Se poucas empresas participam pirâmide, a política fiscal não é capaz de impedir a distribuição de dividendos livre de impostos. Essa justificativa para a pulverização do capital votante nos Estados Unidos não parece ser historicamente precisa. [487]

Bortolon demonstrou que em 2006, cerca de 77% das empresas listadas no Brasil, em um universo de 244 corporações, utilizaram de algum mecanismo de estrutura de controle indireto (pirâmides).[488] O estudo constatou que as empresas com alguma espécie de arranjo (EPP), são empresas com baixo número de ações com direito de voto. As EPP emitem ações preferenciais próximo ao limite máximo de 2/3, como estatuído pela Lei 6.404/76 (antes da reforma de 2001 que alterou o artigo 15, § 2°). Nessa modalidade, as empresas EPP emitiam cerca de 60% do capital na forma de ações sem direito de voto.

Aldrighi e Postali, observaram que em mais de 1/3 das empresas EPP, o acionista último detinha mais de 50% do capital social da empresa. No cômputo geral, cerca de 50% das companhias de capital aberto no Brasil, são constituídas na forma de EPP.[489]

Destaca Stenberg, Leal e Bartolon que, além da concentração piramidal, o mercado brasileiro é afeto à concentração interna. No estudo, verificou-se que em 2007, o acionista majoritário controlava diretamente cerca de 59% das companhias que participava. Enquanto isso, caso as empresas não contassem com um único acionista majoritário, 77% do controle era dividido entre os

[487] A justificativa de que foi a tributação dos dividendos inter-corporativos que preveniu a concentração acionária e a formação de estruturas piramidais é contestada por Bortolon, segundo a qual, o mercado americano já se encontrava pulverizado antes mesmo do *New Deal*. Em meados do século XIX, as empresas americanas listadas no mercado de capitais, já possuíam vários acionistas anônimos.

[488] BORTOLON, P. M. **Determinantes e consequências das decisões de estrutura de propriedade: estrutura piramidal e unificação de ações.** Universidade Federal do Rio de Janeiro (tese de doutorado), 2010.

[489] ALDRIGHI, Dante M.; POSTALI, Fernando. Propriedade piramidal das empresas no Brasil. **Revista Economia,** v. 12, n. 1, p. 27-48, 2011.

três maiores acionistas.[490] Sternberg, Leal e Bortolon demonstram que entre as empresas listadas no Novo Mercado, apenas 32% delas são controladas por um único acionista, enquanto as empresas listadas em outros segmentos (Tradicional, Nível 1 e Nível 2) 75% das companhias eram controladas por um único acionista. Cerca de 60% das 260 empresas da amostra tinham pelo menos um único acionista majoritário com mais de 50% do capital votante. O acionista controlador detém, em média, 77,74% do capital votante.

A tabela a seguir, distingue os nove principais acionistas no Brasil e suas participações. Senão vejamos na Tabela 1:

Tabela 1 – Número e percentual de acionistas de acordo com a identidade

Type	Largest Shareholder	% of Largest	Second Largest Shareholder	% of Second Largest	Third Largest Shareholder	% of Third Largest	Total	% of total
Private Co.	209	52,38	88	32,00	59	32,42	356	41,59
Individual	48	12,03	55	20,00	48	26,37	151	17,64
Foreigner	43	10,78	46	16,73	31	17,03	120	14,02
Public Co.	40	10,03	13	4,73	5	2,75	58	6,78
Bank	25	6,27	43	15,64	22	12,09	90	10,51
Government	24	6,02	3	1,09	0	0,00	27	3,15
Pension Fd.	5	1,25	17	6,18	13	7,14	35	4,09
Others	4	1,00	3	1,09	2	1,10	9	1,05
Foundation	1	0,25	7	2,55	2	1,10	10	1,17
Total	399	100	275	100	182	100	856	100

Fonte: STERNBERG, Lior; LEAL, Ricardo PC; BORTOLON, Patricia M. Affinities and agreements among major Brazilian shareholders. **International Journal of Disclosure and Governance**, v. 8, n. 3, 2011.

Como é possível observar na tabela acima, os três maiores acionistas, dentre todas as empresas listadas na Bovespa, 41,5% dos acionistas são outras companhias privadas (o que pode indicar uma estrutura piramidal), acionistas individuais (geralmente, grupos familiares) e; acionistas estrangeiros. Os três principais acionistas, companhias privadas, indivíduos e estrangeiros correspondem a 73,2% do número total de acionistas.

Ainda em 2004, Carvalhal da Silva relatou, entre 225 empresas listadas na Bovespa, uma concentração de capital votante em 90% delas, com pelo

[490] STERNBERG, Lior; LEAL, Ricardo PC; BORTOLON, Patricia M. *Affinities and agreements among major Brazilian shareholders.* ***International Journal of Disclosure and Governance,*** v. 8, n. 3, p. 213-228, 2011.

menos um único acionista com mais de 50% do capital votante. Em média, o acionista majoritário detinha cerca de 76% do capital votante. Mesmo entre as empresas sem a presença desse acionista, o maior acionista detinha em média cerca de 37% do capital votante.

Na amostra, os três maiores acionistas e os cinco maiores acionistas possuíam, respectivamente, 72%, 85% e 87% do capital votante das corporações, número esse muito acima daquele constatado no estrangeiro.[491]

Dentre as 225 empresas analisadas, 108 eram controladas por famílias, 60 por investidores estrangeiros, 19 por investidores institucionais e 16 pelo Estado. Entre todos esses grupos, os acionistas institucionais possuem diretamente 80% do capital votante, estrangeiros, governo e famílias possuem 79%, 75% e 73%, respectivamente.[492]

Black, Carvalho e Gorga, suscitam algumas das características das empresas concentradas em grupos familiares. As práticas adotadas nas empresas familiares têm impacto direto no modo de decidir. No que tange às práticas de governança, este grupo de empresas com acionistas concentrados atuam, geralmente, com "conselhos de administração pequenos e com vínculos com a família proprietária, pouca estrutura formal nos conselhos, ausência de conselheiros independentes e de comitê de auditoria [...]".[493]

Graças à inserção do Novo Mercado no ano 2000, o grau de concentração acionária no Brasil começou a declinar, pois, com o fito de buscar melhores posições de listagem, as corporações passaram a aderir ao Novo Mercado. Para fazer parte do grupo seleto de empresas nesse segmento especial de listagem, alguns requisitos devem ser cumprimos como: a eliminação da emissão de ações sem direito de voto, compromisso de distribuição de dividendos e implementação de boas práticas de governança corporativa, além dos requisitos previstos para as empresas dos segmentos de listagens nível 1 e nível 2.[494]

As boas práticas de governança corporativa, segundo Leal, Carvalhal e Iervolino, melhoraram significativamente desde a introdução do Novo Mercado

[491] SILVA, Andre Luiz Carvalhal da. Governança corporativa, valor, alavancagem e política de dividendos das empresas brasileiras. **Revista de Administração da Universidade de São Paulo**, v. 39, n. 4, 2004.

[492] *Ibid.*, 2004.

[493] BLACK, Bernard S.; CARVALHO, Antonio Gledson de; GORGA, Erica. *Corporate governance in Brazil*. ***Emerging Markets Review***, v. 11, n. 1, p. 21-38, 2010.

[494] LEAL, Ricardo Pereira Câmara; CARVALHAL, André L.; IERVOLINO, Ana Paula. *One Decade of Evolution of Corporate Governance Practices in Brazil* (Uma Década de Evolução das Práticas de Governança Corporativa no Brasil). **Revista Brasileira de Finanças, v. 13, n. 1**, 2015.

nos anos 2000. Em uma escala de 0 a 10, segundo o índice CGI (*Corporate Governance Index*), entre 2004 e 2013, as práticas de governança no Brasil saíram de 3.8 para 5.8 no CGI, porém, ainda muito abaixo dos padrões internacionais.[495]

Os desdobramentos da concentração são vários, segundo Cavalhal, conquanto, constata que as empresas concentradas são menos valorizadas, especialmente quando controladas por famílias; as empresas controladas pelo Estado são as que mais pagam dividendos aos seus acionistas; as empresas que menos pagam dividendos são as empresas familiares; quanto maior a concentração dos direitos de voto e direitos de fluxo de caixa, menor será o valor da empresa; as empresas com direitos de voto concentrado também são as mais alavancadas; quanto maior a concentração do direito de voto, menores serão os *payouts;* quanto maiores os direitos de fluxo de caixa do acionista controlador, maiores serão os *payouts.*[496]

Nas conclusões supracitadas, os direitos de fluxo de caixa referem-se às entradas q dos acionistas. Quanto maiores os direitos dos acionistas controladores ao recebimento de dividendos, maiores serão as suas entradas e direitos de fluxo de caixa. Por isso a conclusão derradeira estabelece que, quanto maiores os direitos de fluxo de caixa do controlador, maiores serão os *payouts.* Contudo, quando os acionistas não tiverem acesso ao fluxo de caixa, maiores os incentivos para reter os lucros. Essa divisão entre direito de voto e direito ao fluxo de caixa, decorre da separação entre propriedade e controle prescritas por Berle e Means. Isto porque nem todo acionista controlador (direito de voto) terá direito ao fluxo de caixa.

1.2.2 Política de pagamentos, alternativas de distribuição: juros sobre capital próprio e dividendos

A política de distribuições no Brasil é peculiar, por razões várias, dentre as quais, a superconcentração de capital votante, por causa da política fiscal mais benéfica à distribuição e porque o acionista pode votar em assembleia a política de distribuições. Tais idiossincrasias diferem a experiência nacional da estrangeira.

Nas palavras de Naves *et. al.:*

> É importante salientar, que a aplicação de conclusões de estudos internacionais podem ser, em alguns momentos, uma forma ineficaz

[495] *Ibid.*, 2015.

[496] Cf. SILVA (nota de rodapé 491), 2004.

> de se analisar o mercado brasileiro, uma vez que este mercado possui peculiaridades, tais como a existência de dividendos mínimos obrigatórios (25% sobre o lucro líquido ajustado) e a própria existência dos juros sobre capital próprio.[497]

A obrigatoriedade de distribuir dividendos nos termos da Lei n° 6.404/76, torna a experiência nacional única. O dividendo obrigatório (que se confunde com o dividendo mínimo) como abordamos em tópicos anteriores, exige que as corporações distribuam, em cada exercício, uma parcela dos lucros líquidos, em consonância ao que fora determinado pelo estatuto, ou, se for omisso o estatuto, a importância de 50% do lucro líquido do exercício, menos as reservas legais e reserva de contingências. (art. 202 e seguintes).

Na legislação societária nacional, o estatuto omisso, caso venha a ser alterado supervenientemente, não poderá estipular dividendo abaixo de 25% do lucro líquido (art. 202, §2°), sob pena de embargar a participação dos administradores nos lucros da companhia (art. 152 §1°).

A obrigatoriedade de distribuir lucros não é aceita nas legislações alienígenas por nós estudadas até então. Como vimos em tópicos anteriores, algumas empresas, especialmente aquelas de tecnologia e com muitas oportunidades de investimento, emitem ações e retem todos os seus lucros, se houver algum. Ademais, no Brasil é autorizado aos acionistas votar a favor ou contra a distribuição de dividendos, diferentemente da experiência estadunidense onde os acionistas dependem da aprovação do conselho de administração para distribuir os dividendos.

Por outra banda, as corporações brasileiras têm a opção de distribuir seus resultados na forma de juros sobre o capital gerado internamente *(interest on equity)* das contas de patrimônio líquido. Modalidade de distribuição também bastante peculiar ao contexto nacional. A distribuição através do Juros sobre Capital Próprio (JSCP), se coloca como uma espécie de dividendo, mas em outros termos, pois, também está condicionado à existência de lucro, seja ele proveniente da reserva ou do lucro acumulado. Assim determina o §1°, art. 9° da Lei 9.249.[498]

[497] NAVES, Paulo Henrique da Cunha Pinheiro *et al.* Determinantes da política de remuneração do capital próprio: dividendos versus juros sobre capital próprio. **REUNIR Revista de Administração Contabilidade e Sustentabilidade,** v. 5, n. 2, p. 62-84, 2015.

[498] § 1º O efetivo pagamento ou crédito dos juros fica condicionado à existência de lucros, computados antes da dedução dos juros, ou de lucros acumulados e reservas de lucros, em montante igual ou superior ao valor de duas vezes os juros a serem pagos ou creditados.

Apesar do JSCP apresentar desvantagens tributária em desfavor do acionista beneficiário, que está obrigado a recolher o IRPF (15%), retido na fonte, o instituto permite que as corporações pagadoras se beneficiem da sua distribuição pela dedução dos valores distribuídos aos acionistas, quando da apuração e recolhimento do IRPJ.

Isto porque o JSCP tem natureza de despesa financeira, mesmo que a dedução esteja limitada à variação da Taxa de Juros de Longo Prazo- TJLP (nos termos da Instrução Normativa da SRF n º. 11 de 1996 no art. 29), o JSCP reduz o montante do encargo tributário da corporação, a título de IRPJ no regime do lucro real. Admite-se a dedução, despesa financeira, como uma forma de compensação pela extinção da correção monetária prevista no art. 4° e parágrafo único da Lei 9.249/95.[499]

Frente às vantagens tributárias das duas remunerações dos acionistas, parte da literatura endereça a esse fenômeno as preferências das companhias em distribuir dividendos e juros sobre capital próprio, ao invés de aderir a programas de recompras de ações, como se vislumbra na literatura internacional.[500] Essas peculiaridades são determinantes para o afastamento definitivo dos programas de recompra como método alternativo aos dividendos no Brasil.[501]

Se no estrangeiro, a recompra de ação é o método *tax efficient* para distribuir os lucros, substituindo os dividendos, no Brasil o programa de recompra percorre a via contrária. Além das vantagens tributárias da distribuição dos resultados pelo canal dos dividendos e juros sobre capital próprio, as recompras de ação são preteridas por motivos não-tributários.

Gabrielli e Saito destacam porque os programas de recompra de ações no Brasil são pouco populares:

> Para finalizar essa discussão, é importante ressaltar que o mercado brasileiro de capitais é bastante concentrado e tem baixa liquidez para a maioria das ações transacionadas na BOVESPA. Dessa forma, há um

[499] NEVES, Silvério das; VICECONTI, Paulo EV; AGUIAR, Francisco. **Curso prático de imposto de renda pessoa jurídica.** Thomson Reuters. Revista dos Tribunais,18° ed., São Paulo, 2020.

[500] JACOB, Marcus; JACOB, Martin. *Taxation, dividends, and share repurchases: Taking evidence global.* ***Journal ofFinancial and Quantitative Analysis***, v. 48, n. 4, p. 1241-1269, 2013.Os autores consideram os programas de recompras substitutos perfeitos dos dividendos em caso de alta nas alíquotas dos impostos incidentes sobre os dividendos.

[501] BRESSANE, Bernardo Prôa et al. A relação entre os programas de recompra de ações, o comportamento dos *insiders* e a governança corporativa no Brasil. In: Anais do XLIII Encontro Nacional de Economia [*Proceedings of the 43rd Brazilian Economics Meeting*]. ANPEC-Associação Nacional dos Centros de Pós-Graduação em Economia [*Brazilian Association of Graduate Programs in Economics*], 2016.

> ambiente desfavorável ao mecanismo de transferência de caixa, via recompra de ações, pois, para que haja uma efetiva transferência de caixa da empresa para os acionistas, as ações recompradas pela companhia devem ser necessariamente canceladas. Esse fato pode vir a influenciar negativamente a liquidez dessa ação, ao haver uma redução na quantidade de ações em circulação (*free-float*). [502]

Para Boulton *et. al.*, a preferência pelos métodos tradicionais de distribuição de caixa aos acionistas, a saber, dividendos e juros do capital próprio, tocam, exclusivamente, às vantagens tributárias dos dois instrumentos. As distribuições podem ser feitas pela escolha excludente de um dos métodos, ou pela combinação de ambos.[503]

Contrariando Fama e French no contexto norte-americano, Boulton *et. al*, advogam no sentido de que os métodos de distribuição selecionados no Brasil, possuem laços estreitos com as políticas fiscais mais favoráveis.[504] A distribuição dos lucros no Brasil, tanto para dividendos quanto para JSCP, oferecem vantagens tributárias aos acionistas e corporações.

Considerando as vantagens tributárias de ambos os métodos de distribuição, podemos inferir que os juros sobre capital próprio seriam preferíveis em detrimento dos dividendos, porque o JSCP reduz o encargo tributário total da distribuição ou porque os acionistas majoritários concentrados, determinarão à política de distribuição em desacordo com as preferências dos acionistas minoritários e sem direito de voto. [505] Todavia, as suposições não se confirmaram, a distribuição de dividendos ainda é preponderante sobre os outros métodos. A frequência de distribuições e o número de empresas pagadores de juros sobre capital próprio cresceu significativamente desde a sua introdução no ordenamento jurídico, porém sem sobrepor os dividendos, como foi observado por Boulton et. al.[506]

[502] GABRIELLI, Marcio Fernandes; SAITO, Richard. Recompra de ações: regulamentação e proteção dos minoritários. **Revista de Administração de empresas,** v. 44, n. 4, p. 54-67., 2004.

[503] BOULTON, Thomas J.; BRAGA-ALVES, Marcus V.; SHASTRI, Kuldeep. *Payout policy in Brazil: dividends versus interest on equity.* ***Journal of Corporate Finance,*** v. 18, n. 4, 2012.

[504] Fama e French, não vislumbraram nas recompras de ações, correlação direta com a política tributária, nem que as recompras funcionavam como método alternativo para distribuir resultados. Os autores previam que os fatores que influíam nas escolhas de distribuição não passavam, diretamente, pelos tributos, mas por outros fatores que não explicitaremos aqui.

[505] BOULTON; BRAGA-ALVES; SHASTRI, Op. Cit., 2012.

[506] Cf. BOULTON; BRAGA-ALVES; SHASTRI, 2012.

Os autores notaram que as empresas selecionadas na amostra com maiores taxas de *payouts* (dividendos mais JSCP) e que são mais propensas a distribuir seus lucros por meio de JSCP, são aquelas que tem maior lucratividade e tem melhor aproveitamento do instituto na dedução do IRPJ. As empresas que gozaram de aumentos significativos nos lucros, nos períodos anteriores à distribuição, mesmo sendo firmas tradicionalmente pagadoras de dividendos, migraram para o método de distribuição de JSCP, em detrimento dos dividendos.[507]

Por outro lado, o estudo constatou que os anúncios de dividendos eram seguidos por retornos anormais no preço das ações, o mesmo não ocorreu com o anúncio de distribuição de juros sobre capital próprio. Assim, muitas empresas adotam a estratégia de pagar somente dividendos ou mesclam as duas formas de distribuição, a fim de compensar as vantagens com as desvantagens de um dos métodos. A estratégia, segundo o texto, tem função dúplice: i) as corporações se beneficiam da dedução do IRPJ e; ii) por pressão dos acionistas (necessário se faz um alinhamento de interesses entre acionistas), os dividendos são distribuídos sem a necessidade de recolhimento do imposto de renda, além de os preços das ações subirem.

Naves et. al, consideraram, a política de pagamentos mediante os JSCP mais vantajosa, do ponto de vista contábil-tributário do que o pagamento de dividendos. Os resultados obtidos pelos autores são semelhantes aos resultados de Boulton *et. al.*, ou seja, os JSCP são mais vantajosos, para redução do encargo tributário do que os dividendos, *ipsis litteris*:

> O benefício fiscal da dedutibilidade dos juros sobre capital próprio pago aos acionistas de uma sociedade na apuração do seu imposto de renda da pessoa jurídica e sua contribuição social sobre o lucro líquido, por si só, já é um motivo suficientemente forte para que as empresas deem preferência ao pagamento do JSCP em detrimento a distribuição de dividendos. O resultado[...], que sugere que o pagamento de juros sobre capital próprio é mais vantajoso do que os dividendos como forma de distribuição do excesso de caixa aos acionistas, o que explica a boa forma como o mercado vê as empresas que pagam o JSCP, aumentando dessa forma o valor de mercado da empresa (*Market to book*).[508]

[507] Cf. BOULTON; BRAGA-ALVES; SHASTRI, 2012.

[508] Cf. NAVES *et. al.* (nota de rodapé 498), 2015.

Esperava-se que, em razão do benefício fiscal, as empresas distribuíssem todos os seus resultados por esse método e, os lucros marginais, depois de usufruir da dedução, fossem repassados aos acionistas por intermédio dos dividendos, o que não se verificou. Os resultados indicaram que, mesmo sem usufruir em sua totalidade do benefício da dedução, as empresas distribuem dividendos, por vezes, desacompanhados do JSCP, outras vezes, amalgamando os dois métodos.[509]

Apresentam-se duas hipóteses plausíveis para tentar explicar esse fenômeno: i) os acionistas prefeririam a distribuição de dividendos, pois não é tributado na pessoa do acionista, mas tão somente, na apuração do lucro real; ii) os juros sobre capital próprio sofrem com a desvantagem da retenção na fonte. As duas hipóteses não parecem acertadas, visto que a alíquota do imposto recolhido pelo recebimento de dividendos é significativamente menor do que o imposto de renda da pessoa física. Somando a isso, a distribuição de JSCP é bem quista pelo mercado.

Sobrinho, Tavares e Silva, observaram que entre 1997 e 2018, as empresas brasileiras optaram por pagar dividendos ao invés de JSCP, em razão dos benefícios ocultos dos dividendos, especialmente, aqueles relacionados aos problemas de assimetria de informação e governança corporativa, nas palavras dos autores:

> Assim sendo, analisando neste contexto, as empresas com maior assimetria pagam mais dividendos para mitigar o conflito de agência [...] e a estrutura de propriedade é estatisticamente insignificante nessa relação. Nessa perspectiva, empresas com maior assimetria de informação remuneram mais o acionista independentemente do grau de expropriação por parte do acionista majoritário. [510]

Notaram ainda que, quanto maior o grau de concentração acionária e liquidez da ação menor o pagamento de dividendos e juros sobre capital próprio, desde que o controlador não tenha direito ao fluxo de caixa, caso tenha, os *payouts* são mais elevados. Na relação dividendos e risco, as empresas com maior risco, estão menos propensas a distribuir dividendo aos acionistas. [511]

[509] Cf. NAVES *et. al.*, 2015.

[510] SOBRINHO, Erica Juvercina; TAVARES, Vitor Borges; SILVA, Pablo Rogers. Efeito da estrutura de propriedade na relação entre assimetria de informação e política de pagamentos. ***Research, Society and Development***, v. 10, n. 5, 2021.

[511] *Ibid.*, 2021.

Em estudo desenvolvido por Fonteles *et. al.*, no qual foram analisadas as características gerais das empresas que mais pagam dividendos no Brasil, presentes no índice IDIV B3[512], metade das empresas presentes nesse grupo, participavam do segmento do Novo Mercado. Indicando que as empresas do Novo Mercado têm preocupação premente com a governança corporativa e, nesta, a distribuição dos dividendos exerce papel central.[513]

Quanto ao setor de atuação, as empresas que mais distribuem dividendos estão vinculadas ao setor de energia, água e saneamento (setor de Utilidade Pública). Outro dado significativo presente no índice, diz respeito ao tamanho das empresas brasileiras que mais distribuem dividendos, em sua maioria, compreendem empresas grandes e com muitos ativos físicos. Quando são considerados os níveis de concentração acionária, constatou-se que as empresas que mais distribuem dividendos são as que possuem um acionista controlador. Esse resultado é contrário àquele percebido por Carvalhal e inconsistente com outros textos aqui citados.

Apenas 23% das empresas analisadas que estavam presentes no índice de maiores pagadores de dividendos da Bovespa, distribuíam entre 30% e 50% dos seus lucros (as demais distribuíram dividendos em percentual igual ou pouco acima do mínimo legal).[514]

Nossa, Nossa e Teixeira, analisando dados das empresas listadas na Bovespa entre 1995 e 2004, observaram que entre 2000 e 2004, entre 70% e 73% das empresas distribuíram dividendos. [515]

Brito e Silva, ao tratar sobre as metas de remuneração dos acionistas no longo prazo das empresas brasileiras entre os anos de 1995 e 2001, os autores demonstraram que as metas remuneratórias de longo prazo, em média, estão muito aquém das metas estadunidenses, não superior a 20% para o Brasil e 46% nos Estados Unidos. Essa baixa adesão à distribuição como meta de remuneração, segundo os autores, se deve a pouca lucratividade das firmas

[512] Índice Dividendos BM&FBOVESPA (IDIV B3): Indicador de desempenho médio das cotações dos ativos que se destacaram em termos de remuneração dos investidores, sob a forma de dividendos ou Juros sobre capital Próprio. B3. **Índice Dividendos BM&FBOVESPA (IDIV B3).** Disponível em: <https://www.b3.com.br/pt_br/market-data-e-indices/indices/indices-de-segmentos-e-setoriais/indice-dividendos-idiv.htm>. Acesso em: 3 de fev. 2022.

[513] FONTELES, Islane Vidal *et. al.* Política de dividendos das empresas participantes do Índice Dividendos da BM&FBovespa. **Contabilidade Vista & Revista,** v. 23, n. 3, p. 173-204. 2012.

[514] *Ibid.*,2012.

[515] NOSSA, Silvania Neris; NOSSA, Valcemiro; TEIXEIRA, Aridelmo José Campanharo. As empresas que distribuem dividendos são mais eficientes. In: Congresso USP de Controladoria e Contabilidade. 2007.

brasileiras. Pode estar atrelado, inobstante, ao alto custo para aquisição de capital de terceiros no Brasil.[516]

Brito e Silva admitem que as metas de remuneração têm crescido gradativamente, muito em razão da legislação tributária, senão vejamos:

> [...] Percebe-se que a meta de dividendos como proporção do lucro vem crescendo ao longo do tempo, sem, contudo, ultrapassar 20%. Embora este valor continue inferior ao mercado americano, não deixa de ser interessante notar que os dividendos parecem estar respondendo às mudanças na legislação, que tornaram o pagamento de dividendos mais vantajosos.

Os resultados de Brito e Silva, demonstram como as metas de remuneração de longo prazo responderam pouco depois que a Lei n° 9.249/95 entrou em vigor, ou seja, em dezembro de 1996, antes, inclusive, da reforma de 2001 da Lei 6.404/76. Em outras palavras, o estudo abrangeu o período imediatamente anterior e imediatamente posterior à reforma, os resultados correspondem a um período de transição e adaptação com a nova legislação tributária, quando, segundo os autores, já era possível observar uma mudança nas metas remuneratórias, que em 1995 era de apenas 11%.

Em estudo mais amplo e mais recente, Galvão, Santos e Araújo observando empresas listadas na Bovespa entre 2002 e 2013, constataram que 89% da população da amostra, possuem estatutos com previsão de pagamento de 25% do lucro líquido ajustado a título de dividendos, conforme previsto pela lei das Sociedades Anônimas; 9% da população selecionada pagava dividendos acima do mínimo legal e 2% da amostra, pagava menos de 25% do lucro líquido ajustado. [517]

Contudo o pagamento de dividendos é significativamente maior do que o mínimo legal, indicando que as empresas brasileiras não personalizam a distribuição de dividendos, como previsto por Lintner. Entre 2002 e 2013, segundo o estudo, em média, 60% das empresas da amostra pagaram dividendos acima do mínimo estatutário (dividendo incremental).

[516] Cf. SILVA; BRITO (nota de rodapé 402), 2005.

[517] SILVEIRA GALVÃO, Kécia da; SANTOS, Joséte Florencio dos; ARAÚJO, Jevuks Matheus de. Dividendos, juros sobre capital próprio e níveis de payout: Um estudo investigativo sobre a política de distribuição de dividendos adotada pelas empresas listadas na BM&FBovespa. **Revista Contemporânea de Contabilidade,** v. 15, n. 36, p. 3-30., 2018.

Diferentemente das outras conclusões apresentadas, Galvão, Santos e Araújo sublinham a importância do art. 152 §1°[518] da Lei 6.404/76, como fator determinante para a fixação dos dividendos em consonância ao mínimo legal, sem aquele ajustamento anual em relação ao lucro destacado por Lintner em 1956.

Silveira, Santos e Araújo notaram que, o setor de atuação das empresas pode ter relação com a taxa de *payout* das empresas brasileiras. Os setores de indústria têxtil, siderurgia e metalurgia, energia elétrica, seguros e finanças são destacados como bons pagadores, inclusive com dividendos incrementais (acima do estipulado pelo estatuto), senão vejamos:[519]

Tabela 2 – Classificação as empresas com percentual de *payout* acima dos 25% do Lucro Líquido Ajustado e por setor

Payout	Setor Econômico	Número de Empresas	Percentual de Empresas do Setor
30% do LLA	Agro & Pesca	1	25%
	Alimentos e Bebidas	1	23%
	Energia Elétrica	1	12%
	Finanças e Seguros	1	9%
	Siderurgia e Metalurgia	2	18%
	Têxtil	1	33%
	Veículos e Peças	1	20%
	Outros	3	7%
1/3 do LLA	Têxtil	4	33%
	Veículos e Peças	1	20%
35% do LLA	Siderurgia e Metalurgia	1	18%
	Têxtil	2	33%
37% do LLA	Outros	1	7%
40% do LLA	Alimentos e Bebidas	2	23%
50% do LLA	Energia Elétrica	3	12%
	Finanças e Seguros	1	9%
	Química	1	13%
	Outros	1	7%

Fonte: SILVEIRA GALVÃO, Kécia da; SANTOS, Joséte Florencio dos; ARAÚJO, Jevuks Matheus de. Dividendos, juros sobre capital próprio e níveis de payout: Um estudo investigativo sobre a política de distribuição de dividendos adotada pelas empresas listadas na BM&FBovespa. **Revista Contemporânea de Contabilidade,** v. 15, n. 36, 2018.

518 *Vide* art. 152 da Lei n° 6.404/76. "A assembléia-geral fixará o montante global ou individual da remuneração dos administradores, inclusive benefícios de qualquer natureza e verbas de representação, tendo em conta suas responsabilidades, o tempo dedicado às suas funções, sua competência e reputação profissional e o valor dos seus serviços no mercado. § 1º O estatuto da companhia que fixar o dividendo obrigatório em 25% (vinte e cinco por cento) ou mais do lucro líquido, pode atribuir aos administradores participação no lucro da companhia, desde que o seu total não ultrapasse a remuneração anual dos administradores nem 0,1 (um décimo) dos lucros (artigo 190), prevalecendo o limite que for menor."

519 SILVEIRA GALVÃO; DOS SANTOS; DE ARAÚJO. Op. Cit., 2018.

As companhias que pagam dividendos acima dos 50% do lucro líquido ajustado, como visto, pertencem aos setores de energia elétrica, finanças e seguros, química e outros. Acima dos 35% do lucro líquido ajustado, 33% das empresas do setor têxtil pagam essa taxa de *payout* aos acionistas.

Sobre a continuidade e estabilidade do pagamento de dividendos pelas empresas brasileiras, vejamos:

Tabela 3 – Classificação das empresas quanto à distribuição dos dividendos

Distribui dividendos	2002	2003	2004	2005	2006	2007	2008	2009	2010	2011	2012	2013
Não	51%	40%	39%	36%	32%	30%	31%	28%	27%	30%	32%	31%
Sim	49%	60%	61%	64%	68%	70%	69%	72%	73%	70%	68%	69%
Amostra	144	156	164	180	213	232	247	259	276	278	286	285

Fonte: SILVEIRA GALVÃO, Kécia da; SANTOS, Joséte Florencio dos; ARAÚJO, Jevuks Matheus de. Dividendos, juros sobre capital próprio e níveis de *payout*: Um estudo investigativo sobre a política de distribuição de dividendos adotada pelas empresas listadas na BM&FBovespa. **Revista Contemporânea de Contabilidade,** v. 15, n. 36, 2018.

À exceção do ano de 2002, como podemos observar, mais de 60% das empresas na amostra pagaram dividendos com frequência. Quando dividido por setores econômicos, o setor têxtil, não mantêm a frequência de pagamentos, ainda que, quando distribui, o faz como dividendo incremental. Nos demais setores, conquanto, os dividendos permanecem estáveis no longo prazo.

Quanto à forma de distribuir os resultados, majoritariamente, as empresas listadas na BM&FBBovespa optaram pela distribuição de dividendos ou a combinação de ambos, em poucas oportunidades, o JSCP foi o método predominante, senão vejamos:

Tabela 4 – Classificação quanto à forma de distribuição

Forma de Distribuição	2002	2003	2004	2005	2006	2007	2008	2009	2010	2011	2012	2013
Só Dividendos	54%	43%	43%	45%	57%	56%	57%	58%	55%	56%	57%	58%
Só JSCP	35%	34%	34%	27%	19%	16%	15%	15%	18%	14%	12%	13%
Divid. e JSCP	11%	23%	23%	28%	24%	28%	28%	28%	28%	30%	31%	30%
Pagadores	71	93	100	115	145	162	170	186	201	194	194	196

Fonte: SILVEIRA GALVÃO, Kécia da; SANTOS, Joséte Florencio dos; ARAÚJO, Jevuks Matheus de. Dividendos, juros sobre capital próprio e níveis de payout: Um estudo investigativo sobre a política de distribuição de dividendos adotada pelas empresas listadas na BM&FBovespa. **Revista Contemporânea de Contabilidade,** v. 15, n. 36, 2018.

O trabalho constatou também que, cerca de 60% das empresas da amostra distribuem dividendos incrementais (dividendos acima do previsto no estatuto), segue tabela autoexplicativa:

Tabela 5 – Classificação das empresas quanto ao nível de *payout*

Nível de *Payout*	2002	2003	2004	2005	2006	2007	2008	2009	2010	2011	2012	2013
Incremental	63%	69%	65%	65%	69%	60%	69%	66%	65%	61%	70%	69%
Mínimo	23%	14%	13%	17%	17%	25%	15%	20%	23%	27%	19%	20%
Reduzido	14%	17%	22%	18%	14%	15%	15%	13%	12%	12%	11%	10%
Pagadores	71	93	100	115	145	162	170	186	201	194	194	196

Fonte: SILVEIRA GALVÃO, Kécia da; SANTOS, Joséte Florencio dos; ARAÚJO, Jevuks Matheus de. Dividendos, juros sobre capital próprio e níveis de payout: Um estudo investigativo sobre a política de distribuição de dividendos adotada pelas empresas listadas na BM&FBovespa. **Revista Contemporânea de Contabilidade,** v. 15, n. 36, 2018.

Quanto aos *payouts* médios (lucro líquido ajustado em relação ao montante distribuído), estes superam consideravelmente o mínimo legal de 25% previstos no estatuto social, senão vejamos:

Tabela 6 – montante de dividendos e *payout* médio pagos

	2002	2003	2004	2005	2006	2007	2008	2009	2010	2011	2012	2013
Montante (R$ 10^6)	281	295	337	378	312	348	326	322	399	401	398	399
Payout Médio	38%	44%	46%	46%	52%	47%	52%	51%	50%	48%	56%	56%

SILVEIRA GALVÃO, Kécia da; SANTOS, Joséte Florencio dos; ARAÚJO, Jevuks Matheus de. Dividendos, juros sobre capital próprio e níveis de payout: Um estudo investigativo sobre a política de distribuição de dividendos adotada pelas empresas listadas na BM&FBovespa. **Revista Contemporânea de Contabilidade,** v. 15, n. 36, 2018.

Esta última tabela, demonstra como as previsões de Brito e Silva se confirmaram, as respostas às alterações legais de 1995, somado à diversos fatores não-tributários contribuíram para o aumento das metas remuneratórias.

Silveira, Santos e Araújo, suscitaram duas principais hipóteses para explicar a continuidade e estabilidade dos dividendos, quais sejam, teoria do pássaro na mão e a relutância da diminuição dos dividendos.

As hipóteses enunciadas pelos autores para as empresas fixarem dividendos, no estatuto social, acima do dividendo mínimo obrigatório (9% da amostra) e para o pagamento de dividendos incrementais, estão relacionadas ao atingimento de bons níveis de governança corporativa, ao setor de atuação, problemas de agência e limitação do fluxo de caixa.

Neste tópico, buscamos destacar as peculiaridades brasileiras e como estas idiossincrasias afetam as políticas de dividendos. Corroborando com os resultados de La Porta *et. al.* e Faccio e Lang, as empresas brasileiras, assim como nos países fora do contexto norte-americano e britânico, possuem estruturas de propriedade concentrada ou superconcentrada, quando muito, são controladas indiretamente através de estruturas piramidais que subvertem a máxima "uma ação, um voto". Em vistas da cisão entre controle e propriedade, parte dos acionistas controladores utilizam do expediente do controle indireto para obter os direitos de voto sem o respectivo investimento necessário para adquirir o controle direito. Por conseguinte, em alguns casos, o acionista controlador não tem direitos ao fluxo de caixa, na mesma proporção que tem direito de voto, alterando completamente a dinâmica e a forma como as empresas nacionais distribuem dividendos.

Alguns dos trabalhos mencionados acima, sustentam que as empresas mais concentradas são aquelas que mais distribuem dividendos com a finalidade desalojar informações relevantes ou para não transmitir a imagem de expropriadoras do capital minoritário. Outros estudos indicam que, ao oposto, as empresas que tem um acionista controlador, distribuirão dividendos à medida que o acionista controlador tiver acesso ao fluxo de caixa (e, não apenas ao direito de voto/controle).

Acrescido a isso, a legislação societária nacional, difere substancialmente da legislação estadunidense, pois estatui o direito do acionista de votar, em assembleia geral, quando há lucro líquido, as condições para a distribuição de dividendos e/ou JSCP. O direito acionário de votar pela distribuição dos dividendos, naturalmente, afasta as predições concernentes aos conflitos de agência tradicionalmente estabelecidas por Jensen e Meckling, acionistas contra gestores. Todavia, a peculiaridade da estrutura de propriedade concentrada no Brasil, faz surgir outro conflito, igualmente preocupante, os conflitos entre acionistas controladores e acionistas minoritários. A partir desse conflito entre acionistas, com interesses distintos, a primeira consequência esperada é a expropriação do capital minoritário à medida que os lucros ficam retidos.

Neste tópico, exploramos também a relevância da política fiscal e societária para a determinação da política de dividendos. Como a política fiscal fornece dois instrumentos *tax efficients* para a distribuição dos lucros, os dividendos, por um lado, favorecem o acionista, e, os JSCP, por outro, a corporação que paga juros. Constatamos como os programas de recompra de ações, sob o aspecto tributário, ao contrário do que ocorre em outras jurisdições, não traz qualquer vantagem fiscal para quem compra as ações e para quem vende. Curiosamente, mesmo conhecendo das vantagens fiscais de pagar JSCP, as corporações, em sua maioria, optam por distribuir seus lucros na forma de dividendos. Os motivos por traz dessa escolha são incertas e pouco conclusivas, parte delas estão associadas aos benefícios ocultos dos dividendos, valorização das ações, reputação da empresa no mercado, ou, porque é mais vantajoso ao acionista.

Outra peculiaridade que merece menção diz respeito aos dividendos fixados no estatuto pelas empresas brasileiras, que seguem os ditames legais do dividendo mínimo obrigatório. Diferentemente do que ocorre em outras jurisdições cujos dividendos são ajustados em cada exercício conforme a lucratividade da empresa. Por outro lado, a taxa de *payout,* em média, é bastante superior ao dividendo mínimo obrigatório e estatutário, refletindo o denominado dividendo incremental. A taxa média de *payout* alta é endereçada, sobretudo, à política fiscal mais favorável à distribuição do lucro, sendo que, antes da reforma de 1995 (tivemos pouco sucesso em identificar trabalhos acadêmicos sobre o assunto antes deste marco legal) as empresas tinham metas remuneratórias muito aquém do padrão internacional, conforme atestado por Brito e Silva.

Outra peculiaridade digna de destaque, concerne a legislação societária que constrange as empresas brasileiras a pagar dividendos, salvo quando registrar prejuízo, compensar prejuízos passados, distribuir JSCP ou quando constituir reserva. A previsão legal, além das vantagens tributárias, garante o exercício do direito de participar dos lucros aos acionistas.[520]

1.3 Modelos e tendências de tributação dos dividendos

Discorremos, na medida do possível, ao longo do nosso estudo sobre as funções, motivações, teorias, desafios e predições concernentes à política de dividendos e a tributação dos dividendos. No transcurso do texto, buscamos acentuar como o enigma dos dividendos ainda é um assunto espinhoso e mal resolvido entre economistas e financistas que, mesmo com ampla bibliografia,

[520] Além do Brasil, temos notícia que também a legislação societária chilena, assegura aos acionistas um dividendo mínimo obrigatório de 30% do lucro líquido.

não há respostas terminativas quanto ao enigma, nem sequer sobre os efeitos imediatos da tributação dos dividendos.

Todavia, algumas confluências de ideias são subtraídas da literatura. Podemos (acredito) descartar a tese de irrelevância dos dividendos, assim como podemos, preliminarmente, descartar a assunção de que os tributos não alteram em nada a ordem das coisas. Neste estágio, não resta qualquer dúvida acerca da existência de imperfeições de mercado e que estas imperfeições alteram as políticas de dividendos, tais como assimetrias de informação, conflitos de agência e tributos.

Quanto à hipótese de que os dividendos sinalizam lucros e saúde financeira (ainda que esta hipótese tenha se enfraquecido como justificativa última para a distribuição), em certa medida, os dividendos cumprem a função de sinalizador, uma vez que contém informações importantes embutidas. Essas informações podem sinalizar risco, expectativas lucro futuro, transmitir uma reputação de bom pagador, servir para monitoramento externo. O grau de significância das informações transmitidas pelos dividendos, porém, não é aclarado pela literatura.

Logo, quanto a alguns elementos constitutivos do enigma dos dividendos, impera uma relativa harmonia. Enquanto função precípua, é sabido que os dividendos assumem o papel contraprestação ao financiamento com capital externo. Por sua vez, quanto às conclusões, relativas à função precípua dos dividendos, impera o pleno desacordo. O desacordo toca a relação entre dividendos-investimento-financiamentos, se a política de dividendos tem relação com o valor da empresa, se os dividendos influem nas escolhas quanto ao método de financiamento e qual a influência da política de dividendos nos investimentos.

Agora que já transitamos por várias teorias, hipóteses, experiências e peculiaridades do contexto brasileiro acerca da política de dividendos e sua relevância para as corporações pagadoras, mesmo que sem exaurir o assunto, nos entendemos autorizados a considerar os modelos de tributação dos dividendos, vantagens, desvantagens e os desafios a serem suplantados.

Os modelos implementados no estrangeiro, referentes a tributação dos dividendos, são inúmeros, por isso, limitaremos nosso estudo aos mais relevantes, sempre tendo em conta as peculiaridades do contexto nacional.A título de exemplo, a partir dos anos 2000, Alemanha, China, Suíça, França e Reino Unido e Estados Unidos, promulgaram reformas mirando a tributação dos dividendos. Somente entre os países membros da OCDE, segundo Harding, 15 reformaram suas legislações para aumentar suas alíquotas combinadas e 9 reformaram para reduzir as alíquotas combinadas (IRPF + IRPJ).[521] Desde então, enriquecidas pelas reformas internacionais, diferentes modelos de imposição tributária foram propostos.

Os modelos apresentados aqui, servem apenas de inspiração conceitual e teórica, não teceremos considerações detalhadas para cada um deles, pois, para tanto, seria necessário um estudo específico.

Por fim, cabe frisar que não trataremos especificamente de algum projeto de lei em tramitação no congresso, sob pena desta parte final do nosso trabalho se tornar obsoleta, em caso de rejeição. Acima disso, não é de nosso interesse tocar questões que possam vincular o estudo aqui desenvolvido à questões meramente políticas.

1.3.1 A integração/unificação das personalidades

Os modelos adotados pelos países membros da OCDE, com o fim de fazer a integração do Imposto de Renda Pessoa Jurídica e Pessoa Física, variam sensivelmente. A integração/unificação pode se dar exclusivamente na pessoa jurídica ou na física, o pagador que distribui e o beneficiário de dividendos, respectivamente. A integração das personalidades resulta na chamada alíquota combinada que nada mais é do que a soma do imposto de renda pessoa física e pessoa jurídica, menos os alívios fiscais estatuídos pela legislação vigente.

A OCDE mantém no seu sítio eletrônico diversas informações prestimosas ao estudo dos modelos de tributação dos dividendos entre seus membros e não-membros da organização. Devemos alertar o leito, nesta instância, que os dados disponibilizados pela OCDE podem gerar uma certa confusão em duas frentes. Primeiro, o sítio eletrônico disponibiliza a alíquota *Statutory* da pessoa física e jurídica, que nem sempre corresponderá aos impostos efetivamente devidos pelos beneficiários de dividendos. Segundo, as singularidades da contabilidade tributária de cada país dificultam a análise com fundamento na legislação comparada. Por estas razões, consideramos mais adequado discorrer sobre os modelos do que, propriamente, a praxe tributária na legislação comprada. No mais, naquilo que fizer coro ao nosso estudo, utilizaremos como fonte de pesquisa.

[521] HARDING, Michelle; MARTEN, Melanie. ***Statutory tax rates on dividends, interest and capital gains: The debt equity bias at the personal level.*** *OECD Publishing*, 2018.

A integração ou unificação das personalidades, nada mais é do que a erradicação (senão a erradicação, ao menos a atenuação) da dupla tributação da mesma base econômica. No modelo clássico, os lucros são tributados uma vez na pessoa jurídica e outra na pessoa física beneficiária de dividendos.

Os membros da OCDE alternam em três grandes modelos de tributação dos lucros das corporações. O lucro corporativo tem correlação direta ou indireta com a tributação dos dividendos, são eles: i) tributação apenas dos lucros distribuídos; ii) tributação do lucro líquido ajustado, seguido da escolha entre distribuição ou reinvestimento; iii) dedução da taxa de retorno livre de risco sobre o patrimônio corporativo.

No item 'i' o imposto de renda pessoa jurídica não incide sobre o lucro líquido, tão somente, sobre o lucro distribuído ao acionista, sem que desponte outra obrigação contra o beneficiário do recurso. Modelo popularmente adotado pela Estônia que, no momento da distribuição do lucro ao acionista, o imposto é retido na fonte. Em outras palavras, o imposto sobre os lucros distribuídos, desconsidera o lucro retido ou reinvestido, para fins de imposto de renda, considera apenas o montante distribuído ao acionista.[522] O modelo do item "ii" assegura a integração pela do imposto de renda entre as duas personalidades.

O modelo do item 'ii', conhecido como modelo clássico, adotado pela maioria dos países membros da OCDE, inclusive, é o modelo implementado no Brasil para o imposto de renda das pessoas jurídicas. Nele, a alíquota do IRPJ é multiplicada pela renda do contribuinte (lucro líquido ajustado ou Lucro líquido fiscal), sobre o produto dessa operação será oportunizado ao contribuinte distribuir os lucros aos acionistas ou reinvestir o excedente. Tradicionalmente, o beneficiário do lucro distribuído, ao recebê-lo, será novamente obrigado a recolher aos cofres públicos o imposto de renda, entretanto, nesse momento, em atenção às alíquotas do imposto de renda pessoa física.[523]

O modelo do item "ii" apresenta uma série de variações que objetivam reduzir ou eliminar a dupla tributação da mesma base econômica. Uma das alternativas ao modelo clássico para eliminar a dupla tributação, propõe a apuração e a distribuição de dividendos em período anterior ao recolhimento do imposto de renda pessoa jurídica, subsequentemente, a pessoa jurídica estará autorizada a deduzir o montante distribuído do seu próprio imposto de renda, ou, em alguns casos, a dedução ocorre em favor do acionista beneficiário.

[522] HARDING, Michelle. ***Taxation of Dividend, Interest, and Capital Gain Income***. *OECD Publishing*, 2013.
[523] *Ibid.*, 2013.

Além dos três grandes modelos de tributação dos lucros, podemos citar o *Dual Income Tax* (DIT) que aceita a dupla tributação da mesma base econômica, mas assente que o acionista beneficiário de dividendos recolha o IRPF a partir de uma alíquota reduzida. Outra variante do modelo clássico é o método de inclusão parcial, que, igualmente, reduz o impacto da dupla tributação, através da inclusão de uma fatia inferior do dividendo na base de cálculo do IRPF.

O modelo do item 'iii' é uma variante do IRPJ do item 'ii', nesta modalidade, o contribuinte fica autorizado a deduzir parte das obrigações tributárias, com base na taxa de retorno livre de risco. Geralmente, essa taxa é divulgada pelo Banco Central ou instituição assemelhada ou é fixada com base nos títulos de dívida livres de risco emitidos pelo governo.

Essa modalidade, relativamente recente, ficou conhecida como ACE, abreviatura de *Allowance for Corporate Equity*. O intuito do ACE é permitir às corporações deduzir parte das obrigações do imposto de renda pessoa jurídica com base no patrimônio corporativo cujo retorno está, até determinado percentual, livre de risco. Isto é, o que comporá a base de cálculo do imposto será o percentual que exceder à taxa de retorno normal, ou seja, o retorno acima do normal. O retorno acima do normal é passível de distribuição. Da parte do acionista beneficiário, outrossim, ele poderá acrescer um determinado montante livre de risco, o excedente será tributado como IRPF.

1.3.2 Método de inclusão parcial e inclusão total como renda tributável

Quando o lucro, após a incidência do imposto de renda pessoa jurídica, for distribuído ao acionista, exsurgem dois métodos para apuração do imposto de renda da pessoa física: a inclusão total do montante de dividendos recebidos na base de cálculo do IRPF ou a inclusão parcial na base de cálculo do beneficiário.

Noutras palavras, no método de inclusão parcial, apenas uma parte do benefício distribuído ao acionista integra a renda tributável, sendo o valor reminiscente, excluído da base de cálculo. Se, a modalidade for a inclusão total, todo o montante recebido pelo acionista é passível de tributação no nível individual. A ideia por trás da inclusão parcial é a redução da alíquota combinada do imposto de renda pessoa física e pessoa jurídica, no sistema de integração, na esperança de atenuar a dupla tributação do mesmo lucro.

Podemos citar, como expoente do tratamento de inclusão parcial, a Alemanha que adotou o método de inclusão parcial, ao excluir uma parte do montante distribuído ao acionista para computar, apenas 50% daquilo que recebera.

1.4 Modelos de tributação dos dividendos: imputação de crédito; modelo clássico; modelo dual e ace

Feitas estas breves considerações iniciais, passemos, pois, ao estudo de alguns modelos e alternativas para tributação dos dividendos. Não pretendemos nos aprofundar nos pormenores de cada modelo com o intuito de transportá-los *pari passu* ao contexto nacional. Até porque as peculiaridades de cada legislação tributária e idiossincrasias de mercado são insuperáveis. O intuito dessa parte do trabalho é trazer à luz alternativas outras de tributação dos dividendos, sob pontos de vista diversos.

1.4.1 O modelo da imputação de crédito

Possivelmente, seja esse o mais antigo sistema de integração entre acionistas e corporações. O sistema de imputação, outrora, bastante utilizado pelos países europeus foi, paulatinamente, perdendo espaço nos sistemas tributários mundo afora. [524]

O modelo adotado pode ser de imputação de crédito plena ou parcial, na primeira, o acionista recebe um crédito oposto contra todas as suas obrigações tributárias, no segundo, são créditos limitados pela lei.

O montante tributável, no sistema de imputação, corresponde ao valor inicial ou um valor aproximado ao valor pago pela Pessoa Jurídica pelos dividendos distribuídos aos seus acionistas. A companhia realiza uma espécie de adiantamento ou "pré-pagamento" do tributo. O acionista obrigado calculará o valor a recolher com base no valor reminiscente, se ainda houver, com base no *grossed-up*.

Significa dizer que o IRPF, deve se aproximar ao valor do dividendo no estágio inicial, isto é, antes da incidência do imposto na pessoa jurídica, como se a pessoa jurídica não tivesse recolhido o imposto e o acionista beneficiário tivesse recebido os dividendos sem qualquer encargo tributário.

Com isso em mente, o acionista beneficiário recolherá todo o montante distribuído com base no *grossed-up*, via de regra, se houver valor remanescente, o acionista recolherá o excedente em conformidade à tabela progressiva do imposto de renda pessoa física.

Nesse sistema, não há a segregação dos rendimentos e a sua fonte de origem, pois, todo o valor que exceder aquilo que a corporação recolheu, será

[524] AINSWORTH, Andrew. *Dividend imputation: The international experience.* **JASSA**, n. 1, 2016. p. 58-63.

computado com base na tabela progressiva do imposto de renda, válida tanto para os recursos provenientes do trabalho quanto do capital. O *grossed-up* poderá ser especificado na legislação tributária, através de percentual fixo, ou dependerá do valor pago pela corporação.

A fim de clarear os assuntos acima debatidos, suponhamos que o contribuinte recebeu de uma pessoa jurídica doméstica um total de R$ 1000,00 reais (hum mil reais) a título de dividendos. Consideremos que o *grossed-up* estatuído pela lei é de 30%. Vamos assumir também que o contribuinte estará apto a receber 15% de crédito pelos dividendos que receber e que o contribuinte está na faixa mais alta da tabela progressiva do imposto de renda que é de 27,5%.

Então, considerando que o *grossed-up* é a renda tributável que seria pago pelo contribuinte, se a empresa não tivesse recolhido o imposto adiantado. Então com base no nosso exemplo acima, o valor do *grossed-up* seria de R$ 1.300,00 (1000 x 1.30= 1300). Esse valor é a renda tributável do contribuinte, assim sendo, o valor será multiplicado pelos 27,5%, supondo que o contribuinte está na faixa mais alta da tabela progressiva, resultando em R$ 357,50 reais de imposto de renda. Contudo, se o contribuinte pode receber um crédito tributário com base no valor recolhido a maior e que no nosso exemplo o crédito tributário é de 15% (por determinação legal) aplicado sobre a renda tributável, então o contribuinte terá direito a um crédito de R$ 195,00 reais (1300 x 015= 195). O valor encontrado como crédito será abduzido dos R$ 357,50 reais, resultando em R$ 162,50 reais (357,50 – 195= 162,50) de imposto de renda após a utilização do crédito. O exemplo acima é meramente ilustrativo e com finalidade didática, baseado no sistema de imputação de crédito parcial com *grossed-up* fixado em lei.

No Reino Unido o modelo de imputação parcial de crédito foi implementado entre os anos de 1973 e 1999. Parte do lucro da Pessoa Jurídica recolhido no IRPJ era levado em conta quando calculado o imposto pessoal dos acionistas na distribuição dos dividendos.

Incidia, para as Pessoa Jurídica, no modelo de imputação parcial empregada no Reino Unido, uma alíquota de 33% sobre suas rendas tributáveis a título de IRPJ, o imposto, contudo, era pago em dois estágios: i) O *Advanced Corporation Tax (ACT)*, pago logo após a empresa distribuir seus lucros, considerado o montante total distribuído, até 1997, incidia a uma alíquota de 20% sobre o *grossed dividend*; ii) o IRPJ era pago nove meses após o final do período contábil. As corporações que não estavam obrigadas a recolher o *Surplus* ACT (*surplus ACT*: empresas cujos lucros tributáveis estavam abaixo do suficiente para recuperar o ACT no mesmo ano, estavam sujeitas ao *Surplus*) poderiam deduzir o ACT do IRPJ recolhido no segundo estágio.[525]

Isto quer dizer que se uma corporação distribuísse 80 centavos de lucro por ação, ela iria recolher 20 centavos de ACT e o *grossed-dividend* seria de R$ 1 real. O acionista, nesse cenário, recebia apenas 80 centavos por ação, mas sua renda tributável é de R$ 1 real. Caso o acionista estivesse na faixa mais baixa da tabela progressiva do imposto de renda, não estava obrigado a recolher nenhum centavo a mais. Se, porventura, estivesse nas faixas mais altas do IRPF, as bases de cálculo que superassem os 20% do ACT adiantado, seriam novamente tributados. Isto quer dizer que os valores reminiscentes que ultrapassassem o ACT, incidiriam contra a tabela progressiva do imposto de renda. O ACT fornecia, ao acionista, uma garantia mínima de retorno livre de impostos, pagos pela corporação em adiantado.[526]

Todavia, se o contribuinte recebesse dividendos sujeitos às faixas mais baixas da tabela progressiva e, por conseguinte, com alíquotas abaixo das alíquotas do ACT, receberiam créditos tributários. O direito ao creditamento, até 1997, valia inclusive, em favor de outras pessoas jurídicas isentas, como fundos de pensão e investidores institucionais em geral. [527]

O sistema de imputação de crédito foi caindo em desprestígio, sendo abolido em 1999, para dar lugar ao modelo clássico. Quando o sistema de imputação de crédito foi abolido, o encargo tributário e as alíquotas efetivas do imposto aumentaram substancialmente.

Segundo Atia, com o fim da tributação mais favorável dos dividendos, coincidiu com a diminuição das taxas de *payout* no Reino Unido. Em 1995, 669 empresas distribuíam dividendos, apenas 241 empresas pagavam dividendos em 2013.[528]

Na Austrália, por sua vez, o sistema de imputação plena de crédito ainda está em vigor, desde 1987. No sistema de imputação australiano, quando corporações distribuem dividendos aos seus acionistas residentes, denominados dividendos *franked,* os acionistas tornam-se elegíveis para receber créditos

[525] BOND, Stephen; CHENNELLS, Lucy; DEVEREUX, Michael. *Company Dividends and Taxes in the UK*. ***Fiscal Studies,*** v. 16, n. 3, p. 1-18, 1995.

[526] Cf. ATIA (nota de rodapé 386), 2016.

[527] RAU, P. Raghavendra; VERMAELEN, Theo. *Regulation, taxes, and share repurchases in the United Kingdom*. ***The Journal of Business,*** v. 75, n. 2, p. 245-282, 2002.

[528] Cf. ATIA, 2016.

tributários, opostos contra todas as suas obrigações tributárias, chamados de créditos *franked*.[529]

Contra a renda tributável do acionista, incidirão as alíquotas progressivas do imposto de renda pessoa física, contra as quais poderá compensar os créditos. Diferentemente de outras jurisdições com sistema de imputação parcial, os créditos *franked* podiem ser opostos contra todas as obrigações tributárias do contribuinte, não se limitando apenas ao imposto de renda, desde que seja utilizado no ano em que o obteve (a previsão restringindo o tempo limite de resgate do crédito foi posteriormente revogado).[530] No ano de 2000, o acionista beneficiário de dividendos com créditos *franked* não compensados no período previamente estabelecido pela norma, inclusive, acionistas institucionais, passaram a gozar de direito de reembolso.[531]

Nesse modelo de tributação integrada, os dividendos são subdivididos em duas espécies: os dividendos que já integraram o imposto de renda da pessoa jurídica, denominado de *franked dividend* e; aqueles que foram distribuídos aos acionistas, mas não sofreram a imposição tributária na fonte pagadora, *unfranked dividend*. Neste último caso, o acionista beneficiário não recebe qualquer crédito imputável. Há também aqueles dividendos que foram parcialmente tributados na pessoa jurídica *(partially franked dividends)*, cabendo nesses casos, fazer uma ponderação entre a percentagem de dividendos *franked e unfranked*.[532]

Para ilustrarmos o sistema de imputação total de crédito, tomemos como exemplo:

Suponhamos que um acionista residente receba, a título de dividendos, R$ 7.000,00 reais, e que está na faixa mais alta do imposto de renda pessoa física que é de 45%. Digamos que esse recurso já fora tributado na pessoa jurídica, a uma alíquota de 30%. O *grossed-up dividend* do acionista beneficiário, portanto, é de R$ 10.000,00 (7.000 do dividendo + 3000 do crédito *franked*). A renda tributável do acionista é os 10.000,00, contra esta aplica-se a alíquota do imposto de renda pessoa física, o resultado dessa operação será de R$ 4.500,00 (10.000 x 0.45). O valor da operação é abduzido pelo crédito *franked* de R$ 3.000,00, cujo produto, a título de imposto de renda será R$ 1.500,00 (4500 – 3000). A alíquota efetiva do imposto pago pelo acionista

[529] HENRY, Darren. *Ownership structure and tax-friendly dividends*. ***Journal of Banking & Finance***, v. 35, n. 10, p. 2747-2760, 2011.

[530] PATTENDEN, Kerry; TWITE, Garry. *Taxes and dividend policy under alternative tax regimes*. ***Journal of Corporate Finance***, v. 14, n. 1, 2008.

[531] *Ibid*., 2008.

[532] PATTENDEN; TWITE. Op. Cit., 2008.

não será mais aquela representada pelo imposto pessoa de 45%, mas 15% quando computado o benefício do crédito.[533]

No modelo australiano, os dividendos recebidos por acionistas residentes na Austrália de corporações estrangeiras, não concedia direito ao crédito. Logo, os dividendos oriundos de países estrangeiros, são considerados *unfranked dividend*, e, nesse caso, o acionista residente está sujeito ao imposto de renda, conforme o modelo clássico de tributação dos dividendos, sujeito à alíquota progressiva do IR.

O aspecto que torna o sistema de imputação total australiano complexo é a existência de diferentes alíquotas efetivas para as pessoas jurídicas e diferentes alíquotas de dividendos *franked*, uma vez que determinadas despesas e investimentos corporativos poderão ser deduzidos. Outra especificidade que torna o sistema australiano complexo, diz respeito crédito do acionista, que é determinado pelo montante de imposto de renda pago pela empresa, conquanto, as diferentes alíquotas efetivas de imposto de renda das corporações, alteram constantemente as alíquotas dos dividendos *franked*.[534]

Como fora ressaltado na introdução desse subtópico, o sistema de imputação de crédito, outrora, muito popular, especialmente entre nações do bloco Europeu, foi, ao longo da década de 90 e meados dos anos 2000, sendo suplantado por outros modelos de tributação, a saber, modelo clássico e suas variações, modelo dual e ACE.

O sistema de imputação de crédito, no bloco Europeu, foi abandonado em vistas do princípio da livre circulação de capitais e igualdade de tratamento entre os estados-membros. O sistema de imputação de crédito é, inerentemente, discriminatório contra corporações, ativos e acionistas estrangeiros. Nesse sentido, o sistema de imputação, favorece o investimento interno e cria desajustes tributários contra o investimento estrangeiro, sofreu com a pressão exercida pelos estados-membros contra aqueles que ainda o adotavam.[535] [536]

[533] Cf. HENRY, 2011.

[534] Cf. PATTENDEN; TWITE, 2008.

[535] *Vide o* artigo 63 do Tratado sobre o Funcionamento da União Europeia (TFUE), estatui que: "No âmbito das disposições do presente capítulo, são proibidas todas as restrições aos movimentos de capitais entre Estados-Membros e entre Estados-Membros e países terceiros." EUR-Lex. *Document 12012E/txt.* **Versão consolidada do Tratado sobre o Funcionamento da União Europeia.** Disponível em: https://eur-lex.europa.eu/legal-content/PT/TXT/?uri=celex%3A12012E%2FTXT. Acesso em: 4 maio 2022.

[536] *Vide* artigo 55 Tratado sobre o Funcionamento da União Europeia (TFUE), *in verbis*: "Os Estados-Membros concederão aos nacionais dos outros Estados-Membros o mesmo tratamento que aos seus próprios nacionais, no que diz respeito à participação financeira daqueles no capital das sociedades, na acepção do artigo 54°, sem prejuízo da aplicação das outras disposições dos Tratados."

Para além das especificidades comunitárias do bloco Europeu, alguns outros problemas são destacados pela literatura para demoção do sistema de imputação. Por exemplo, com a reforma tributária na Alemanha, restou consignado que o sistema de imputação trazia profundas desvantagens tributárias para as multinacionais, estrangeiras e nacionais. Essa desvantagem tributária face ao acionista e às empresas estrangeiras, particulamente, resultam em um nível de investimento estrangeiro deficitário e distorce, significativamente, as escolhas de portifólio dos acionistas domésticos e estrangeiros. O sistema de imputação fora deveras criticado por distorcer as escolhas de investimento e a entrada de investimento estrangeiro em território nacional.[537]

No caso particular do sistema de imputação utilizado no Reino Unido, parte das críticas ao sistema eram endereçadas às distorções criadas contra as políticas de dividendo e as opções de financiamento. A existência de vários tipos de acionistas em faixas diferentes do imposto de renda, recrudescem os conflitos de agência relacionadas à política de dividendos.

Isto porque, somente os acionistas nas faixas mais baixas do imposto de renda, recolheriam o IR em um montante igual para todas as decisões corporativas (se pela distribuição, ou se pela retenção dos lucros). Enquanto isso, os acionistas isentos e que estavam nas camadas mais altas do imposto de renda progressivo, recolheriam tributos diferentes dependendo dos rumos tomados pela companhia. [538]

Bond, Chennells e Devereux, considerando os três grupos de acionistas, para demonstrar as diversas escolhas relacionadas à política de dividendos fundadas em preferências tributárias, enunciaram o seguinte problema. Os valores acima de 1, indicavam preferências tributários em favor do recebimento dos dividendos; os valores iguais a 1, indicavam indiferença tributária quanto ao recebimento de dividendos e; os valores abaixo de 1, tendência de repelir qualquer prática de distribuição de dividendos.

[537] FUEST, Clemens; HUBER, Bernd. *Can corporate-personal tax integration survive in open economies? Lessons from the German tax reform.* **FinanzArchiv/Public Finance Analysis,** v. 57, n. 4, p. 514-524, 2000.

[538] BOND, Stephen; CHENNELLS, Lucy; DEVEREUX, Michael. *Company Dividends and Taxes in the UK.* ***Fiscal Studies***, v. 16, n. 3, 1995.

Segue tabela com as conclusões do estudo de preferência acionária:

Tabela 7 – Custo tributário de pagar dividendos para investidores diferentes

	Exempt	*Basic-rate*	*Top-rate*
1970	1	0.59	0.09
1975	1.54	1	0.03
1980	1.43	1	0.57
1985	1.43	1	0.57
1990	1.33	1	0.80
1995	1.25	1	0.75

Notes: The table shows the ratio (1-m)/(1-c), where m is the marginal rate of personal income tax on dividend income and c is the rate of imputation. For shareholders facing a zero effective capital gains tax rate, values of this ratio above 1 indicate a tax preference for dividends, and values below 1 indicate a tax preference against dividends.

Fonte: BOND, Stephen; CHENNELLS, Lucy; DEVEREUX, Michael. *Company Dividends and Taxes in the UK.* ***Fiscal Studies,*** v. 16, n. 3, 1995.

A tabela acima demonstra que, após a introdução do sistema de imputação (1973) no Reino Unido, os acionistas institucionais isentos *(exempt)* tendiam a optar pelo recebimento de dividendos (valores acima de 1). Os acionistas na faixa base do imposto de renda *(basic-rate)*, permaneceram com preferências neutras (valores iguais a 1). Por outro lado, os acionistas nas faixas mais altas do imposto de renda *(top-rate)*, se mostraram completamente avessos à distribuição de dividendos (valores abaixo de 1).

Acrescido a isso, a literatura aponta para outros problemas decorrentes da inserção de um sistema progressivo que beneficia acionistas, empresas e portifólios nacionais em detrimento dos estrangeiros.

Sørensen em defesa do modelo dual, acentua que em economias de mercado, é aconselhável a extinção de tributos discriminatórios contra o capital, baseados em regras de domicílio.[539]Essa recomendação advém da própria natureza do objeto da obrigação, remunerações do capital são, majoritariamente, ativos móveis e pouco rastreáveis. Inobstante, como vimos em tópicos acima, o suprimento de capital estrangeiro é infinitamente elástico, e, em virtude da sua mobilidade, o capital é realocado em jurisdições fiscais com tratamento mais benéfico.

539 SØRENSEN, Peter Birch. *Dual income taxation: why and how?* ***FinanzArchiv/Public Finance Analysis***, p. 559-586, 2005.

No nosso entendimento, o sistema de imputação de crédito é complexo e pouco intuitivo para os contribuintes, além disso, a imputação faz emergir preferências tributárias entre os acionistas que estão nas faixas mais altas e mais baixas do imposto de renda, culminando, naturalmente, em conflitos entre acionistas com preferências distintas. Não obstante, o direito ao crédito, por razões práticas, só poderá ser concedido aos acionistas e às corporações domésticas, em um mundo globalizado, a discriminação tributária baseada no domicílio do beneficiário não é de bom alvitre.

1.4.2 Modelo clássico

O modelo clássico permite uma série de variações, entretanto, tradicionalmente, o modelo não foi desenhado com o intuito de eliminar a bitributação ou de efetivamente "integrar" as duas personalidades, física e jurídica. No modelo clássico, a pessoa jurídica recolherá o imposto de renda (IRPJ no Brasil) sobre o lucro líquido ajustado, e, toda a riqueza distribuída ao acionista, independente da denominação, que acrescer ao patrimônio estável, estará sujeita às alíquotas da tabela progressiva.

Nesse contexto, mesmo que a administração tributária já tenha, previamente, percebido os valores provenientes do lucro da atividade empresarial, a mera distribuição do resultado ao acionista, dá azo a um novo fato gerador, agora, por sua vez, mirando o acionista pessoa física. O direito/dever do sujeito ativo da relação tributária de perceber os valores daquela atividade econômica que gerou frutos, já fora anteriormente exercido no nível da pessoa jurídica.

Contudo, a dupla tributação do sistema clássico foi, paulatinamente, sendo abrandado. O processo de arrefecimento da bitributação alcançou diversos estágios, seja pela mescla com acepções de modelo cedular, no qual as alíquotas são apartadas da tabela progressiva para os rendimentos do capital; seja pela autorização de dedução do imposto da pessoa jurídica entre outros.

Sucessivamente, o modelo clássico passou pelo processo de abrandamento, muito sob influência das reformas tributárias dos países nórdicos, através da cisão das fontes de origem do rendimento: rendimentos do capital ou do trabalho. A separação das fontes, com se fosse uma espécie de imposto de renda semi-cedular, admite a incidência de alíquotas proporcionais para os dividendos e outros rendimentos reconhecidamente móveis. O exemplo representativo dessa transição de um modelo clássico progressivo de bases amplas para um modelo clássico com elementos de cedular, é a política fiscal adotada nos Estados Unidos através da JGTRRA.

Noutro giro, a Alemanha que até 2001 adotou o sistema de imputação de crédito e, antes deste, o modelo clássico, retornou para o último, mas abrandado pela inclusão parcial do da base de cálculo do dividendo em 50%. Trata-se de outro exemplo de abrandamento do modelo clássico.

Não podemos olvidar o caso brasileiro de arrefecimento do sistema clássico, no qual o imposto da pessoa jurídica sobre o lucro, efetivamente, é alçado à integração plena das personalidades. O modelo de integração brasileiro, escapou àquela subdivisão tradicional do lucro, distribuído e retido, para tratar todo lucro de forma una. Isto porque, à medida que a pessoa física, potencialmente contribuinte do imposto no modelo clássico, é desobrigado, apenas o lucro tributado na pessoa jurídica que é considerado para fins de imposto de renda.

Ainda na década de 90, porquanto, foram adotados diversos instrumentos compensatórios para perda da arrecadação. Como forma de compensação pela receita perdida em virtude da integração, podemos citar o §1° do art. 3° da Lei 9.249/95, que instituiu o adicional de alíquota de dez porcento sobre o valor que exceder R$ 240.000,00, cuja redação fora reformada no ano seguinte pela Lei n° 9.430/96.[540]

O valor base para o acréscimo da alíquota, *per si*, considerando a própria natureza da atividade empresarial desenvolvido pelas Sociedades Anônimas (acrescido à previsão legal de receitas totais acima de setenta e oito milhões de reais, para a apuração sob o regime do lucro real)[541] o valor de referência para o adicional de alíquotas é facilmente alcançado. Podemos afirmar com certeza que, efetivamente, para esse tipo societário, o IRPJ corresponde à alíquota base de 15% mais o adicional de dez por cento. Outro instrumento compensatório para a integração plena, prescrito pela Lei 9.316 de 1996[542], que alterou a legislação vigente do imposto de renda, corresponde à vedação expressa da dedução do valor da contribuição social sobre o lucro líquido (CSLL) para efeito de determinação do lucro real e da própria base de cálculo.

[540] BRASIL. **Lei nº 9.430,** de 27 de dezembro de 1996. Dispõe sobre a legislação tributária federal, as contribuições para a seguridade social, o processo administrativo de consulta e dá outras providências. Brasília, 1996. Disponível em: http://www.planalto.gov.br/ccivil_03/leis/l9430.htm. Acesso em: 13 out. 2021.

[541] *Vide* Lei n° 12. 814/13 que alterou o art. 14 da Lei n° 9.718/98).

[542] BRASIL. **Lei nº 9.316,** de 22 de novembro de 1996. Altera a legislação do imposto de renda e da contribuição social sobre o lucro líquido. Disponível em: http://www.planalto.gov.br/ccivil_03/leis/l9316.htm#:~:text=L9316&text=LEI%20N%C2%BA%209.316%2C%20DE%2022%20DE%20NOVEMBRO%20DE%201996.&text=Altera%20a%20legisla%C3%A7%C3%A3o%20do%20imposto,social%20sobre%20o%20lucro%20l%C3%ADquido. Acesso em: 15 out. 2021.

Com essas alterações, no Brasil, o modelo de integração plena e eliminação da bitributação foi desenhado em prejuízo da pessoa jurídica pagadora de dividendos. A política fiscal de elevação do encargo tributário da pessoa jurídica, com o propósito de compensar a arrecadação perdida, tem sido revisitada por outros países no cenário internacional, muito em virtude do profícuo acervo acadêmico apontando para distorções geradas pelo imposto de renda pessoa jurídica.[543]

A exemplo disso, relatórios da OCDE sobre o imposto de renda das pessoas jurídica, indicam uma redução radical nas alíquotas do imposto sobre os lucros corporativos. A média combinada do *Statutory income tax- CIT*, considerando o limitado recorte temporal de um ano, 2020 e 2021, a alíquota caiu de 20,2% para 20,0%, respectivamente. Quando o lapso temporal é ampliado, entre 2000 e 2021, a alíquota combinada caiu mais de 8 pontos percentuais, partindo de uma média de 28,3% para 20% em 2021. Antes dos anos 2000, mais de 63% dos países (membros e não-membros da OCDE) tinham alíquotas *CIT* acima de 30%, em 2021 apenas 16% dos países têm alíquotas acima dos 30% sobre os lucros corporativos.[544]

Se considerado os tributos que incidem diretamente sobre o lucro, IRPJ base mais alíquota adicional e o CSLL, o Brasil pertence ao grupo de países dos 16%, juntamente com Malta e Namíbia (apenas para citar os três primeiros).[545] Para além dos impostos sobre o lucro corporativo, incluíssemos também os tributos sobre o faturamento, a alíquota média é exponencialmente aumentada.

A transferência do encargo tributário para a pessoa jurídica, como instrumento compensatório pela perda da arrecadação, no nosso entendimento, necessita ser revisada e atualizada. Os méritos para tal medida, escapam ao escopo do nosso trabalho, contudo, considerando o cenário voltado à reinstituição da imposição tributária sobre o acionista beneficiário de uma parcela dos lucros, os instrumentos compensatórios perdem a razão de existir.

[543] Nesse sentido, os economistas John R. Graham, James R. Hines, Joel Slemrod e Roger H. Gordon, possuem trabalhos acadêmicos relevantíssimos sobre essa matéria.

[544] OECD. **Corporate Tax Statistics: Third Edition,** 2021. Disponível em: https://www.oecd.org/tax/tax-policy/corporate-tax-statistics-third-edition.pdf. Acesso em: 20 maio 2022.

[545] OECD. ***STAT. Statutory Corporate Income Tax Rates***. Disponível em: https://stats.oecd.org/Index.aspx?DataSetCode=CTS_CIT. Acesso em: 29 abr. 2020.

1.4.3 Modelo Dual- *Dual Income Tax* (DIT)

O modelo não está limitado apenas à questão da distribuição dos resultados aos acionistas de um tipo societário, exclusivamente, mas, ao invés disso, prega uma reforma estrutural no imposto de renda. O modelo, contudo, influenciou, ao que nos parece, a tributação dos rendimentos do capital como um todo, inclusive, entre países que expoentes do modelo clássico global. O *dual income tax*, estipula tratamentos tributários diversos para contribuintes com rendimentos provenientes de fontes distintas, tais como, capital e trabalho. O tratamento tributário diferenciado, segundo as fontes, é oposto aos dividendos, mas também é aos beneficiários de aluguéis; ganhos de capital; lucros distribuídos aos sócios de pequenas e médias empresas; credores de juros de dívida e outras formas de rendimentos do capital.

Isto posto, seria incorreto afirmamos que o modelo se presta, tão somente, como alternativa de tributação dos dividendos, é preciso ter em mente que para a implementação do modelo, seria preciso, em conjunto, reformar todo o imposto de renda. Dito isso, sigamos.

O movimento em direção ao modelo dual foi gradual. Sustentado por Niels Christian Nielsen em 1980[546], o modelo ganhou força na década de 90 após a eleição de partidos de orientação liberal nos países nórdicos. Os reformistas voltaram suas atenções à tributação dos rendimentos do capital, quando, então, os dividendos entraram em pauta.

Segundo Sørensen, o modelo dual amalgama as teorias de renda de Schanz-Haig-Simons acerca da tributação das rendas totais com base no consumo e das teorias de Fischer-Kaldor-Meade sobre as *expediture tax.* [547]

Em sua gênese, o modelo dual foi pensado e projetado para ser um imposto de renda cedular, fazendo uma cisão quanto a origem das fontes, assim, empregando alíquotas e tratamentos distintos cada qual a sua origem. Portanto, as rendas do capital e do trabalho são gêneros que interagem com outros tantos rendimentos.

As rendas do capital são equiparadas e igualadas entre si, alinhando uma alíquota proporcional baixa para todas as rendas oriundas dessa fonte, seguindo a alíquota básica da tabela progressiva do imposto de renda. Suponhamos que é de 10% a alíquota mais baixa da tabela progressiva, então todos os rendimentos do capital também serão iguais a 10%.

[546] Cf. SØRENSEN (nota de rodapé 122), 1994.

[547] Cf. SØRENSEN, 2005.

As rendas do capital, com alíquotas mais favoráveis, abrangem desde juros, rendas de aluguéis, valorização de ativos financeiros, mobiliários, o imposto de renda das pessoas jurídicas e dividendos. Todas essas rendas, reconhecidamente advindas do capital, recebem tratamento mais favorável pela legislação tributária.

Em outra banda, por sua conta, as rendas provenientes do trabalho, especialmente, o trabalho assalariado, recebem tratamento mais "gravoso" quando comparado ao capital, pois, integrarão a tabela progressiva do imposto de renda e estarão sujeitos ao rito da progressividade do imposto de renda. A quantidade de alíquotas, limite e as bases de cálculo do imposto progressivo, dependerá do grau de redistribuição almejada pelo Estado, pois, apenas o imposto de renda com origem no trabalho é suficiente para redistribuir riquezas, o imposto sobre os rendimentos do capital não tem características redistributivas. Quando majorados os tributos sobre os rendimentos do capital, ao invés de redistribuir riquezas, eles são realocados em outros empreendimentos com tratamento tributário favorável, ou, simplesmente, migram para outras jurisdições.

As razões para o tratamento favorecido do capital estão relacionadas à condição econômica dos países que o adotam, a saber, países pequenos com economia de mercado e com plena abertura comercial e econômica. Os países com estas especificidades encontram-se concentrados no norte da Europa, a saber: Noruega, Finlândia, Suécia e Dinamarca. Tendo isso em vista, estes pequenos Estados se engajam na guerra fiscal internacional para angariar capital estrangeiro produtivo ao oferecer tratamento mais favorável ao produto do capital. Nessa esteira, acionistas e corporações são beneficiados, pois, tanto uns quanto os outros se são equiparados.[548]

Sørensen justifica a adoção de uma alíquota proporcional apenas para o capital porque enseja em um investimento ótimo em capital físico e humano. Se ambas as fontes combinassem a alíquota proporcional, haveria um superinvestimento em capital humano e baixo investimento estrangeiro em capital físico. Para corrigir essa distorção, o imposto de renda progressivo sobre as rendas do trabalho (com baixa mobilidade), é mais eficiente sobre os retornos do investimento em capital humano do que do capital físico.[549] Mormente, no que tange à redistribuição de renda, a progressividade das rendas do trabalho

[548] Cf. SØRENSEN, 2005.

[549] Não adentraremos nas justificativas do "porquê" o autor chegou a essas conclusões, caso contrário, fugiremos demasiadamente do escopo do nosso trabalho.

cumpre melhor essa função secundária da exação do que a tributação dos capitais. Estes últimos são realocados em outras jurisdições fiscais ou são repassados para outro contribuintes de fato. Além do investimento estrangeiro, o modelo dual minimiza os efeitos econômicos da dupla tributação com a alíquota proporcional baixa.

Veja-se, contudo que, a ideia de um imposto proporcional baixo, não elimina a dupla tributação da mesma base econômica, apenas ameniza o efeito. De acordo com Sørensen, a alternativa mais simples para eliminar a dupla tributação do modelo dual seria a concessão de deduções para a pessoa física, mas essa alternativa não prosperou, ao que nos parece, entre os países que abraçaram o modelo.

Ademais, Sørensen sustenta que o emprego da tabela progressiva do imposto de renda, pode desencadear uma imposição tributária acima da renda real do contribuinte, especialmente nas camadas mais altas da tabela (fenômeno chamado de *overtaxed*). Isto porque, como o imposto de renda pessoa física, usualmente incide sobre os retornos nominais dos beneficiários de capital, a inflação deprecia o valor real do retorno, criando uma erosão do valor do ativo. Como efeito da corrosão inflacionária, o contribuinte pode, ao final, recolher o imposto acima do que efetivamente recebeu de remuneração real do capital. Os efeitos adversos do *overtaxed* são agravados nas faixas mais altas do imposto de renda que, via de regra, são os contribuintes que poupam mais para investir em capital.

Ademais, as possibilidades de planejamento tributário são maiores nos sistemas com múltiplas incidências, a complexidade tributária relacionadas ao tempo para realização, resgate, distribuição e as infinitas formas de alívio fiscal, permitem que os contribuintes com maior poder econômico sejam capazes de mitigar ou se evadir da obrigação tributária. A propensão ao planejamento tributário e a evasão de divisas, são consideravelmente menores quando o imposto de renda é proporcional. O modelo dual, porquanto, assume, implicitamente, que mais vale arrecadar algum imposto sobre o capital do que nenhum.

Os detratores do DIT afirmam que o sistema é iníquo e distorcivo naquilo que diz respeito à opção pelo recebimento de salários ou dividendos (*income shifting*), momento no qual os contribuintes alteram a nomenclatura das próprias remunerações para evitar as alíquotas progressiva das rendas do trabalho. O problema da alteração da nomenclatura para outra com natureza jurídica diversa, está mais afeto à distribuição de resultados entre as pequenas e médias empresas, pois, os sócios que participam ativamente das atividades empresariais no cotidiano (que correspondem à grande maioria dos sócios de pequenas empresas), optam pelo recebimento de dividendos ao invés de salários. Não apenas entre os sócios e acionistas pode ocorrer o *income shifting*, mas também para os administradores e gestores. A remuneração desses agentes, em sistemas cujo capital recebe tratamento mais favorável, igualmente, são declarados na forma de dividendos, ao invés de salários.

A rejeição ao modelo dual, também está intimamente ligada à equidade do sistema, pois tratar os detentores do capital, em tese, àqueles com maior capacidade contributiva, de forma mais branda do que os trabalhadores domésticos, subverte os princípios da igualdade e da justiça tributária.[550]

Em contraposição, os adeptos do DIT, arguem que a mobilidade, a elasticidade do suprimento de capital, a globalização e a inflação, seriam os principais fatores para a adoção do modelo. Os riscos dos trabalhadores, em Estados de bem-estar social, são drasticamente reduzidos pela participação ativa do Estado, haja vista que os riscos de acidentes de trabalho, desemprego, doença, saúde pública e seguridade social, reduzem os riscos dos contribuintes de rendas do trabalho. Enquanto os riscos dos detentores do capital permanecem elevados e não são protegidos pelo Estado, ao oposto, são agravados pela tributação progressiva em consonância a capacidade contributiva. Nesse diapasão, em economias abertas, os riscos do emprego de capital, superam os riscos do trabalho.

Ademais, o modelo dual prediz que o aumento da carga tributária contra os rendimentos do capital, cria distorções econômicas indesejadas, como o efeito "*locking-in*", no qual, os detentores do capital mantêm seus recursos estagnados, acumulando-os *ad aeternum*, ou investem em projetos de baixo risco. O efeito *locking-in* culmina na baixa circulação de capital na economia e na aversão à assunção do risco.

Caso o legislador não separasse as fontes de origem dos rendimentos, como ocorre no sistema global, e, concedesse tratamento idêntico para todos os contribuintes de acordo com a capacidade contributiva, somente a concessão de inúmeros alívios fiscais, poderiam compensar o prejuízo econômico da política fiscal. Ao invés de enveredar por esse caminho, a alíquota proporcional do DIT sobre os rendimentos do capital, supera os alívios fiscais compensatórios que seriam dispensados em um modelo de tributação global, o que simplifica a tributação das rendas.

[550] Cf. SØRENSEN., 1994.

1.4.4 Modelo *Allowance for corporate equity* (ACE)

O Modelo *Allowance for Corporate Equity ou ACE*, conforme destacado em tópicos anteriores, permite que uma parte do imposto de renda da pessoa jurídica seja deduzida, com base na taxa de retorno livre de risco, geralmente, essa taxa é divulgada pelo Banco Central ou instituição assemelhada. [551]

Cabe frisar que o ACE, assim como outros modelos, não se refere especificamente aos dividendos, mas trata-se de uma mudança estrutural do imposto de renda. O ACE não será considerado apenas no momento da distribuição dos resultados aos acionistas, mas interagirá com toda a contabilidade do lucro corporativo antes do imposto.

O ACE inaugural foi implementado pela Croácia em 1994, Itália e Áustria em 1997 e 2000, respectivamente. O Brasil, igualmente, com a Lei nº 9.249 de 1995, implementou uma variante do ACE [552], o juro sobre capital próprio *(interest on equity)*, pouco estudado como caso prático pela literatura nacional e internacional sob esta insígnia.[553]

O principal argumento formulado pelos proponentes do modelo de ACE, afirma que a estrutura de capital (relação débito e capital próprio) das corporações é enviesada pela tributação. Isto porque, no estrangeiro, para a apuração do lucro corporativo tributável, os juros pagos em razão da assunção de dívida, podem ser deduzidos da base de cálculo do imposto de renda pessoa jurídica, porém os lucros distribuídos aos acionistas ou outras formas de remuneração do capital próprio, não podem ser deduzidos na apuração do imposto de renda.[554]

Nas palavras de de Mooij e Devereux: [555]

> Dividendos pagos aos acionistas, não são dedutíveis. Em termos econômicos, isso cria uma distorção na estrutura financeira, tanto juros

[551] Cf. HARDING (nota de rodapé 523), 2013.

[552] DE MOOIJ, Ruud A. *The tax elasticity of corporate debt: a synthesis of size and variations.* ***International Monetary Fund,*** 2011.

[553] KLEMM, Alexander. *Allowances for corporate equity in practice.* ***CESifo Economic Studies,*** v. 53, n. 2, p. 229-262, 2007.

[554] A literatura tratando a respeito do enviesamento ao débito é vasta. *Vide* a exemplo disso, SØRENSEN em "*Taxation and the optimal constraint on corporate debt finance*"; MACKIE-MASON em "*Do taxes affect corporate financing decisions?*"; Fatica *et. al* em "*The debt-equity tax bias: consequences and solutions*"; De Mooij em "*The tax elasticity of corporate debt: a synthesis of size and variations*"; Fama e French em "*taxes, financing decisions and firm value*", entre outros.

[555] DE MOOIJ, Ruud; DEVEREUX, Michael. ***Alternative systems of business tax in Europe: an applied analysis of ACE and CBIT reforms,*** 2008.

quanto os retornos normais sobre o capital próprio, são remunerações usuais para os fundos de financiamento do capital de uma empresa.[556]

A previsão de dedução dos juros de dívidas no IRPJ, também é autorizada pela legislação nacional, todavia, a dedução de parte da distribuição do capital próprio aos acionistas, através do JSCP, compensa a distorção do primeiro enunciado. A exemplo disso, a RIR/18, estabelece no art. 398 que os juros pagos ou incorridos pelo contribuinte, serão dedutíveis da base de cálculo de IRPJ, razão pela qual são tratados como despesas financeiras. Por sua conta, estatui o art. 9° da Lei 9.249/95, que a pessoa jurídica obrigada a apuração do lucro com base no regime do lucro real que pagar juros aos acionistas, poderá deduzir do imposto de renda o montante pago, limitado à taxa de juros de longo prazo (TJPL), *pro rata* dia.[557]

A desvantagem tributária da distribuição de dividendos frente ao pagamento de juros e a possibilidade de dedução destes, mas não daqueles, resulta no enviesamento ao débito por motivos, unicamente, tributários, criando os chamados "escudos fiscais" em favor da emissão de débito. Nesse sentido, as corporações, mesmo conhecendo das desvantagens do débito e dos riscos inerentes, se engajam nessa prática com a intenção de criar "escudos fiscais" contra o imposto de renda, superveniente.

O fenômeno não é tão sentido no contexto nacional, porque o JSCP e a não-incidência do IRPF para os beneficiários de dividendos, previne as distorções econômicas percebidas no estrangeiro.

Isto posto, com o fim de mitigar o problema do enviesamento ao débito, vários modelos alternativos foram propostos, dentre os quais, aqueles que postulam a dedução dos dividendos da base de cálculo do IRPJ; autorização de dedução dos juros pagos aos acionistas (como no caso brasileiro); limitação da dedução de juros do imposto de renda, especialmente, aqueles contraídos por filiais e coligadas no estrangeiro e; com objetivos semelhantes, o ACE.

A título de exemplo, digamos que uma empresa queira levar adiante um novo investimento, mas não tem à disposição recursos suficientes para executá-lo. Essa empresa pode recorrer à emissão de novas ações, tida como

[556] Tradução livre do original: "*Dividends paid to shareholders are not deductible. In economic terms, this creates a distortion in financial structures as both interest and the normal return on equity are a usual remuneration for the funds of financing a company's capital*".

[557] Art. 398. "Sem prejuízo do disposto no art. 13 da Lei nº 9.249, de 1995 , os juros pagos ou incorridos pelo contribuinte são dedutíveis como custo ou despesa operacional, observado o disposto nesta Subseção".

uma das formas de financiamento com *equity* (capital próprio), em contraprestação de uma participação no quadro social e a respectiva remuneração periódica ao acionista (somente se registrar lucro), ou pode recorrer à instituição bancária que empresta a juros (débito).[558] Quando a nossa empresa hipotética se depara com a possibilidade de deduzir os juros pagos do IRPJ e não pode fazê-lo com dividendos pagos aos acionistas (sem mencionar os custos que incorrerá no momento da emissão das ações), a nossa empresa hipotética opta pela assunção da dívida a juros ao invés da emissão de novas ações, criando uma espécie de "escudo fiscal" contra o IRPJ. O enviesamento e as vantagens tributárias de assumir débito, na presença de impostos, fora antevista por M-M em 1961.

A ACE intenta equalizar o tratamento para as duas modalidades de financiamento, tanto em favor do débito, permitindo a dedução no imposto de renda, mas também do capital próprio. O capital próprio do ACE, não se restringe apenas ao financiamento utilizado no nosso exemplo, mas também, outras formas de financiamento por capital próprio, como retenção dos lucros entre outros.[559]

Klemm define ACE como o produto do estoque de capital próprio fictício do final do último ano e da sua taxa de juros fictícia. Essa taxa de juros fictícia pode ser definida como a taxa de juros livre de risco nominal, que se aproxima da taxa dos títulos do governo.[560] Essa fórmula, contudo, é diferente daquela proposta originalmente por Boadway e Bruce em 1984, que não previa a possibilidade de dedução total dos juros contra o IRPJ.[561]

Como as taxas de retorno normais são estabelecidas pelas taxas de juros ou títulos do governo, questões relacionadas ao risco generalizado e aos ciclos econômicos são incorporadas ao retorno normal fictício.

Os advogados do ACE sustentam que o modelo é: i) neutro quanto às escolhas de financiamento das empresas; ii) neutro quanto aos investimentos, qualquer projeto da empresa continuará valendo o mesmo com ou sem o imposto; iii) a política fiscal de depreciação monetária é incorporada ao sistema ACE, não sendo necessário uma lei tratando da depreciação; iv) o sistema não é atingido pela inflação, pois os acréscimos nos lucros corporativos,

558 FATICA, Serena; HEMMELGARN, Thomas; NICODÈME, Gaëtan. *The debt-equity tax bias: consequences and solutions*. ***Reflets et perspectives de la vie économique***, v. 52, n. 1, 2013.

559 Cf. KLEMM (nota de rodapé 553), 2007.

560 KLEMM, *Op. Cit.*, 2007.

561 BOADWAY, Robin; BRUCE, Neil. *A general proposition on the design of a neutral business tax*. ***Journal of Public Economics***, v. 24, n. 2, p. 231-239, 1984.

endereçados à inflação, serão compensados pela elevação do retorno fictício tal qual da taxa de juros fictícia, sem que tenha de se adotar uma nova indexação contra a inflação.[562]

Todavia, o modelo ACE clássico, prevê o aumento das alíquotas do imposto de renda pessoa jurídica (como ocorre, por exemplo, com Portugal e Malta) e do imposto pago pelos beneficiários de dividendos.

Tomemos como exemplo o seguinte caso prático. Suponhamos que uma empresa faz um investimento com capital próprio (digamos, emitindo ações) de R$ 120 reais no ano 1. Esse investimento deprecia a uma taxa de R$ 40 reais por ano ao longo de 3 anos. Sob a insígnia do modelo ACE, esta firma recebe uma dedução com base no montante de capital próprio ano a ano, digamos que de 10%. Se os lucros da nossa empresa hipotética, estiverem abaixo da taxa pré-estabelecida, a alíquota marginal efetiva será igual a zero (sem considerar, por exemplo, questões como prejuízo e compensação).[563] Senão vejamos:

Figura 1 – Exemplo de modelo ACE com financiamento pela Capital Próprio

	Year 0	Year 1	Year 2	Year 3
Purchase price	120.0			
Book value		120.0	80.0	40.0
Revenue		50.0	46.0	48.6
Less: depreciation		40.0	40.0	40.0
Less: ACE (10%)		12.0	8.0	4.0
Taxable income		0.0	0.0	0.6
Tax (30%)		0.0	0.0	0.2
After tax income		50.0	46.0	48.4
Available loss carry forward		-2.0	-4.0	0.0
Closing book value	120.0	80.0	40.0	0.0
IRR (after tax)	9.9%			
EMTR	0.7%			

Fonte: KAYIS-KUMAR, Ann; ROSE, Trevor; BREUNIG, Robert. *Design considerations for an Allowance for Corporate Equity (ACE) for Australia.* ***Australian National University, Tax and Transfer Policy Institute, Working Paper 3,*** 2022.

562 *Ibid.*, 2007.

563 KAYIS-KUMAR, Ann; ROSE, Trevor; BREUNIG, Robert. *Design considerations for an Allowance for Corporate Equity (ACE) for Australia.* ***Australian National University, Tax and Transfer Policy Institute, Working Paper 3,*** 2022.

Os lucros normais da empresa no primeiro ano, após o financiamento com base de capital próprio investido (R$ 120 reais), será de R$ 12 reais de lucro fictício. Quando o retorno fictício ACE é subtraído do lucro de R$12 reais, a empresa não pagará nenhum imposto sobre o lucro. Quando a firma lucrar menos do que R$ 12 reais, ela terá direito a um crédito tributário e, quando a empresa lucrar mais do que R$ 12 reais, ela pagará o imposto de renda sobre o lucro. No segundo ano, também deverão ser contabilizados a depreciação, prevista em lei, e a taxa normal de retorno sobre o lucro fictício.[564]

Pouco importa, para o modelo ACE, se os investimentos foram financiados com capital próprio ou com débito, em ambos os casos, o imposto será determinado pela taxa de retorno normal fictícia. O acionista que recebe dividendos também terá uma taxa básica de retorno livre de impostos sobre os "investimentos em ações" que fez em uma dada empresa.

1.4.4.1 Variantes do ACE

A reforma tributária na Itália que introduziu o ACE em 1996 e que entrou em vigor apenas em 1998, apresentou o chamado *Corporate dual income tax (CDIT)* que, como vimos no tópico anterior, confundiu muitos estudiosos em virtude do seu quase homônimo nórdico *dual income tax (DIT)*.

O CDIT conjugava o *dual income tax* nórdico com o ACE tradicional, entretanto, com a diferença de que o ACE foi ligeiramente alterado, pois, segundo Bordignon, Giannini e Panteghini, a neutralidade real e o pleno financiamento, foram sacrificados com o objetivo de reduzir as alíquotas *statutory* e médias sobre os lucros. Esse movimento de cisão com o modelo ACE tradicional, mirava a competitividade internacional, especialmente preocupados com as escolhas de investimento e a instalação das multinacionais em território italiano.[565]

A Itália, antes da adoção do ACE, tinha alíquotas do IRPJ acima dos 53% sobre o lucro. Rapidamente enfrentou problemas econômicos e a competitividade tributária internacional. Economistas e tributaristas italianos apontaram estes estorvos ao desenvolvimento do mercado de capitais, sobretudo em função da alta propensão ao débito, por isso as empresas italianas tinham fracas taxas de capitalização no mercado mobiliário. Como se não bastasse, as alíquotas altas do imposto de renda pessoa jurídica fomentavam a evasão

564 *Ibid.*, 2022.

565 BORDIGNON, Massimo; GIANNINI, Silvia; PANTEGHINI, Paolo. *Reforming business taxation: lessons from Italy?* ***International Tax and Public Finance***, v. 8, n. 2, p. 191-210, 2001.

fiscal e o planejamento tributário, tornando o investimento no estrangeiro, mais atrativo do que o investimento nacional.[566]

Após a reforma tributária de 1998, a legislação italiana passou a adotar o CDIT corporativo que, dividia o lucro da pessoa jurídica em dois, de um lado a renda ordinária, que nada mais é do que o valor aproximado do custo de oportunidade dos novos financiamentos com capital próprio (*equity*) na forma de novas subscrições e lucros retidos.

O segundo componente, chamado de lucros extras, consistia no valor residual do primeiro componente. As chamadas rendas ordinárias, estavam sujeitas a alíquotas de até 19%, enquanto os lucros extras residuais, estavam sujeitos ao imposto de renda pessoa jurídica de 37%. Porquanto, a alíquota do imposto de renda pessoa jurídica, depois da reforma, navegava entre 27% e 37%.

Após a reforma de 1998, a renda ordinária, passou a ser calculada primeiro, e, abrange tanto o setor corporativo e não-corporativo (pequenas e médias empresas). O lucro normal, presente no primeiro componente, é calculado pela aplicação da taxa de retorno nominal sobre o capital investido na empresa. Essa taxa de retorno normal de investimento em capital era divulgada, no caso italiano, anualmente pelo governo e se baseava nas taxas de juros aplicadas no mercado sobre ativos públicos e privados.

Na mesma linha dos países nórdicos, a alíquota da renda ordinária, que imputava o retorno normal sobre todo o capital próprio, se igualava à alíquota base do imposto de renda pessoa física da tabela progressiva. [567]

O que diferencia o sistema italiano de tributação dos lucros é que tanto o lucro normal quanto o lucro acima do normal são tributados com alíquotas distintas.

Sob a vista do acionista pessoa física, a reforma também apresentou mudanças no imposto de renda do beneficiário de rendimentos do capital. As alíquotas dos beneficiários desses rendimentos, dividendos e ganhos de capital, por exemplo, estavam limitadas à apenas duas alíquotas (12,5% e 27%). Depois da reforma a maioria dos rendimentos do capital eram tributados na alíquota mais baixa, isto é, 12,5%. Os acionistas "qualificados" que recebiam dividendos, (que detinham uma certa quantidade mínima de ações em empresas listadas ou com direito de voto) pagavam o imposto de renda

[566] *Ibid.*, 2001.

[567] Cf. BORDIGNON; GIANNINI; PANTEGHINI, 2001.

pessoa física, mas poderiam receber créditos para compensar com outras obrigações tributárias futuras.[568]

A Croácia, foi o primeiro país a adotar o modelo ACE, conforme idealizado pelo grupo de trabalho da *Intitute for Fiscal Studies* (IFS) em 1991, no Reino Unido. O modelo ACE de tributação dos lucros adotado na Croácia fugia da praxe corrente de tributação das rendas discutida na Parte I desse trabalho, pois construiu o sistema com base no princípio de renda como consumo, ao invés da renda como acréscimo no patrimônio estável. [569]

O modelo agregou três componentes principais: i) uma base de cálculo ampla sobre o valor agregado *(value added);* ii) o beneficiário de dividendos, juros, ganhos de capital eram explicitamente isentos; iii) apenas o lucro sobre o rendimento do capital próprio em excesso era tributado, com uma espécie de sistema de imputação sobre o retorno normal, denominado de *Protective interest* (PI).

O modelo de ACE inserido na legislação tributária na Croácia, permitia que as firmas deduzissem os custos de financiamento do capital próprio *(equity financing)*, assim, seguindo a orientação de equilíbrio entre débito e capital próprio e mitigando o viés tributário em favor do primeiro.

O Modelo ACE se mostra bastante flexível na prática, pois permite a combinação com outros modelos aqui discutidos. A exemplo disso, o modelo pode ser compatibilizado, para a tributação dos dividendos, com o sistema de imputação de crédito, modelo DIT ou clássico.[570] A exemplo disso, de Mooij e Devereux, consideram a combinação do modelo clássico (referido pelos autores como *Comprehensive business income tax*) e o modelo ACE para os países integrantes do bloco europeu.[571] Além do modelo ACE ser neutro do ponto de vista das escolhas de financiamento, também é neutro quanto às decisões de investimento.

O ACE trata indiscriminadamente o capital estrangeiro e o capital nacional, como quando os dividendos são repatriados pelas multinacionais, o beneficiário domiciliado no país da repatriação é isento do imposto de renda, com isso, objetiva-se incentivar a repatriação de lucros produzidos em países alienígenas.

[568] *Ibid.*, 2001.

[569] KEEN, Michael; KING, John. The Croatian profit tax: an ACE in practice. In: ROSE, Manfred (Ed.). Integriertes **Steuer-und Sozialsystem**. Physica-Heidelberg, p. 323-342, 2003.

[570] Cf. KAYIS-KUMAR; ROSE; BREUNIG, 2022.

[571] Cf. DE MOOIJ; DEVEREUX, 2008.

CONCLUSÕES

Como fora destacado na introdução do nosso trabalho, nos propomos a discorrer sobre a tributação dos dividendos e todas as especificidades que cercam esse rendimento. Para tanto, estabelecemos como problema geral da pesquisa: os dividendos são rendimentos que merecem tratamento tributário favorecido e o tratamento tributário favorecido está guarnecido pelo ordenamento jurídico? A partir da resposta para a primeira questão, passaremos a investigar qual o tratamento mais adequado para essa espécie de rendimentos e quais são os desafios a serem superados pelo legislador na formulação da norma tributária.

Na Parte I da nossa investigação, contextualizamos o leitor acerca das características, limites e especificidades do imposto de renda no Brasil. O conceito de renda, como vimos, deve obedecer à precitos pré-jurídicos de renda, contemplados pelas ciências econômicas. Quando "renda" e "proventos de qualquer natureza" são inseridos no ordenamento jurídico, o conceito é "jurisdicizado", são acrescidos os valores, princípios e regras jurídicas em seu âmago, contudo, renda e proventos não se desprendem, em absoluto, dos fatos da vida econômica. Renda e proventos de qualquer natureza, são anteriores ao formalismo jurídico, os conceitos estão vinculados à atos/fatos econômicos, cujos preceitos não são sobrepostos aos jurídicos, mas devem ser alinhados e aquilatados uns com os outros, sob pena de desconexão da norma posta com a realidade econômica e social.

Estabelecemos nos tópicos 2 e 2.1.1. que a regra do ordenamento jurídico é a igualdade entre todos os cidadãos; no subsistema do direito tributário, a igualdade entre todos os contribuintes. A regra da igualdade tributária, deriva da norma geral de Direito Tributário, prevista no artigo 150, inciso II da Carta Cidadã, na qual é vedado à União, Estados, Municípios e ao Distrito Federal, instituir tratamento desigual contra contribuintes em situação equivalente, ou, em razão de ocupação profissional e independente da denominação do rendimento, direito ou título. Logo adiante, na norma específica destinada ao imposto de renda, o Constituinte originário, de forma redundante, reitera os termos do inciso II, para os denominados "critérios informativos" da generalidade e universalidade.

Tendo isso em mente, seria, à primeira vista, de se supor que a norma infraconstitucional que opusesse a não-incidência para os beneficiários de dividendos ou que oferece tratamento mais benéfico para os contribuintes cujos rendimentos advém de fontes do capital, estaria em desacordo com regra da igualdade tributária, configurando uma forma de privilégio odioso.

Contudo, para toda regra, existem exceções. A regra da igualdade tributária somente poderá ser afastada em virtude de uma exceção de "desigualação" que alcance as metas e objetivos Constitucionais. Para tanto, a desequiparação deve ser devidamente justificada como "remédio" adequado para alcançar os objetivos Constitucionais.

O princípio da capacidade contributiva que, preferencialmente, é alcançado pela graduação ("sempre que possível [...]"), surge como critério de primeira ordem para a desequiparação das riquezas. O *fator de discrimen* da capacidade contributiva, apesar de nele estar inserto os valores superiores de justiça e igualdade, não é um limitador para a aplicação de outros critérios que miram programas constitucionais além daqueles previstas no inciso III do art. 3° da Carta Cidadã.

Não obstante, os objetivos a serem atingidos pelo Estado Democrático de Direito, estão esparsos por todo o texto Constitucional. Para além da erradicação da miséria extrema e a redução das desigualdades sociais e regionais, que podem ser amenizados pela aplicação do princípio discriminador da capacidade contributiva, está o desenvolvimento econômico, desenvolvimento nacional, pleno emprego, livre concorrência, defesa do meio ambiente entre outros. Resta então sabermos, se os rendimentos objeto de estudo, estão habilitados para conferir aos seus beneficiários tratamento tributário diferido, culminando no afastamento da norma geral de desigualdade do art. 150 e dos critérios específicos do IR.

Para tratar sobre o assunto, nos socorreremos da literatura econômica e financeira para auxiliar nessa tarefa. Os dividendos, como vimos, compõe o desfecho de um ciclo de políticas societárias, quais sejam: financiamento-investimento-dividendos que correspondem a contraprestação pela aquisição de capital de terceiros. O pagamento de dividendos aos acionistas, representa uma compensação pela assunção de um risco incorrido e um direito de participação no lucro ou um dever na participação do prejuízo. Sem a garantia da contraprestação ao final do exercício bem-sucedido, os dois primeiros estágios do ciclo, em tese, restariam prejudicados.

No decorrer da nossa explanação, observamos como o enigma dos dividendos, apesar de toda a produção bibliográfica especializada, ainda é um assunto mal resolvido e espinhoso, sem que, até o momento, haja alguma resposta definitiva para todas as indagações apresentadas pelo enigma.

Subtraímos, contudo, da análise da literatura, algumas previsões que, para mais ou para menos, em algum ponto convergem. As políticas corporativas afetas aos dividendos, ou que guardam em dada medida, alguma relação indireta com os dividendos (política de financiamento, investimento e política de dividendos), não são uniformes para todas as empresas, nem sequer são motivadas pelos mesmos fundamentos. Em alguns casos, as estratégias de financiamento se darão conforme as previsões da nova visão, em outros tantos, as estratégias de financiamento e pagamento de dividendos, seguirão as previsões da visão tradicional.

A política de dividendos pode estar fundada na mitigação dos conflitos de agência, no combate aos instrumentos fracos de governança corporativa, mas as repercussões são distintas quando comparadas com outras empresas com outros problemas de agência. Dentro da própria teoria da agência, os conflitos internos e externos são distintos, dependendo do país, da estrutura de propriedade, da participação no fluxo de caixa dos acionistas, do grau de controle ou pulverização. Enfim, todas as teorias possuem hipóteses que são confirmadas, outras descartadas, a depender das características e especificidades da sociedade empresária.

Os dividendos também são justificados como meios de transmissão de informações relevantes para os acionistas e outros investidores que não têm acesso às informações em "primeira mão". Nessa linha, os dividendos servem como um instrumento de equiparação entre as informações dos internos, que estão no dia a dia da atividade empresarial, com os proprietários das micro participações que, através das informações, poderão monitorar a gestão interna.

Algumas das hipóteses que permeiam o enigma dos dividendos são compartilhadas entre todas as teorias. A exemplo disso, todas as teorias estudadas, predizem que as empresas não distribuirão dividendos quando as oportunidades de investimento forem abundantes, ou, que a distribuição de dividendos será menor, conforme o risco específico e generalizado aumenta. Enfim, nenhuma das teorias e hipóteses estudas, apresentam respostas últimas para o enigma, mas todas são confirmadas a depender das especificidades selecionadas pela econometria: como tamanho, maturidade, fluxo de caixa, lucratividade, reputação, o alinhamento de interesses entre gestores-acionistas ou acionistas controladores e acionistas minoritários entre outros.

É, na falta de respostas terminativas disponibilizadas pela literatura especializada, onde residem os maiores desafios para a política fiscal voltada à tributação dos dividendos. Isto pois, se todas as hipóteses e teorias se apresentam como parcialmente verdadeiras, como conhecer previamente como a imposição tributária afeta a dinâmica de financiamento, investimentos e distribuição dos lucros e o qual o tratamento tributário adequado?

Entendemos que a neutralidade fiscal é a medida mais acertada para o problema dos dividendos. Porquanto, é temerária a política fiscal que assume a preponderância de uma hipótese e descarta as outras como alternativas ao enigma dos dividendos e os efeitos da imposição tributária. Isto porque, a política tributária subestima os efeitos adversos perpetrados pela norma para determinadas empresas que não possuem as características e que não adotam as estratégias preconizadas pela teoria selecionada.

Se as previsões da teoria da agência, referentes à retenção subótima dos lucros, conflitos de agência, expropriação de capital minoritário, e, em última instância, redução do investimento corporativo, estiverem corretas, então legislação tributária que penaliza a distribuição dos lucros, avaliza e agrava os conflitos internos para um número substancial de corporações nacionais. Para aquelas empresas que distribuem lucros frequentes, cuja emissão de novas ações financiará seus investimentos marginais em ativos, assim como proposto pela visão tradicional, a política fiscal que penaliza a distribuição dos dividendos, pode impactar negativamente o investimento produtivo e o fluxo de capital no mercado, para as empresas que adotam essa estratégia.

A nova visão, por outro lado, não prevê qualquer prejuízo imediato quanto à política de dividendos, porque a maximização do valor acionário não significa aumento de valor de mercado da firma, mas apenas uma transferência dos lucros corporativos para os acionistas. A separação do patrimônio da pessoa jurídica do seu acionista, em suma, que torna a primeira relativamente indiferente aos impostos. Contudo, para a nova visão, a penalidade tributária da distribuição dos dividendos, tem relação direta com a escolha de financiamento através da retenção dos lucros.

As hipóteses da nova visão, ainda que sustente a relativa indiferença em relação ao imposto, assume como premissa fundamental que a retenção dos lucros é qualitativamente melhor do que a emissão de novas ações, para o financiamento com capital próprio. A política fiscal, portanto, anterior e constante no tempo, compõe as razões para a relativa "indiferença" para com o imposto.

A estratégia de retenção dos lucros para o investimento marginal, como observado pela econometria,[572] varia de uma empresa para outra, em alguns casos, a distribuição seguida da emissão de novas ações (incompatível com as previsões da nova visão) é o método de financiamento adotado, em outros casos, porquanto, o método mais adequado é a retenção dos lucros com distribuição de dividendos residuais (como prevê a nova visão).

Assim sendo, a escolha pela distribuição ou não dos dividendos, compete, exclusivamente àquele que paga e ao que recebe, caso a política fiscal não estorve o processo decisório. Se a política fiscal embaraçar a tomada de decisão, a personalização das políticas corporativas empregadas, podem ser obstadas. A decisão em favor da distribuição, não passa apenas pela avaliação dos encargos tributários, pois estes são fatores de segunda ordem para a distribuição, mas estes fatores de segunda ordem exercem profunda pressão sobre o processo decisório, e, por vezes, inclusive sobre os fatores de primeira ordem. Senão vejamos o caso das corporações com conflitos de agência, por exemplo, a penalidade tributária, mesmo que não seja o fator de primeira ordem para a relação conflitosa, é capaz de agravá-la. A retenção dos lucros sem oportunidade de investimento disponíveis ou em vias de acontecer, desencadeia, principalmente, para corporações com instrumentos fracos de governança corporativa, risco de expropriação do capital minoritário, subinvestimento ou superinvestimento. A retenção dos lucros, passa a ser incentivada pela legislação tributária, quando a distribuição é penalizada pelo aumento das alíquotas.

A norma tributária penalizante à distribuição dos lucros, estabelece um fundamento adicional para a manutenção dos lucros na empresa, por vezes, sem necessidade (mesmo depois que todos os projetos tenham sido financiados com capital próprio e constituído reservas). Tanto é verdade que a experiência com a JGTRRA, confirmou que, ainda que as empresas estadunidenses se financiassem com lucros retidos, os lucros não eram distribuídos em um nível ótimo, e, quando eram distribuídos, empregavam-se outros expedientes cujo tratamento tributário era mais favorável ao acionista.

[572] Alguns estudos tratando sobre as estratégias de financiamento, como as teorias *peacking order* e a *trade off*, obtiveram os mesmos resultados, quais sejam, as estratégias de financiamento variam de uma firma para outra, algumas optam pela retenção dos lucros, enquanto outras optam pela distribuição.

Portanto, o primeiro desafio a ser suplantado pela reforma tributária voltada à tributação dos dividendos, diz respeito à indefinição dogmática relacionada às teorias estabelecidas e aos resultados econométricos. O imposto, em abstrato e generalizado, nesse sentido, deve comportar as diferentes estratégias e características dos contribuintes quanto às suas políticas corporativas, sem que uns sejam beneficiados pela norma tributária em detrimento dos outros. As peculiaridades do contexto brasileiro, compreende o segundo desafio premente para a reforma da tributação dos dividendos. As experiências internacionais e as teorias servem como inspiração teórica, compatibilizadas ao contexto interno.

Consolidamos, pois, nesta parte derradeira do trabalho, algumas singelas considerações sobre os destinos da política fiscal e sugestões direcionadas à tributação dos dividendos, a partir de uma abordagem metajurídica. As propostas aqui apresentadas não têm caráter terminativo ou conclusivo, mas se prestam para fomentar pesquisas vindouras.

Tendo isso em vistas e dando conta das experiências tributárias passadas e teorias, amplamente abordadas neste trabalho, passaremos a considerar o caso da progressividade, proporcionalidade, "desigualação" e universalidade do imposto de renda.

Sabemos agora que a graduação (progressividade genérica) foi a técnica selecionada pelo constituinte originário como técnica de maximização ou otimização da capacidade contributiva, preferencialmente ("sempre que possível"). A técnica da progressividade, contudo, não é inafastável ou absoluta, pois pode ser prescindida por outras técnicas que também alcançam a capacidade contributiva, mas que não tem o condão de otimizá-la. Em dadas condições, a progressividade nem sequer visa alcançar a capacidade contributiva, como no caso do imposto progressivo extrafiscal sobre direitos reais cujos fins últimos não estão associados à justiça fiscal, mas à objetivos constitucionais específicos. Noutras ocasiões, a progressividade não corresponde a técnica mais adequada para alcançar a capacidade contributiva, porque o ônus tributário é transferido para o contribuinte de fato, como, acredita-se, ocorre com o imposto de renda da pessoa jurídica.

Considerando, pois que, a graduação genérica (progressividade do §1° do art. 145) pode ser prescindida como técnica para o atingimento da capacidade contributiva, a progressividade específica do IR, também poderá ser dispensada, sobretudo, em vistas que a redação do inciso II, §2° do art. 153 da CF que trata dos critérios informativos, autoriza a flexibilização. O mesmo tratamento vale para os critérios informativos da generalidade e universalidade, previstos no mesmo inciso.

Resta sabermos se a graduação genérica (progressividade do §1° do art. 145), a universalidade (tributação global das rendas) e a generalidade (igualdade entre todos os contribuintes), podem ser afastadas para os beneficiários de dividendos e sob quais fundamentos?

A resposta sucinta para a indagação é sim. A tributação global das rendas, como vimos, mesmo entre seus ideólogos, foi flexibilizada desde a sua primeira aparição. Tratar todas as rendas de todos os contribuintes igualmente, não atinge os valores fundamentais do Estado Democrático de Direito, além de criar diversas distorções econômicas. O ordenamento jurídico pátrio, confirma a assertiva, pois prevê tratamentos tributários diversos para rendimentos diferentes, geralmente, cindindo as fontes da qual promanam as rendas.

A generalidade do IR, por outro lado, faz referência direta ao inciso II do art. 150 da Carta Maior. Todavia, conforme constatamos no decorrer do trabalho, a regra da igualdade tributária do art. 150, pode ser excetuada, desde que o tratamento dispensado ao contribuinte obedeça às metas e objetivos constitucionais, bem como o "remédio" utilizado para o atingimento da meta, seja adequado e logicamente imputável. A mesma ressalva feita para a graduação genérica e a progressividade específica do IR é estendida ao critério informativo da generalidade, porquanto, se a igualdade tributária geral (art. 150) pode ser flexibilizada com critérios constitucionalmente aceitos, mediante justificação, por dedução lógica, a generalidade como critério informativo também pode. A generalidade como critério informativo, possui uma agravante, isto porque, a redação do inciso II do art. 153, explicitamente, flexibiliza a aplicação do critério. A flexibilização se dá em duas oportunidades, na primeira, o constituinte se valeu da expressão "será informado pelos critérios[...]" e, sem seguida, da expressão "[...] na forma da lei", os dois vocábulos retiram dos critérios informativos seu caráter mandamental e imperioso.

Estabelecidas essas premissas, podemos considerar especificamente a progressividade para a tributação dos dividendos e as razões para o tratamento tributário diferido daquele prescrito para as rendas ordinárias, que seguirão os critérios da generalidade, universalidade e progressividade, sem qualquer discriminação quanto à fonte pagadora e a natureza do rendimento.

A progressividade, como vimos com as experiências tributárias passadas, quando empregada de forma penalizante contra os beneficiários de dividendos, é hábil para recrudescer os problemas de agência e os conflitos internos entre acionistas, gestores e acionistas, ao criar classes com preferências tributárias distintas.

Considerando que as vantagens de manter os lucros retidos e de distribuir os lucros, dependem, essencialmente, das idiossincrasias de cada corporação (a depender das suas oportunidades de investimento, acesso ao mercado de capitais, acesso ao débito, estrutura de propriedade, conflitos internos e externos, assimetrias de informação, opções de financiamento etc.) a legislação tributária que, através do imposto de renda, impõe um encargo tributário excessivo sobre os beneficiários que decidirão como os lucros serão utilizados, parece temerária. Porquanto, o custo de oportunidade de manter recursos retidos, para os acionistas que estão nas faixas mais altas do IR, será menor do que para os contribuintes nas faixas mais baixas do IR. Duas são as previsões óbvias para a política fiscal penalizante: i) maior engajamento dos contribuintes em planejamento tributário, intentando reduzir a base de cálculo do imposto e a alíquota incidente, ou, a evasão fiscal; ii) conflitos internos relacionados às decisões de distribuição.

Conforme previsto pela teoria da agência, em partes confirmada pela experiência, a segunda predição pode variar bastante, quando certas condições são verificadas. É sabido que as vantagens de se manter recursos retidos, muda conforme os ciclos da economia, maturidade da empresa (as empresas mais maduras, geralmente, têm menos oportunidades de investimento e muitos lucros excedentes). Por exemplo, a legislação tributária que penaliza a distribuição e favorece a retenção dos lucros, para empresas com instrumentos de governança corporativa deficitários, ou, para empresas concentradas, nas quais os acionistas controladores não têm acesso ao fluxo de caixa e seus interesses não estão alinhados com os demais acionistas, não produzirá os mesmos efeitos do que entre as corporações que adotam boas práticas de governança e assumem compromissos com os acionistas minoritários.

A literatura menciona alguns efeitos da retenção dos lucros em condições impróprias, tais como: o efeito "*locking-in*", no qual, por força da tributação, o capital fica estagnado; subinvestimento e superinvestimento, efeitos da retenção indevida, característica do período apelidado de mania da conglomeração; expropriação do capital minoritário, quando os acionistas controladores se beneficiam da sua posição de poder para manter os recursos retidos sem prestar contas dos usos do recurso comum e sem retorná-los aos acionistas minoritários pelo risco incorrido; entrincheiramento entre outros.

Para aquelas empresas que seguem a estratégia traçada pela visão tradicional, se esta estiver correta, o imposto sobre os dividendos pode significar uma diminuição do nível de investimento em ativos permanentes e no valor de mercado da empresa, isto é, as empresas cujos investimentos marginais decorrem da emissão de ações e creditam valor à política de dividendos, investirão menos.

A legislação societária brasileira, como vimos, difere da norte-americana, fundamentalmente quanto à distribuição dos dividendos, uma vez que os acionistas no Brasil têm direito de voto pela distribuição ou retenção dos lucros; enquanto na legislação estadunidense, o direito de voto dos acionistas não toca à distribuição dos resultados, cuja incumbência é do conselho de administração. A dinâmica societária estadunidense, faz surgir conflitos de interesses entre gestores contra acionistas, especialmente quando as estruturas de propriedade estão pulverizadas. Em sociedades empresariais com estrutura de propriedade concentrada, os conflitos sociais exsurgem com os desvios de interesses comuns entre os acionistas, via de regra, os conflitos se desenrolam entre os controladores e os minoritários.

Os fatores causadores dos conflitos de interesses entre acionistas são múltiplos, mas, à medida que o imposto renda progressivo estatui faixas de contribuintes, os conflitos entre acionistas são voltados às preferências tributárias de cada grupo.

No contexto estadunidense, como uma forma para contrabalancear os conflitos societários decorrentes da criação de classes de acionistas com preferências tributárias distintas (antes da JGTRRA, quando o IR seguia a tabela progressiva), a legislação norte-americana dispensou aos acionistas institucionais, a isenção total da obrigação de recolher o imposto de renda pelos dividendos recebidos, ou, quando muito, autorizou a dedução parcial no imposto de renda dos dividendos recebidos. Os acionistas institucionais intermediavam as relações entre acionistas minoritários e gestores; como acionistas majoritários, em meio a acionistas fracos pulverizados, os institucionais exerciam pressão junto aos gestores no sentido de distribuir dividendos, como destacado por Sheifer e Vishny[573].

No Brasil, assim como na maioria dos países desenvolvidos, especialmente de tradição legal franco-germânica, com estruturas de propriedade concentrada e controle indireto, famílias e indivíduos, ainda representam uma parcela significativa dos acionistas concentrados, peculiaridade essa que,

[573] Os autores notaram que as empresas que tinham muitos acionistas institucionais, além de manterem políticas de dividendos com taxas altas de *payouts*, tinham poucos conflitos de agência. Considerando que os acionistas institucionais, quando insatisfeitos com a política de dividendos adotada pela empresa, simplesmente, negociavam suas ações e se retiravam do quadro social. SHLEIFER, Andrei; VISHNY, Robert W. *Large shareholders and corporate control*. ***Journal of political economy***, v. 94, n. 3, Part 1, p. 461-488, 1986.

no nosso entendimento, frustra a adoção da medida para contrabalancear os problemas de agência a partir do surgimento de classes de acionistas com alíquotas distintas. Notadamente, trata-se de uma hipótese que, só poderia ser confirmada caso a legislação tributária estatuísse a progressividade para todos os beneficiários de dividendos, isentando os institucionais.

Os resultados das experiências tributárias passadas, com o IR progressivo ordinário para os dividendos, não foram dos mais proveitosos. Não obstante, vislumbra-se, especialmente após a plena integração dos mercados pela globalização, que os sistemas tributários mundo afora, foram redesenhados para comportar alíquotas proporcionais para essa espécie de rendimentos do capital, por várias razões, mas destacaremos aqui apenas três: i) porque o sistema progressivo distorce as decisões societárias de consumir, poupar e investir, inclusive, quanto ao tempo para o fazer e; ii) a progressividade cria classes de acionistas com interesses conflitantes; iii) alíquotas elevadas sobre rendimentos do capital (móveis e infinitamente elásticos), são menos atrativas para o investimento estrangeiro, assim como fomenta o planejamento tributário doméstico.

No contexto macro da integração plena dos mercados, a guerra fiscal internacional em busca de investimento estrangeiro é um dos elementos determinantes para formuladores da norma tributária. A exemplo disso, citamos o caso da repatriação de lucros no estrangeiro e como as empresas estrangeiras que pagavam dividendos qualificados para o regime de alíquotas proporcionais da JGTRRA eram preferidas em relação àquelas que pagavam dividendos não qualificados, recolhidos conforme a tabela progressiva.

Quando a técnica da progressividade é empregada, verifica-se na literatura alienígena, uma espécie de progressividade reduzida, com no máximo duas alíquotas, relativamente baixas se comparadas à alíquotas marginais mais altas do imposto de renda (desconsiderando a alíquota zero do limite inferior). Entre os países que adotam alíquotas progressivas conforme o imposto de renda ordinário, observamos a implementação de métodos de alívio fiscal bastante complexos, como a imputação de crédito ou a concessão de uma série de deduções, que, por conseguinte, criam oportunidades para o planejamento e a evasão fiscal. A exemplo disso, tecemos algumas considerações sobre o modelo de imputação de crédito da Australia e do Reino Unidos, antes de ser abolida em 1999. Na imputação de crédito plena australiana, há um evidente favorecimento tributário para as empresas e acionistas domésticos, fenômeno inerente ao sistema de imputação de crédito (vários trabalhos acadêmicos foram publicados com o intuito prospectar alternativas para a imputação dos dividendos na Austrália. Citamos aqui o trabalho de Kayis-Kumar, Rose e Breunig que tecem considerações sobre a mudança para o modelo ACE). No sistema de imputação de crédito do Reino Unido, além dos problemas vinculados à discriminação em favor dos acionistas e empresas domiciliadas, depois de descontado o valor remanescente do ACT, o dividendo era integrado à tabela progressiva do imposto de renda dos acionistas. Os acionistas nas faixas mais baixas do imposto de renda e os acionistas institucionais, se posicionam a favor da distribuição dos lucros, enquanto os acionistas, nas faixas mais elevadas, optavam pela retenção e valorização da ação para negociá-la no mercado secundário.

Em contrapartida, a implementação do imposto de renda com alíquotas proporcionais, substitui a concessão de crédito e as várias deduções requeridas para aliviar o encargo tributário do imposto de renda progressivo, como observamos com as reformas tributárias orientadas pelo modelo DIT. As experiências das legislações alienígenas, ao que nos é conhecido, são deletérias a técnica da progressividade no que tange à tributação dos dividendos, mesmo que seja a melhor técnica para fazer cumprir o princípio da capacidade contributiva.

Na parte derradeira do nosso trabalho, discorremos sobre o processo de integração/unificação das personalidades, física e jurídica, através da política de não-incidência dos dividendos. Ocorre que, o constituinte reformador materializou a integração em desfavor do pagador de dividendos. Ainda na década de 90, a perda da arrecadação foi compensada pela elevação da alíquota para os lucros das pessoas jurídicas. O resultado do movimento compensatório, foi a consolidação da alíquota do IRPJ como a segunda mais alta do mundo, atrás apenas de Malta.

Contudo, a não-incidência do imposto de renda, garantiu ao contribuinte beneficiário de dividendos e às corporações pagadoras, dois métodos *tax-efficient* para distribuição dos lucros. As pagadoras, quando distribuem JSCP, podem deduzir para os juros distribuídos no IRPJ, como despesas financeiras, já os acionistas recebem os dividendos sem nova incidência, uma vez que os lucros foram previamente tributados.

Apesar de escassa a literatura nesse sentido, Brito e Silva observaram o processo de transição anterior à Lei 9.249/95 e o comportamento das empresas depois desta, indicando que a não-incidência do imposto de renda fomentou (além das reformas da lei das sociedades anônimas de 2001) a elevação das taxas de *payout* e das metas distributivas no Brasil, equiparando às taxas de *payout* praticadas no mercado internacional. Corroborando com isso, verificamos também que as empresas de capital aberto listadas, em sua maioria, pagam dividendos incrementais, acima do previsto no estatuto social, em sua maioria, são fixados de acordo com o mínimo obrigatório de 25%.

Por isso, assentimos parcialmente com a conclusões de La Porta *et. al.* de que os dividendos são resultados positivos da proteção legal ao acionista minoritário, mas também são meios substitutivos à proteção legal ou à fracos instrumentos de governança corporativa. Isto pois, a partir da não-incidência do imposto de renda, outros instrumentos voltados ao fortalecimento da governança corporativa foram sendo acrescidos à legislação societária, tais como o surgimento de segmentos de listagem mais altas que estimulam a distribuição de dividendos; dividendo mínimo obrigatório; participação nos lucros dos administradores condicionada à distribuição dos lucros aos acionistas, enfim, entre outros. Os dividendos, como vimos em ampla literatura nacional, desempenham um papel de "meio", quando são substitutivos às "boas" práticas de governança corporativa e/ou hostilidade legal ou do mercado mobiliário. A hipótese que parece ser a mais acertada, para o caso brasileiro é aquela que propõe que os dividendos são substitutos às boas práticas de governança corporativa, haja vista que a legislação nacional adere à causa dos acionistas minoritários e preferenciais.

A reforma tributária de 1995, teve um papel indutor e facilitador para a distribuição dos lucros corporativos. A tributação dos dividendos, em alguns modelos, igualmente, é utilizado com finalidades próprias, como indutores de comportamentos desejáveis ou indesejáveis. Assim, por exemplo, com o fim de combater a concentração acionária acima do aceitável, a tributação dos dividendos passa a ser diferida para controladores e minoritários. Isto é, para os acionistas minoritários e preferenciais, as alíquotas do imposto de renda são proporcionais e baixas, enquanto para os controladores (quando atinge um certo percentual de participação) é impingido um imposto progressivo indutivo e desestimulador à concentração. A medida (ainda que louvável), ao que nos parece, enfrenta os mesmos desafios encontrados na progressividade do IR ordinário, ou seja, induz a retenção dos lucros entre os personagens com algum poder de decisão. Ademais, se a progressividade é atribuída apenas entre os acionistas com direito de voto e direito ao fluxo caixa direto, haurimos que a medida poderia trazer mais um estímulo ao controle indireto. Trata-se de uma hipótese que só poderia ser confirmada (ou não) caso a legislação tributária fosse alterada estatuindo a indução extrafiscal.

A tributação dos dividendos pode funcionar como um meio indutivo, mas com finalidade diferente da destacada acima, isto é, prevenindo a formação de estruturas de propriedade piramidal, quando da distribuição de lucros inter-corporativos, em conformidade à hipótese de Morck (mesmo que imprecisa historicamente, segundo *Boulton et. al.*). A transferência de recursos livre de impostos, através de dividendos, entre empresas participantes de pirâmides em direção à uma família, individuo ou *holding*, nas EPP com muitas camadas, serviria como um verdadeiro desincentivo para essa prática. A medida visa tornar a transferência dividendos através de estruturas piramidais, mais onerosa do que se o fizesse diretamente ao beneficiário. A alíquota proporcional e baixa para dividendos inter-corporativos, previne as vantagens da transferência de recursos livre de impostos, sem afetar negativamente as transferências de recursos entre empresas do mesmo grupo que não participam de estruturas de pirâmide. Morck menciona a instituição de uma alíquota que variou entre 5% e 7% sobre os lucros distribuídos entre corporações, nos Estados Unidos pouco tempo depois da crise de 1929, com essa finalidade.

Supúnhamos, pois, que a legislação preveja uma alíquota de 5% para cada transferência inter-corporativa e o dividendo pago diretamente para o acionista, possua uma alíquota de 15%. Se a empresa 'A' paga dividendos para a empresa 'B' e a 'empresa 'B' paga para a empresa 'C' e a 'C' para a empresa 'D', que pagará dividendos ao acionista último, a partir da quarta camada da estrutura de pirâmide, já não mais valerá pagar dividendos inter-corporativos, compensará mais ao acionista participar diretamente da empresa 'C' para receber dela os dividendos. Com a tributação do dividendo inter-corporativo, as motivações exclusivamente relacionadas ao planejamento tributário para a formação de EPP, são definitivamente excluídas, restando, tão somente, os outros fatores não-tributários.

Logo, assumindo que a reforma tributária mirando a tributação dos dividendos, revisará o instituto da não-incidência como mecanismo de integração plena das personalidades, traçamos dois cenários para a reforma.

No curto-médio prazo, seguindo uma abordagem menos radical e mais conservadora, entendemos que os dividendos deveriam ser destacados da tabela progressiva do imposto de renda ordinário, por conseguinte, a técnica da proporcionalidade com alíquota baixa, se apresenta como a técnica mais adequada e desejável. Assim, o princípio da capacidade contributiva é observado para os beneficiários que receberem dividendos acima da base de cálculo mais baixa do imposto de renda, porém, o princípio não é otimizado pela técnica da progressividade, pelas razões exaustivamente trabalhadas por nós.

A proporcionalidade viria acompanhada da equiparação da alíquota do imposto de renda para dividendos e ganhos de capital, a medida colima equivaler as vantagens do pagamento dos dividendos com os métodos alternativos de distribuição dos resultados. Isto porque, os programas de recompra na legislação atual não são alternativas vantajosas para a distribuição dos lucros, contudo, na presença de impostos, os programas tornam-se atrativos para acionistas e pagadores. Esta equiparação pode ser descartada caso a legislação societária explicitamente proíba os programas de compra de ações.

Os contribuintes do imposto de renda beneficiários de dividendos, no cenário conservador, porquanto, são "desigualados" dos demais contribuintes do IR, em atenção às especificidades do rendimento e da fonte de origem.

Os objetivos perseguidos, justificadores da "desigualação", são aqueles albergados pelas normas de finalidade econômica, que de forma abstrata são enunciadas pelo art. 3° da Carta Maior vinculadas ao desenvolvimento regional e nacional, mas que em última instância, também são afetas às normas programáticas destinadas à erradicação da pobreza e a redução das desigualdades regionais.

Pelo lado das pessoas jurídicas, as medidas compensatórias pela integração das personalidades, impingidas ao lucro líquido empresarial, perdem as razões de existir face à revogação da não-incidência para o IR. Assim, a revisão do IRPJ com o fim de desonerá-lo das compensações pela integração/unificação, introduzidas pela Lei 9.249/95, são indispensáveis. Hodiernamente, apenas 16% dos países no mundo, em 2021, tributam os lucros das pessoas jurídicas com alíquotas que acima dos 30%, dentre os quais está o Brasil. Quando somados o IRPJ, o adicional de alíquota e o CSLL (desconsiderando impostos incidentes sobre o faturamento) a alíquota máxima pode chegar à 34%.

A reinstituição do imposto de renda para dividendos, conforme o modelo clássico de tributação, à curto prazo, é a alternativa menos radical para o então sistema tributário vigente. O modelo clássico, contudo, enfrenta aquelas dificuldades inerentes destacadas no trabalho, relacionadas à bitributação da mesma base econômica e o enviesamento ao débito.

A manutenção do sistema de JSCP, compensaria parte dos males relacionados aos dois fenômenos, entretanto, o JSCP por ser independente da distribuição de dividendos, somente serviria para esses finalidade, quando distribuído em conjunto com os dividendos, o que condiciona a sua serventia. Se o JSCP for extinto, como tem-se ventilado, a medida mais conservadora para o problema da bitributação é a adoção de alíquotas significativamente mais baixas para os beneficiários de dividendos. A medida não tem o condão de elidir a bitributação, apenas de minimizá-la ao renunciar a unificação.

Uma alternativa para a extinção dos JSCP, ainda dentro do modelo clássico, mas que promova a integração das personalidades, seria a autorização para deduzir no IRPJ os valores distribuídos aos acionistas ou a obtenção de crédito tributário em favor do pagador de dividendos, vindicado contra outras obrigações tributárias. Essa medida compensaria os benefícios alcançados pelo JSCP que promove, em partes, a equalização fiscal entre as fontes de financiamento, pois arrefece o enviesamento ao débito, inerente ao modelo clássico.

A erradicação do JSCP da legislação, acreditamos, viria acompanhada de previsão legal restabelecendo a correção monetária, uma vez que os JSCP, enquanto variante do ACE, absorve no modelo a depreciação monetária pela taxa de retorno TJLP.

Sob o prisma menos conservador e mais radical, pensando no médio-longo prazo, o modelo ACE híbrido, que amalgama os preceitos do modelo clássico, parece fornecer respostas satisfatórias para os problemas relacionados à tributação dos dividendos. A indicação do modelo ACE como alternativa mais radical e para o médio-longo prazo, serve como uma sugestão para pesquisas vindouras.

REFERÊNCIAS

ABREU, Ari Ferreira de. **Um estudo sobre a estrutura de capital e a política de dividendos considerando a tributação brasileira.** Dissertação (Mestrado em Controladoria e Contabilidade: Contabilidade) - Faculdade de Economia, Administração e Contabilidade, Universidade de São Paulo, São Paulo, 2004.

ADAMS, Charles. **For Good and Evil, the impact of taxes on the course of civilization.** Editora Madson Books, 2° ed., Oxford, New York, 2001.

AINSWORTH, Andrew. Dividend imputation: The international experience. **JASSA**, n. 1, p. 58-63, 2016.

AGUIAR, Júlio Cesar de. **Análise Comportamental do Direito: Fundamentos para uma abordagem do direito como ciência comportamental aplicada.** Tese de Doutorado, Universidade Federal de Santa Catarina, Florianópolis, 2006.

ALDRIGHI, Dante M.; POSTALI, Fernando AS. Propriedade piramidal das empresas no Brasil. **Revista Economia,** v. 12, n. 1, p. 27-48, 2011.

AMARO, Luciano. **Direito Tributário Brasileiro.** Editora Saraiva, 20° ed., São Paulo, 2014.

ATIA, Ola. **Cash dividend policy and firm risk: UK evidence.** University of Salford (United Kingdom), 2016.

AUERBACH, Alan J; HASSETT, Kevin A. **The 2003 dividend tax cuts and the value of the firm: An event study.** 2005.

AUERBACH, Alan J; HASSETT, Kevin A. On the marginal source of investment funds. **Journal of Public Economics,** v. 87, n. 1, p. 205-232, 2003.

AUERBACH, Alan J. Taxation, corporate financial policy and the cost of capital. **National Bureau of Economic Research,** 1982.

AUERBACH, Alan J. Wealth maximization and the cost of capital. **The Quarterly Journal of Economics,** v. 93, n. 3, p. 433-446, 1979.

ÁVILA, Humberto. **Sistema Constitucional Tributário.** Editora Saraiva, 5° ed., São Paulo, 2012.

ÁVILA, Humberto. **Teoria da Igualdade tributária.** Malheiros, São Paulo, 2008.

AVI-YONHAH, Rueven; SARTORI, Nicola; MARIAN, Omri. **Global perspectives on Income taxation law.** Oxford Press, 2011.

AVY-HONAH, Reuven S. Why tax the rich: Efficiency, equity and progressive taxation. In: SLEMROD, Joel B. (org.). **Does Atlas Shrug? The economic consequences of taxing the rich**. The Yale Law Journal, vol. 111, n° 6, 2002.

B3. **Índice Dividendos BM&FBOVESPA (IDIV B3).** Disponível em: <https://www.b3.com.br/pt_br/market-data-e-indices/indices/indices-de-segmentos-e-setoriais/indice-dividendos-idiv.htm>. Acesso em: 3 de fev. 2022.

BAGWELL, Laurie Simon; SHOVEN, John B. Cash distributions to shareholders. **Journal of Economic perspectives,** v. 3, n. 3, p. 129-140, 1989.

BALEEIRO, Aliomar. **Direito Tributário Brasileiro: CTN Comentado**. Atualizado por Misabel Derzi, Editora Forense, 14° ed., Rio de Janeiro, 2018.

BALEEIRO, Aliomar. **Limitações constitucionais ao poder de tributar**. Atualizado por Misabel Abreu Dersi. Editora Forense, 8° ed. Rio de Janeiro, 2010.

BALTHAZAR, Ubaldo Cesar. **História do Tributo no Brasil. Fundação.** Boiteux, Florianópolis, 2005.

BECKER, Alfredo Augusto. **Teoria Geral do Direito Tributário**. Editora Lejus, 3° ed., 2° tiragem, São Paulo, 2002.

BENARTZI, Shlomo; MICHAELY, Roni; THALER, Richard. Do changes in dividends signal the future or the past? **The Journal of finance,** v. 52, n. 3, p. 1007-1034, 1997.

BERGER, Philip G.; OFEK, Eli; YERMACK, David L. Managerial entrenchment and capital structure decisions. **The journal of finance,** v. 52, n. 4, p. 1411-1438, 1997.

BERLE, Adolf Augustus; MEANS, Gardiner Coit. **A moderna sociedade anônima e a propriedade privada**. Editora Nova cultura, São Paulo, 1987.

BHATTACHARYA, Sudipto. **Essays on financial theory**. Thesis P.H.D, Massachusetts Institute of Technology, 1978.

BHATTACHARYA, Sudipto. Imperfect information, dividend policy, and" the bird in the hand" fallacy. **The Bell Journal of Economics,** p. 259-270, 1979.

BHIDE, Amar. The hidden costs of stock market liquidity. **Journal of financial economics,** v. 34, n. 1, p. 31-51, 1993.

BIFANO, Elidie Palma. **O Mercado Financeiro e o imposto sobre a renda**. Editora Quartie Latin, 2° ed., São Paulo, 2011.

BLACK, Bernard S.; CARVALHO, Antonio Gledson de; GORGA, Erica. Corporate governance in Brazil. **Emerging Markets Review**, v. 11, n. 1, p. 21-38, 2010.

BLACK, Fischer. The dividend puzzle. Streetwise: **The Best of" The Journal of Portfolio Management**, v. 10, 1998.

BLACK, Fischer; SCHOLES, Myron. The effects of dividend yield and dividend policy on common stock prices and returns. **Journal of financial economics**, v. 1, n. 1, p. 1-22, 1974.

BLUM, Walter J.; KALVEN, Harry Jr. The uneasy case for progressive taxation. **The Chicago Law Review**, vol. 19, n° 3, 1950.

BOADWAY, Robin; BRUCE, Neil. A general proposition on the design of a neutral business tax. **Journal of Public Economics**, v. 24, n. 2, p. 231-239, 1984.

BOND, Stephen; CHENNELLS, Lucy; DEVEREUX, Michael. Company Dividends and Taxes in the UK. **Fiscal Studies,** v. 16, n. 3, p. 1-18, 1995.

BORDIGNON, Massimo; GIANNINI, Silvia; PANTEGHINI, Paolo. Reforming business taxation: lessons from Italy? **International Tax and Public Finance,** v. 8, n. 2, p. 191-210, 2001.

BORGES, José Souto Maior. **Isenções tributárias.** Editora Malheiros, 2° ed., São Paulo, 2001.

BORTOLON, P. M. **Determinantes e consequências das decisões de estrutura de propriedade: estrutura piramidal e unificação de ações.** Universidade Federal do Rio de Janeiro (tese de doutorado), Rio de Janeiro, 2010.

BORTOLON, Patrícia Maria. Porque as empresas brasileiras adotam estruturas piramidais de controle. **BASE-Revista de Administração e Contabilidade da Unisinos** (ISSN: 1984-8196), v. 10, n. 1, p. 2-18, 2013.

BOULTON, Thomas J.; BRAGA-ALVES, Marcus V.; SHASTRI, Kuldeep. Payout policy in Brazil: dividends versus interest on equity. **Journal of Corporate Finance,** v. 18, n. 4, 2012.

BRASIL. **Constituição Federal.** Constituição da República Federativa do Brasil de 1988. Disponível em: <http://www.planalto.gov.br/ccivil_03/constituicao/constituicao.htm>. Acesso em: 12 abr. 2021.

BRASIL. (**Código Civil**), **Lei n° 10.406**, de 10 de janeiro de 2002. Institui o Código Civil. Brasília, 2002. Disponível em: <http://www.planalto.gov.br/ccivil_03/leis/2002/l10406compilada.htm>. Acesso em: 1 maio 2021.

BRASIL. (**Código Tributário Nacional**) **Lei nº 5.172**, de 25 de outubro de 1966. Dispõe sobre o Sistema Tributário Nacional e institui normas gerais de direito tributário aplicáveis à União, Estados e Municípios. Brasília, 1966. Disponível em: <http://www.planalto.gov.br/ccivil_03/leis/l5172compilado.htm>. Acesso em: 21 maio 2021.

BRASIL. (**Lei das Sociedades por Ações**). **Lei n° 6.404**, de 15 de dezembro de 1976. Disponível em: <http://www.planalto.gov.br/ccivil_03/leis/l6404consol.htm>. Acesso em: 2 abr. 2021.

BRASIL. **DECRETO n° 9.580**, de 22 de novembro de 2018. Regulamenta a tributação, a fiscalização, a arrecadação e a administração do Imposto sobre a Renda e Proventos de Qualquer Natureza. Brasília, 2018. Disponível em: <http://www.planalto.gov.br/ccivil_03/_ato2015-2018/2018/decreto/D9580.htm>. Acesso em: 3 abr. 2021.

BRASIL. **Lei n° 10.303**, de 31 de outubro de 2001. Altera e acrescenta dispositivos na Lei no 6.404, de 15 de dezembro de 1976, que dispõe sobre as Sociedades por Ações, e na Lei no 6.385, de 7 de dezembro de 1976, que dispõe sobre o mercado de valores mobiliários e cria a Comissão de Valores Mobiliários, Brasília, 2001. Disponível em: <http://www.planalto.gov.br/ccivil_03/leis/leis_2001/l10303.htm>. Acesso em: 29 abr. 2021.

BRASIL. **Lei n° 4.625**, de 31 de dezembro de 1922. Orça a Receita Geral da Republica dos Estados Unidos do Brasil para o exercicio de 1923. Rio de Janeiro, 1922. Disponível em: <http://www.planalto.gov.br/ccivil_03/leis/1901-1929/l4625.htm>. Acesso em: 2 abr. 2021.

BRASIL. **Lei n° 4.783**, de 31 de dezembro de 1923. Orça a Receita Geral da Republica dos Estados Unidos do Brasil para o exercicio de 1924. Rio de Janeiro, 1923. Disponível em: <https://www2.camara.leg.br/legin/fed/lei/1920-1929/lei-4783-31-dezembro-1923-564689-publicacaooriginal-88627-pl.html>. Acesso em: 5 abr. 2021.

BRASIL. **Lei n° 6.385**, de 7 de dezembro de 1976. Dispõe sobre o mercado de valores mobiliários e cria a Comissão de Valores Mobiliários, Brasília, 1975. Disponível em: <http://www.planalto.gov.br/ccivil_03/leis/l6385.htm>. Acesso em: 12 mar. 2021.

BRASIL. **Lei n°8.383**, de 30 de dezembro de 1991. Institui a Unidade Fiscal de Referência, altera a legislação do imposto de renda e dá outras providências. Disponível em: <http://www.planalto.gov.br/ccivil_03/leis/l8383.htm>. Acesso em: 4 jul. 2021.

BRASIL. **Lei nº 12.973**, de 13 de maio de 2014. Brasília, 2014. Disponível em: <http://www.planalto.gov.br/ccivil_03/_ato2011-2014/2014/lei/l12973.htm>. Acesso em: 20 jun. 2021.

BRASIL. **Lei Nº 7.713**, de 22 de dezembro de 1988. Altera a legislação do imposto de renda e dá outras providências. Brasília, 1988. Disponível em: <http://www.planalto.gov.br/ccivil_03/leis/l7713.htm>. Acesso em: 3 abr. 2021.

BRASIL. **Lei nº 7.799**, de 10 de julho de 1989. Altera a legislação tributária federal e dá outras providências, Brasília, 1989. Disponível em: <http://www.planalto.gov.br/ccivil_03/leis/L7799.htm>. Acesso em: 16 jul. 2021.

BRASIL. **Lei nº 9.249**, de 26 de dezembro de 1995. Altera a legislação do imposto de renda das pessoas jurídicas, bem como da contribuição social sobre o lucro líquido, e dá outras providências. Brasília, 1995. Disponível em: <http://www.planalto.gov.br/ccivil_03/leis/l9249.htm>. Acesso em: 3 abr. 2021.

BRASIL. Ministério da Fazenda Pedro Malan. **Exposição de Motivos Lei n° 9.249, de 26 de dezembro de 1995.** Altera a legislação do imposto de renda das pessoas jurídicas, bem como da contribuição social sobre o lucro líquido, e dá outras providência. Brasília 1995: Disponível em: <https://www2.camara.leg.br/legin/fed/lei/1995/lei-9249-26-dezembro-1995-349062-exposicaodemotivos-149781-pl.html>. Acesso em: 1 mar. 2020.

BRAV, Alon et. al. Payout policy in the 21st century. **Journal of financial economics**, v. 77, n. 3, p. 483-527, 2005.

BREALEY, Richard A. et al. **Principles of Corporate Finance**. 12/e. McGraw-Hill Education, 2018.

BRESSANE, Bernardo Prôa *et. al.* A relação entre os programas de recompra de ações, o comportamento dos insiders e a governança corporativa no Brasil. **In: Anais do XLIII Encontro Nacional de Economia [Proceedings of the 43rd Brazilian Economics Meeting]. ANPEC-Associação Nacional dos Centros de Pós-Graduação em Economia [Brazilian Association of Graduate Programs in Economics**], 2016.

BRITTAIN, John A. The tax structure and corporate dividend policy. **The American economic review**, v. 54, n. 3, p. 272-287, 1964.

BROWNLEE, W. Elliot. **Historical perspective on US tax policy toward the rich.** University of Michigan Business School, 1997.

BURNS, Lee; KREVER, Richard. Individual income tax. In: THURONYI, Victor (Coord.). **Tax Law Design and Drafting**, Vol. 2., International Monetary Fund, p. 472-532, 1998.

CALIENDO, Paulo. **Curso de Direito Tributário**. Editora Saraiva, 2° ed. São Paulo, 2019.

CARRAZZA, Roque Antônio. **Imposto sobre Renda (Perfil Constitucional e Temas específicos**). Editora Malheiros, 3° ed., São Paulo, 2009.

CARROLL, Robert; HASSETT, Kevin A.; MACKIE III, James B. The effect of dividend tax relief on investment incentives. **National Tax Journal,** v. 56, n. 3, p. 629-651, 2003.

CHETTY, Raj; SAEZ, Emmanuel. Dividend and corporate taxation in an agency model of the firm. **American Economic Journal: Economic Policy**, v. 2, n. 3, p. 1-31, 2010.

CHETTY, Raj; SAEZ, Emmanuel. Dividend taxes and corporate behavior: Evidence from the 2003 dividend tax cut. **The quarterly journal of economics,** v. 120, n. 3, p. 791-833, 2005.

COÊLHO, Sacha Calmon Navarro. **Curso de Direito Tributário Brasileiro**. Editora Forense, 15° ed., Rio de Janeiro, 2016.

CONGRESS. **Jobs and growth tax relief reconciliation act of 2003**. Disponível em: <https://www.congress.gov/bill/108th-congress/house-bill/2>. Acesso em: 2 fev. 2022.

CONTI, José Mauricio. **Princípios Tributários da Capacidade Contributiva e da Progressividade**. Editora Dialética, São Paulo, 1997.

DAMI, Anamélia Borges Tannus; ROGERS, Pablo; DE SOUSA RIBEIRO, Kárem Cristina. Estrutura de propriedade no Brasil: evidências empíricas no grau de concentração acionária. **Contextus–Revista Contemporânea de Economia e Gestão,** v. 5, n. 2, p. 21-30, 2007.

DE MOOIJ, Ruud A. The tax elasticity of corporate debt: a synthesis of size and variations. **International Monetary Fund,** 2011.

DE MOOIJ, Ruud; DEVEREUX, Michael. **Alternative systems of business tax in Europe: an applied analysis of ACE and CBIT reforms,** 2008.

DEANGELO, Harry; DEANGELO, Linda; SKINNER, Douglas J. Reversal of fortune dividend signaling and the disappearance of sustained earnings growth. **Journal of financial Economics,** v. 40, n. 3, p. 341-371, 1996.

DEANGELO, Harry; DEANGELO, Linda; STULZ, René M. Dividend policy and the earned/contributed capital mix: a test of the life-cycle theory. **Journal of Financial economics,** v. 81, n. 2, p. 227-254, 2006.

DESAI, Mihir A.; DHARMAPALA, Dhammika. Dividend taxes and international portfolio choice. **The Review of Economics and Statistics,** v. 93, n. 1, p. 266-284, 2011.

DESAI, Mihir A.; DHARMAPALA, Dhammika. Tax and corporate governance: an economic approach. In: SHÖN, Wolfgang (Ed.). **Tax and corporate governance.** Editora Springer, Berlin, p. 13-30, 2008.

DESAI, Mihir A.; FOLEY, C. Fritz; HINES JR, James R. Repatriation taxes and dividend distortions. **National tax journal,** v. 54, n. 4, p. 829-851, 2001.

DHALIWAL, Dan; KRULL, Linda; LI, Oliver Zhen. Did the 2003 Tax Act reduce the cost of equity capital? **Journal of Accounting and Economics**, v. 43, n. 1, p. 121-150, 2007.

DHALIWAL, Dan et. al. Dividend taxes and implied cost of equity capital. **Journal of Accounting Research**, v. 43, n. 5, p. 675-708, 2005.

DHALIWAL, Dan; LI, Oliver Zhen; TREZEVANT, Robert. Is a dividend tax penalty incorporated into the return on a firm's common stock? **Journal of Accounting and Economics,** v. 35, n. 2, p. 155-178, 2003.

DUTRA, Micaela Dominguez. **Capacidade contributiva: Análise dos direitos Humanos e Fundamentais**. Editora Saraiva, São Paulo, 2010.

EASTERBROOK, Frank H. Two Agency-Cost Explanations of Dividends. **The American Economic Review,** vol. 74, no. 4, p. 650–659, 1984.

EDWARDS, Jeremy. Does dividend policy matter? **Fiscal Studies,** v. 5, n. 1, p. 1-17, 1984.

EUR-Lex. **Versão consolidada do Tratado sobre o Funcionamento da União Europeia-** Document 12012E/txt. Disponível em: <https://eur-lex.europa.eu/legal-content/PT/TXT/?uri=celex%3A12012E%2FTXT>. Acesso em: 4 maio 2022.

FACCIO, Mara; LANG, Larry HP. The ultimate ownership of Western European corporations. **Journal of financial economics**, v. 65, n. 3, p. 365-395, 2002.

FAMA, Eugene F.; FRENCH, Kenneth R. Financing decisions: who issues stock? **Journal of financial economics**, v. 76, n. 3, p. 549-582, 2005.

FAMA, Eugene F.; FRENCH, Kenneth R. Disappearing dividends: changing firm characteristics or lower propensity to pay? **Journal of Financial economics,** v. 60, n. 1, p. 3-43, 2001.

FAMA, Eugene F.; FRENCH, Kenneth R. Taxes, financing decisions, and firm value. **The journal of Finance,** v. 53, n. 3, p. 819-843, 1998.

FAMA, Eugene F.; JENSEN, Michael C. Separation of ownership and control. **The journal of law and Economics**, v. 26, n. 2, p.301-325, 1983.

FATICA, Serena; HEMMELGARN, Thomas; NICODÈME, Gaëtan. The debt-equity tax bias: consequences and solutions. **Reflets et perspectives de la vie économique**, v. 52, n. 1, p. 5-18, 2013.

FELDSTEIN, Martin S. Corporate taxation and dividend behaviour. **The Review of Economic Studies,** v. 37, n. 1, p. 57-72, 1970.

FONTELES, Islane Vidal et. al. Política de dividendos das empresas participantes do Índice Dividendos da BM&FBovespa. **Contabilidade Vista & Revista,** v. 23, n. 3, p. 173-204. 2012.

FORTUNA, Eduardo. **Mercado Financeiro: produtos e Serviços.** Editora Quality Mark, 20° ed., 2015.

FUEST, Clemens; HUBER, Bernd. Can corporate-personal tax integration survive in open economies? Lessons from the German tax reform. **FinanzArchiv/Public Finance Analysis**, v. 57, n. 4, p. 514-524, 2000.

GABRIELLI, Marcio Fernandes; SAITO, Richard. Recompra de ações: regulamentação e proteção dos minoritários. **Revista de Administração de empresas**, v. 44, n. 4, p. 54-67, 2004.

GALVIN, Charles O.; BITTER, Boris I. Income tax: how Progressive should it be? **American Enterprise Institute For Public Policy Research**. Washington, 1969.

GASSEN, Valcir; VALADÃO, Marcos Aurélio Pereira. **Tributação nos Estados Unidos e no Brasil: estudo comparativo da matriz tributária (atualizado com a reforma tributária Trump)**. Editora Almedina, São Paulo, 2020.

GOBETTI, Sergio Wulff. **Tributação do Capital no Brasil e no Mundo**. Texto para Discussão TD 2380. Brasília: IPEA, 2018. Disponível em: <https://www.ipea.gov.br/portal/images/stories/PDFs/TDs/td_2380b.pdf>. Acesso em: 14 abr. 2020.

GOBETTI, Sérgio Wulff; ORAIR, Rodrigo Octávio. Progressividade tributária: a agenda negligenciada (2190–texto para discussão). Brasília/Rio de Janeiro: **Instituto de Pesquisa Econômica Aplicada**, 2016. Disponível em: <https://www.ipea.gov.br/portal/images/stories/PDFs/TDs/td_2190.pdf>. Acesso em: 14 abr. 2020.

GOMES, Armando R. Going public with asymmetric information, agency costs and dynamic trading. **Paper ID,** p. 9-97, 1997.

GORDON, Myron J. Optimal investment and financing policy. **The Journal of finance,** v. 18, n. 2, p. 264-272, 1963.

GORDON, Myron J. Dividends, earnings, and stock prices. **The review of economics and statistics**, p. 99-105, 1959.

GORDON, Roger H.; DIETRICH DIETZ, Martin. Dividends and Taxes. **NBER Working Papers**, n. 12292, 2006.

GORDON, Roger H.; SLEMROD, Joel B. Are "Real" Responses to Taxes Simply Income Shifting Between Corporate and Personal Tax Bases?. **Does Atlas Shrug? The Economic Consequences of Taxing the Rich**, 2000.

GRUBERT, Harry. Taxes and the division of foreign operating income among royalties, interest, dividends and retained earnings. **Journal of Public economics**, v. 68, n. 2, p. 269-290, 1998.

GUAN, Jenny Xinjiao; LI, Oliver Zhen; MA, Jiameng. Managerial ability and the shareholder tax sensitivity of dividends. **Journal of Financial and Quantitative Analysis**, v. 53, n. 1, p. 335-364, 2018.

HANLON, Michelle; HEITZMAN, Shane. A review of tax research. **Journal of accounting and Economics,** v. 50, n. 2-3, p. 127-178, 2010.

HARDING, Michelle; MARTEN, Melanie. **Statutory tax rates on dividends, interest and capital gains: The debt equity bias at the personal level**. OECD Publishing, 2018.

HARDING, Michelle; MARTEN, Melanie. **Taxation of Dividend, Interest, and Capital Gain Income**. OECD Publishing, 2013.

HEALY, Paul M.; PALEPU, Krishna G. Earnings information conveyed by dividend initiations and omissions. **Journal of financial Economics**, v. 21, n. 2, p. 149-175, 1988.

HENRY, Darren. Ownership structure and tax-friendly dividends. **Journal of Banking & Finance**, v. 35, n. 10, p. 2747-2760, 2011.

HERÓDOTO. **Box História.** Editora Nova Fonte, 3° ed., e-book, Rio de Janeiro, 2019.

HINES JR, James R.; HUBBARD, R. Glenn. Coming home to America: Dividend repatriations by US multinationals. In: RAZIN, Assaf; SLEMROD, Joel (Eds.). **Taxation in the global economy**. University of Chicago Press, p. 161-208, 1990.

IRS. **About Publication 550, Investiment income and Expenses**. Disponível em: <https://www.irs.gov/forms-pubs/about-publication-550>. Acesso em: 1 jan. 2022.

ISAKOV, Dušan; PÉRIGNON, Christophe; WEISSKOPF, Jean-Philippe. What if dividends were tax-exempt? Evidence from a natural experiment. **The Review of Financial Studies,** v. 34, n. 12, 2021.

JACOB, Marcus; JACOB, Martin. Taxation, dividends, and share repurchases: Taking evidence global. **Journal of Financial and Quantitative Analysis,** v. 48, n. 4, p. 1241-1269, 2013.

JACOB, Martin; MICHAELY, Roni. Taxation and dividend policy: the muting effect of agency issues and shareholder conflicts. **The Review of Financial Studies**, v. 30, n. 9, p. 3176-3222, 2017.

JENSEN, Michael C. Agency costs of free cash flow, corporate finance, and takeovers. **The American economic review,** v. 76, n. 2, p. 323-329, 1986.

JENSEN, Michael C.; MECKLING, William H. Teoria da firma: comportamento dos administradores, custos de agência e estrutura de propriedade. **Revista de Administração de Empresas**, v. 48, n. 2, p. 87-125, 2008.

JOHN, Kose; KNYAZEVA, Anzhela. Payout policy, agency conflicts, and corporate governance. **SSRN,** 2006.

JUSTIA US SUPREME COURT. **Leading case Commissioner v. Glenshaw Glass Co.**, 348 U.S. 426 (1955). Disponível em: <https://supreme.justia.com/cases/federal/us/348/426/>. Acesso em: 28 ago. 2021.

KAYIS-KUMAR, Ann; ROSE, Trevor; BREUNIG, Robert. Design considerations for an Allowance for Corporate Equity (ACE) for Australia. **Australian National University, Tax and Transfer Policy Institute, Working Paper 3**, 2022.

KEEN, Michael; KING, John. The Croatian profit tax: an ACE in practice. In: ROSE, Manfred (Ed.). **Integriertes Steuer-und Sozialsystem.** Physica-Heidelberg, p. 323-342, 2003.

KENDRICK, Slade. The Ability-to-pay theory of taxation. **The American Economic Review**, Vol. 29, No. 1, p. 92-101, 1939.

KING, Mervyn A. **Public policy and the corporation**. London: Chapman and Hall; New York: Wiley, 1977.

KING, Mervyn A. A. Taxation and the Cost of Capital. **The Review of Economic Studies,** Vol. 41, No. 1, p. 21-35, 1974.

KLEMM, Alexander. Allowances for corporate equity in practice. **CESifo Economic Studies,** v. 53, n. 2, p. 229-262, 2007.

KUMAR, Praveen. Shareholder-manager conflict and the information content of dividends. **The Review of Financial Studies**, v. 1, n. 2, p. 111-136, 1988.

LA PORTA, Rafael et. al. Agency problems and dividend policies around the world. **The journal of finance,** v. 55, n. 1, p. 1-33, 2000.

LA PORTA, Rafael et. al. Corporate ownership around the world. **The journal of finance,** v. 54, n. 2, p,471-517, 1999.

LAZONICK, William; O'SULLIVAN, Mary. Maximizing shareholder value: a new ideology for corporate governance. **Economy and society,** v. 29, n. 1, p. 13-35, 2000.

LEAL, Ricardo Pereira Câmara; CARVALHAL, André L.; IERVOLINO, Ana Paula. One Decade of Evolution of Corporate Governance Practices in Brazil (Uma Década de Evolução das Práticas de Governança Corporativa no Brasil). **Revista Brasileira de Finanças,** v. 13, n. 1, 2015.

LEMGRUBER, Andrea. Tributação do Capital: O imposto de renda pessoa Jurídica e o Imposto sobre operações financeiras. In: BIDERMAN, Ciro; AVANTE, Paulo (Orgs.). **Economia do Setor Público no Brasil**. Editora Atlas, 1° ed. São Paulo, 2005.

LEMKE, Gisele. Imposto de Renda: os Conceitos de Renda e de Disponibilidade Econômica e Jurídica. São Paulo: Dialética, 1998.

LEONETTI, Carlos Araújo. **O imposto de renda como instrumento de justiça social no Brasil**. 1° ed., Editora Manole, São Paulo, 2003.

LEONETTI, Carlos Araújo. **O imposto sobre a Renda das Pessoas Físicas como Instrumento de Justiça Social.** Tese de doutoramento, Universidade Federal de Santa Catarina, Florianópolis, 2002.

LINTNER, John. Distribution of Incomes of Corporations Among Dividends, Retained Earnings, and Taxes. **The American Economic Review**, vol. 46, no. 2, American Economic Association, p. 97–113, 1956.

LINTNER, John. Optimal dividends and corporate growth under uncertainty. **The Quarterly Journal of Economics**, v. 78, n. 1, p. 49-95, 1964.

LODI, Ricardo Lodi Ribeiro. O princípio da capacidade contributiva nos impostos, nas taxas e nas contribuições parafiscais. **Revista da Faculdade de Direito da UERJ**, n° 18, 2010.

LONCAN, Tiago Rodrigues; CALDEIRA, João Frois. Estrutura de capital, liquidez de caixa e valor da empresa: estudo de empresas brasileiras cotadas em bolsa. **Revista Contabilidade & Finanças**, v. 25, p. 46-59, 2014.

MACHADO, Brandão. Breve exame crítico do art. 43 do CTN. In: MARTINS, Ives Gandra (Org.). **Estudos sobre o imposto de renda: em memória de Henry Tilbery**. Editora Resenha Tributária, São Paulo, 1994.

MACHADO, Hugo de Brito Machado. **Curso de Direito Constitucional Tributário**. Editora Malheiros, 2° ed., São Paulo, 2015.

MACHADO, Hugo de Brito Segundo. **Manual de Direito Tributário**. Editora Atlas, 10ª ed., São Paulo, 2018.

QUEIROZ, Mary Elbe. **Imposto sobre a renda e proventos de qualquer natureza**. Editora Manole, 1° ed., São Paulo, 2003.

MANKIW, Gregory. **Macroeconomia**. Tradução Ana Beatriz Rodriguez. LTC- Livros Técnicos e Científicos, 8° ed., Rio de Janeiro, 2015.

MANKIW, Gregory. **Introdução à economia**. Tradução Allan Vidigal Hastings, Cengage Learning, 6° ed. São Paulo, 2013.

MARTINS, Eliseu. Avaliação de empresas: da mensuração contábil à econômica. **Caderno de estudos**, p. 28-37, 2000.

MARTINS. Ives Gandra S. **Teoria da imposição tributária**. Editora Nova Alvorada LDTA., Belo Horizonte/MG, 1996.

MATTOS FILHO, Ary Oswaldo. O conceito de valor mobiliário. **Revista de Administração de Empresas**, v. 25, p. 37-51, 1985.

MELLO, Celso A. Bandeira. **Conteúdo Jurídico do Princípio da Igualdade**. Editora Malheiros, 3° ed. 24° tiragem, São Paulo, 2017.

MELLO, Celso A. Bandeira. **Curso de Direito Administrativo**. Editora Malheiros, 27° ed., São Paulo, 2010.

MEORQUIOR, José Guilherme. **O Liberalismo Antigo e Moderno**. Editora É Realizações, 3° ed. Ampliada, São Paulo, 2016.

MILLER, Merton H.; MODIGLIANI, Franco. Dividend policy, growth, and the valuation of shares. **The Journal of Business,** v. 34, n. 4, p. 411-433, 1961.

MILLER, Merton H.; SCHOLES, Myron S. Dividends and taxes: Some empirical evidence. **Journal of Political Economy**, v. 90, n. 6, p. 1118-1141, 1982.

MILLER, Merton. Debt and taxes. **Journal of Finance** n° 32, 1977.

MORCK, Randall. Why Some Double Taxation Might Make Sense: The Special Case Of Inter-Corporate Dividends. **University of Alberta Center for Financial Research Working Paper,** n. 03-01, 2003.

MORCK, Randall; YEUNG, Bernard. Dividend taxation and corporate governance. **Journal of Economic Perspectives**, v. 19, n. 3, p. 163-180, 2005.

MOSER, William J. The effect of shareholder taxes on corporate payout choice. **Journal of Financial and Quantitative Analysis**, v. 42, n. 4, p. 991-1019, 2007.

MOSQUERA, Roberto Quiroga; SCHOUERI, Luís Eduardo. **Manual da Tributação direta da Renda**. Instituto Brasileiro de Direito tributário, São Paulo, 2020.

MOSQUERA, Roberto Quiroga. **Renda e proventos de qualquer natureza: o imposto e o conceito constitucional.** Editora dialética, São Paulo, 1996.

MUSGRAVE, Richard A.; MUSGRAVE, Peggy B. **Finanças públicas teoria e Prática.** Trad. Carlos Alberto Braga. Editora Campus Universidade de São Paulo, São Paulo, 1980.

MYERS, Stewart C.; MAJLUF, Nicholas S. Corporate financing and investment decisions when firms have information that investors do not have. **Journal of financial economics**, v. 13, n. 2, p. 187-221, 1984.

NABAIS, José Casalta. **O dever Fundamental de Pagar Impostos: contributo para a compreensão Constitucional do Estado Fiscal Contemporâneo.** Editora Almedina, 3° Reimpressão, Dissertação de Doutoramento, Coimbra, 2012.

NAM, Jouahn; WANG, Jun; ZHANG, Ge. The impact of dividend tax cut and managerial stock holdings on firm's dividend policy. **Global finance journal,** vol. 21, issue 3, p. 275-292, 2010.

NAVES, Paulo Henrique da Cunha Pinheiro et. al. Determinantes da política de remuneração do capital próprio: dividendos versus juros sobre capital próprio. **REUNIR Revista de Administração Contabilidade e Sustentabilidade,** v. 5, n. 2, p. 62-84, 2015.

NEVES, Silvério das; VICECONTI, Paulo EV; AGUIAR, Francisco. **Curso prático de imposto de renda pessoa jurídica.** Thomson Reuters. Revista dos Tribunais,18° ed., São Paulo, 2020.

NÓBREGA, Cristóvão Barcelos da. **História do Imposto de Renda no Brasil, um enfoque da pessoa física** (1922-2013). Receita Federal, 2014

NOSSA, Silvania Neris; NOSSA, Valcemiro; TEIXEIRA, Aridelmo José Campanharo. As empresas que distribuem dividendos são mais eficientes? **Anais Congresso USP de Controladoria e Contabilidade**, 2007.

NUNES, Cleucio Santos. **Justiça Tributária.** Editora Fórum. Belo Horizonte, 2019.

OECD. **Corporate Tax Statistics: Third Edition,** 2021. Disponível em: <https://www.oecd.org/tax/tax-policy/corporate-tax-statistics-third-edition.pdf>. Acesso em: 20 maio 2022.

OECD. **STAT. Statutory Corporate Income Tax Rates.** Disponível em: <https://stats.oecd.org/Index.aspx?DataSetCode=CTS_CIT>. Acesso em: 29 abr. 2020.

OLIVEIRA, Ricardo Mariz de. **Fundamentos do Imposto de renda.** Editora Quartier Latin, 1° ed., São Paulo, 2008.

ORDOWER, Henry. Revisiting Realization: Accretion Taxation, the Constitution, Macomber, and Mark to Market. **Va. Tax Rev.**, v. 13, p. 1, 1993.

PATTENDEN, Kerry; TWITE, Garry. Taxes and dividend policy under alternative tax regimes. **Journal of Corporate Finance,** v. 14, n. 1, 2008.

PECHMAN, Joseph Aaron; OKNER, Benjamin A. **Individual income tax erosion by income classes.** Brookings Institution, 1972.

PÊGAS, Paulo Henrique. **Manual de contabilidade tributária.** Editora Atlas, 9° ed., Rio de Janeiro, 2020.

PIKETTY, Thomas. **O Capital no século XXI.** Tradução Mônica Baugarten de Bolle, Editora intrínseca, Rio de Janeiro, 2013.

POLIZELLI, Victor Borges. **O princípio da Realização da Renda e sua aplicação no imposto de renda de pessoas jurídicas.** (Dissertação de mestrado) Universidade de São Paulo-USP, São Paulo, 2009.

POTERBA, James. Taxation and corporate payout policy. **American Economic Review**, v. 94, n. 2, p. 171-175, 2004.

POTERBA, James M.; SUMMERS, Lawrence H. The economic effects of dividend taxation. **National Bureau of Economic Research**, 1984.

PROCHAT, Décio. Mercados Financeiro e de Capitais: investimento em renda fixa. In: SANTI, Eurico Marcos D. de; CANADO, Vanessa Rahal (Coords.). **Tributação dos mercados Financeiro e de Capitais e dos Investimentos Internacionais**. Editora Saraiva, Série GVLAW, São Paulo, 2011.

QIAN, Meijun; PAN, Hongbo; YEUNG, Bernard Yin. Expropriation of minority shareholders in politically connected firms. **Finance and Corporate Governance Conference,** 2011.

RAU, P. Raghavendra; VERMAELEN, Theo. Regulation, taxes, and share repurchases in the United Kingdom. **The Journal of Business,** v. 75, n. 2, p. 245-282, 2002.

RECEITA FEDERAL. **Grandes Números das Declarações do Imposto de Renda das Pessoas Físicas, Ano-calendário de 2020**: Disponível em: <https://www.gov.br/receitafederal/pt-br/acesso-a-informacao/dados-abertos/receitadata/estudos-e-tributarios-e-aduaneiros/estudos-e-estatisticas/11-08-2014-grandes-numeros-dirpf/grandes-numeros-dirpf-capa>. Acesso em: 20 nov. 2021.

RIBEIRO, Ricardo Lodi. **Temas de Direito Constitucional Tributário**. Editora Lumen Juris, Rio de Janeiro, 2009.

RULLO, Carmine. Mercados Financeiros e de Capitais: investimentos em renda variável. In: SANTI, Eurico Marcos D. de; CANADO, Vanessa Rahal (Coords.). **Tributação dos mercados Financeiro e de Capitais e dos Investimentos Internacionais**. Editora Saraiva, Série GVLAW, São Paulo, 2011.

RUTTERFORD, Janette. From dividend yield to discounted cash flow: a history of UK and US equity valuation techniques. **Accounting, business & financial history,** v. 14, n. 2, p. 115-149., 2004.

SANDMO, Agnar. The Principal Problem in Political Economy: Income Distribution in the History of Economic Thought. In: ATKINSON, Anthony B.; BOURGUIGNON, François (Eds.). **Handbook of Income Distribution**, v. 2., 2015.

SCHOUERI, Luís Eduardo. Imposto sobre a renda das Pessoas Físicas. In: JARDIM, Eduardo Marcial Ferreira; PASIN, João Bosco Coelho (Coords.). **Tributos em espécie: fundamentos e elementos**. Editora Elsevier, Rio de Janeiro, 2010.

SELIGMAN, Edwin Robert Anderson. **The income tax: a study of the history, theory, and practice of income taxation at home and abroad**. The Macmillan Company, Second edition, New York, 1914.

SELIGMAN, Edwin Robert Anderson. Progressive Taxation in Theory and Practice. **American Economic Association Quarterly,** 3rd Series, Vol. 9, No. 4, 1908.

SHLEIFER, Andrei; VISHNY, Robert W. Large shareholders and corporate control. **Journal of political economy**, v. 94, n. 3, Part 1, p. 461-488, 1986.

SILVA, Júlio Cesar G. da; BRITO, Ricardo D. Testando as previsões de trade-off e pecking order sobre dividendos e dívida no Brasil. **Estudos Econômicos**, v. 35, n. 1, p. 37-79, São Paulo, 2005.

SILVA, Andre Luiz Carvalhal da. Governança corporativa, valor, alavancagem e política de dividendos das empresas brasileiras. **Revista de Administração da Universidade de São Paulo**, v. 39, n. 4, 2004.

SILVEIRA GALVÃO, Kécia da; SANTOS, Joséte Florencio dos; ARAÚJO, Jevuks Matheus de. Dividendos, juros sobre capital próprio e níveis de payout: Um estudo investigativo sobre a política de distribuição de dividendos adotada pelas empresas listadas na BM&FBovespa. **Revista Contemporânea de Contabilidade,** v. 15, n. 36, p. 3-30, 2018.

SMITH, Adam. **The Wealth of Nations: An inquiry into the nature and causes of the Wealth of Nations**. Harriman House Limited, 2010.

SOBRINHO, Erica Juvercina; TAVARES, Vitor Borges; SILVA, Pablo Rogers. Efeito da estrutura de propriedade na relação entre assimetria de informação e política de pagamentos. **Research, Society and Development**, v. 10, n. 5, 2021.

SØRENSEN, Peter Birch. Dual income taxation: why and how?. **FinanzArchiv/Public Finance Analysis**, p. 559-586, 2005.

SØRENSEN, Peter Birch.. From the Global Income tax to the dual income tax: Recent Tax reforms in the Nordic Countries. **Int Tax Public Finan 1**, p. 57-79, 1994.

STERNBERG, Lior; LEAL, Ricardo PC; BORTOLON, Patricia M. Affinities and agreements among major Brazilian shareholders. **International Journal of Disclosure and Governance,** v. 8, n. 3, p. 213-228, 2011.

STIGLITZ, Joseph E. **La economia del sector público**. Antoni Bosch, Tercera edición, traducción Esther Rabasco y Luis Toharia, Barcelona, 2000.

SURREY, Stanley S. **Pathways to tax reform: the concept of tax Expenditures**. Harvard Press, 1973.

TIPKE, Klaus; LANG, Joachim. **Direito Tributário**. Tradução Luiz Dória Farquim, S.A Fabris, Porto Alegre, 2008.

TORRES, Ricardo Lobo. **Tratado de Direito Constitucional Financeiro e Tributário: Valores e princípios constitucionais tributários**. Editora Renovar, 2° ed., Vol. II, Rio de Janeiro, 2014.

TORRES, Ricardo Lobo. **Tratado de Direito Constitucional financeiro e tributário: tributos na Constituição.** Editora Renovar, Vol. IV, São Paulo, 2007.

TORRES, Ricardo Lobo. **Tratado de Direito Financeiro e Tributário. Os direitos Humanos e a tributação: imunidades e isonomia.** Renovar, 3° ed., Vol. III. São Paulo, 2005.

TRIEST, Robert K. The efficiency cost of increased progressivity. In: SLEMROD, Joel (ed.). **Tax progressivity and income inequality.** Cambridge Press, p. 137-169, 1996.

UNICEF. **Declaração Universal dos Direitos Humanos**. Disponível em: <https://www.unicef.org/brazil/declaracao-universal-dos-direitos-humanos>. Acesso em: 3 nov. 2021.

VALADAO, Marcos. Income Tax Treaties and the Treatment of Dividends Received by Foreign Shareholders from Domestic Corporations Under an Integrated System (Without the Double Level of Taxation). **NCJ Int'l L. & Com. Reg.**, v. 29, p. 457, 2003.

VALLE, Maurício Dalri Timm; AVEIRO, Júlio da Costa Rostirola. O mínimo existencial e a tributação. **Revista de Direito Internacional econômico e tributário-RDIET**, v. 12, n° 2, p. 76, jul-dez, Brasília, 2017.

VALLE, Maurício Dalri Timm. **Princípios Constitucionais E Regras-Matrizes De Incidência Do Imposto Sobre Produtos Industrializados-IPI**. Editora Noeses, 1° ed., 2016.

VÉRON, Alberto Víctor. Estados Contables y Libros de Comercio. Buenos Aires: Depalma, 1976.

VIEIRA, José Roberto. Pelos velhos caminhos do IRPJ, do conceito de renda e da compensação de prejuízos, sob novas(?) luzes: uma epopeia tributária. **Instituto Brasileiro de Estudos Tributários-IBET**, São Paulo, 2014.

VIEIRA, José Roberto. A extrafiscalidade da lei 12.715/2012 e a capacidade contributiva: a convivência do lobo e do cordeiro. **Revista de Direito Tributário, São Paulo**, v. 118, p. 18-42, 2013.

VIEIRA, José Roberto. O IRPF e o Direito Fundamental à Igualdade: um tributo de dupla personalidade. **Tributação e direitos fundamentais conforme a jurisprudência do STF e do STJ. São Paulo: Saraiva**, 2012.

WALKER, Francis Amasa. **Political economy**. 1 st. ed. H. Holt, 1883.

WANG, Chun Fei; GUO, Yunnan. Do dividend tax cuts lead firms to increase dividends: Evidence from China. **China Journal of Accounting Research**, v. 4, n. 4, p. 197-209, 2011.

WESTEN, Peter. The empty idea of equality. **Harvard Law Review**, Vol. 95, n°. 3 p. 537-596, 1982.

WHITE, Patricia D. Realization, Recognition, Reconciliation, Rationality and the Structure of the Federal Income Tax System. **Michigan Law Review**, vol. 88, no. 7, The Michigan Law Review Association, 1990.

WOOLRIDGE, J. Randall; GHOSH, Chinmoy. Dividend cuts: Do they always signal bad news. **Midland Corporate Finance Journal**, v. 3, n. 2, p. 20-32, 1985.

YAGAN, Danny. Capital tax reform and the real economy: The effects of the 2003 dividend tax cut. **American Economic Review,** v. 105, n. 12, 2015.

ZILVETI, Fernando Aurélio. Capacidade contributiva nos trinta anos da Constituição Federal. In: BUISSA, Leonardo; RIEMANN, Simon; MARTINS, Rafael Lara (Coords.). **Direito e finanças públicas nos 30 anos da constituição: experiências e desafios nos campos do direito tributário e financeiro**. Tirant Blanch, 1°. ed., Florianópolis, 2018.

ZILVETI, Fernando Aurélio. **Princípios de Direito Tributário e a Capacidade Contributiva**. Quartier Latin, São Paulo, 2004.

ZILVETI, Fernando Aurélio. O Princípio da Realização da Renda. In: SCHOUERI, Luis Eduardo (org.). **Direito Tributário, Homenagem a Alcides Jorge Costa**. Editora Quartier Latin, Vol. 1, São Paulo, 2003.